W0209293

HENNING SCHERF

Gemeinsam statt einsam

HENNING SCHERF
Mit Uta von Schrenk

Gemeinsam statt einsam

Meine Erfahrung für die Zukunft

HERDER
FREIBURG · BASEL · WIEN

© Verlag Herder GmbH, Freiburg im Breisgau 2009
Alle Rechte vorbehalten
www.herder.de

Umschlagkonzeption und -gestaltung: Agentur R·M·E /
Roland Eschlbeck, Rosemarie Kreuzer
Umschlagmotiv: © Joerg Sarbach
Satz: Barbara Herrmann, Freiburg i. Br.
Herstellung: fgb · freiburger graphische betriebe
www.fgb.de

Gedruckt auf umweltfreundlichem, chlorfrei gebleichtem Papier
Printed in Germany

ISBN 978-3-451-30255-8

Inhalt

Vorwort

Vor kurzem habe ich den Sozialen Ökohof St. Josef in Papenburg kennen gelernt. Ein Hof mit über 3.000 Schafen, noch viel mehr Hühnern und einem großen Ackerbau. Die Betreiber haben sich in einer Gegend mit hoher Arbeitslosigkeit und viel Armut vor zwanzig Jahren vorgenommen, mit Langzeitarbeitslosen und Behinderten zusammen einen Betrieb aufzubauen, der alle trägt. Inzwischen gibt es über tausend Mitglieder, die über einen Verein dieses Projekt unterstützen. Hundert Menschen haben in St. Josef einen Ort gefunden, an dem ihnen gezeigt wird, dass sie noch gebraucht werden, dass sie noch etwas können, dass sich Lebensmut lohnt. Als ich dort herumlief und mir alles ansah, dachte ich: Ja, genau so etwas brauchen wir. Wir brauchen Menschen wie den Arbeiterpriester Gerrit Weusthof, der diesen Betrieb ins Leben gerufen hat und heute dort mit Gummistiefeln über den Hof stapft und nach dem Rechten sieht. Wir brauchen Menschen, die Mut machen. Mehr Solidarität hat unsere Gesellschaft bitter nötig. Um diesem Ziel näher zu kommen muss man keine Visionen an die Wand malen. Und man muss nicht die Weltrevolution fordern. Man kann sich auch in der Freiwilligen Feuerwehr, im Altenchor oder im Betriebsrat mit anderen zusammentun, um diese Welt ein Stück weit besser zu machen. Es bleibt immer die Chance, etwas zu verändern. Man muss sie nur sehen und ergreifen.

Ich erlebe viele Menschen, die sich vielleicht früher einmal in sozialen Projekten engagiert haben und die heute sagen: Es hat alles keinen Sinn, man kann ohnehin keinen Einfluss nehmen auf den Lauf der Dinge. Ich halte das nicht nur für selbstschädigend. Es ist auch eine Fehleinschätzung. Meine Erfahrung ist eine ganz andere: Es gibt auch in einer ständig komplexer werdenden Gesellschaft und in unübersichtlicher werdenden Entscheidungssituationen eine Vielzahl von Möglichkeiten, im eigenen Umfeld etwas zu bewegen, anders miteinander umzugehen, mit anzupacken, gemeinsam etwas zu tun und Solidarität zu zeigen. Und sei es nur, dass man einem anderen eben aushilft. Es gibt genügend Beispiele konkreter gelebter Hilfe. Auch diesen vielen kleinen Projekten möchte ich mit diesem Buch Öffentlichkeit und Anerkennung verschaffen – in der Hoffnung, dass sie Schule machen.

Ich habe als Politiker oft von großen Lösungen, von langfristigen Perspektiven, weitreichenden Plänen und gesamtwirtschaftlich funktionierenden Konzepten geredet – und sie mit durchaus gemischtem Erfolg auch umgesetzt oder begleitet. Beim Aushandeln der Agenda 2010 war ich Vorsitzender des Vermittlungsausschusses. Meine Rolle war damals, dafür zu sorgen, dass Hartz IV, Fördern und Fordern und das Fitmachen der Republik für den internationalen Wettbewerb in Bundestag und Bundesrat mehrheitsfähig wurde. Ich habe nach Kräften dafür gesorgt. Und nun sehe ich: Das, was wir damals im guten Glauben beschlossen haben, hat auch viel Kummer über die Menschen gebracht. Wenn man mir jetzt den Vorwurf machen will, ich würde mir nun eine solidarische Politik zusammenträumen, die ich selbst als aktiver Politiker nicht umgesetzt habe, dann kann ich dem nur entgegenhalten: Ja, ich will in dem mir verbleibenden Leben weiter lernen. Ich möchte selbstkritisch mit dem umgehen, was ich gemacht habe – und ich möchte auch Konsequenzen daraus ziehen. Ich kann mich, nun da ich nicht mehr in der Mühle der Tagespolitik stecke, auf handfeste Projekte konzentrieren und muss keine parteipolitischen Rücksichten nehmen. Aus solchen Projekten schöpfe ich heute meine Hoffnung: dass es viele kleine Taten sind, die zusammen eine Großtat ergeben. Was sind diese paar hundert Leute im Emsland, auf dem Ökohof in Papenburg, gegen die Arbeitslosen der Weltwirtschaftskrise? Nichts? Keineswegs. Sie sind ein Anfang!

1. Wie Solidarität zu meinem Lebensthema wurde

Was ist eigentlich Solidarität? Meine Antwort darauf hat mit einer Geschichte zu tun, die ich als kleiner Junge miterlebt habe. Es gab in unserer Kirchengemeinde St. Stephani in Bremen eine Familie Abraham, getaufte Juden. Der Vater ein einfacher, bescheidener Mann, ein Schuhmacher, die Mutter Hausfrau, dazu zwei Töchter in meinem Alter, Anni und Hedwig. Als die Nationalsozialisten an die Macht kamen und ihre rassistischen Gesetze durchsetzten, da wurden auch die vier Abrahams als Juden erfasst. Obwohl Christen, mussten sie den gelben Stern tragen. Diese Vier haben überlebt – in Bremen. Dabei wurden von über 1.400 Bremer Juden mehr als 700 nach Minsk, Auschwitz und in andere Vernichtungslager deportiert und dort umgebracht.

Diese Vier haben überlebt, weil eine kleine Kirchengemeinde zusammengehalten hat. Dabei war die Gestapo ständig dabei, im Alltag der Gemeinde und im Alltag ihrer Mitglieder. St. Stephani war schon damals als Teil der Bekennenden Kirche und als eine linke, pazifistische Kirche bekannt. Die Opportunisten, die Deutschchristen, die für Hitler beteten, Hakenkreuzfahnen aufhängten, ihren Landesbischof Heinz Weidemann Naziparolen reden ließen und sie beklatschten, die saßen im Bremer Dom. Unser Pastor Gustav Greiffenhagen begrüßte jeden Sonntag die Gestapo-Leute von der Kanzel: „Liebe Gemeinde, dort sind die beiden Herren von der Geheimen Staatspolizei, die schreiben alles auf, was hier gesagt wird." Greiffenhagen hatte bei dem großen Theologen Karl Barth promoviert, war sein Assistent gewesen und wäre Professor geworden, wenn nicht die Nationalsozialisten seine Karriere beendet hätten. Weil die Kirche ihn nicht bezahlen wollte, übernahm das unsere Gemeinde – so wie es auch bei Dietrich Bonhoeffer der Fall war. Gustav Greiffenhagen hatte sechs Kinder. Und trotzdem war er fest davon überzeugt, die Schutzhaft, in die er durch seine NS-kritische Haltung geriet, auf sich nehmen zu müssen – für seine Kirche, die Verrat am Christentum beging und sich den Nationalsozialisten andiente. Er zeigte seine Verachtung für die Nazis offen und versammelte dadurch auch die Gemeinde hinter sich. Die Mitglieder haben auf ihn gehört; dabei waren sie nicht alle Helden. Sie haben auch gezittert – und sie hatten Grund dazu. Mein Vater und andere Kirchenvorsteher wurden von der Gestapo verhört und über Nacht festgehalten. Überzeugten, widerständigen Christen drohte die Deportation. Und: Sie wussten, was Konzentrationslager waren, sie wussten, was dort geschah. Greiffenhagen hatte es ihnen selbst gesagt.

Und doch hat diese Gemeinde bis zum Kriegsende alle Versuche, die Abrahams zu deportieren, abgewehrt. Hedwig, die später zur jüdischen Religion übertrat, den Namen Sara-Ruth annahm und heute Vorsitzende der Jüdischen Gemeinde Oldenburg ist, erzählt immer wieder, wie die Gemeindemitglieder sich vor sie und ihre Familie gestellt und gesagt hätten: „Ihr müsst uns alle deportieren, bevor ihr sie deportiert. Wir lassen nicht zu, dass sie von uns getrennt werden." Und solche Situationen gab es immer wieder – im Gottesdienst, bei Gemeindeversammlungen, bei Gemeindeabenden, aber auch bei uns oder den anderen Familien zuhause, wo die Vier ab und an unterkamen.

Als kleines Kind habe ich mir Hedwigs Mantel angezogen, weil ich wissen wollte, wie es sich anfühlt, einen Judenstern zu tragen. Und ich erinnere mich daran, dass unsere Mutter uns verbot, bei unserem Krämer mehr zu kaufen als sonst, wenn die Abrahams bei uns waren. Krämer Rehmstedt war Nazi und sie hatte Angst, dass er etwas bemerken könnte.

Wir kleinen Bürschchen, wir mussten nicht nur alle den Mund halten, sondern wir mussten zum Einkaufen dann auch zum zweiten und dritten Krämer laufen. Und Einkaufen hieß bei uns anschreiben lassen, weil mein Vater so wenig Geld hatte. Seine ohnehin kleine Drogerie wurde von den Nationalsozialisten boykottiert, davor stand ein SA-Posten und sagte: „Kauft nicht bei dem, der ist gegen Deutschland."

Diese Gemeinde wurde von sehr unterschiedlichen Menschen getragen. Von Geschäftsleuten und Intellektuellen, aber auch von Arbeitern und Angestellten. Die Stephani-Kirche lag damals in einem Arbeiter-Viertel, das Armenhaus befand sich direkt daneben. Erich Hase zum Beispiel, ein Buchhalter, war mutig genug, sich mit seiner Frau im kirchlichen Bruderrat zu engagieren. Ein schlichter Mann, aber fest im Glauben. Er wurde nach 1945 Verwalter der Gemeinde. Und es gab das linke Kinderarztehepaar Michaelis, das vor allem Arbeiterkinder medizinisch versorgte. Oder die Gerholds, Buchhändler und Antiquare. Die gaben einen Großteil dessen, was sie verdienten, sonntags in die Kollekte. Gottfried Gerhold hat mir später „Hitler, mein Kampf" zum Lesen gegeben, sein persönliches Exemplar. Das Buch war voll mit handschriftlichen Notizen – „das ist Verbrechertum", „das ist Aufruf zum Mord", „das ist Völkermord". Noch vor 1933 hatte dieser brave Buchhändler erkannt, was Hitler plante. Der hat all das gesagt, was sowohl Pius XII. als auch viele andere katholische, aber vor allem auch evangelische Kirchenfürsten nicht gesagt haben. In dieser Gemeinde gab es auch zwei Lehrerinnen, die mich stark beeindruckt haben. Magdalene Thimme, Altphilologin und Theologin, offene Gegnerin der Nazis, wurde 1938 aus dem Schuldienst ausgeschlossen. Meine Patentante, Elisabeth Forck, auch unverheiratet, hat in der Nazizeit Juden mit unglaublicher Energie, voller List und mit Hilfe von Unternehmern, die sie gewinnen konnte, gerettet.

In der Nachkriegszeit wurde sie Oberstudiendirektorin und sollte mit dem Bundesverdienstkreuz geehrt werden. Das hat sie mit den Worten abgelehnt: „Ich trage keinen Orden, den auch Hans Globke trägt." Diese kleine, zarte, kluge Frau. Sie wollte keine Auszeichnung, die auch dem späteren Staatssekretär Konrad Adenauers zuteil wurde, einem NS-Juristen, der an dem „Blutschutzgesetz" der Nazis mitgeschrieben hatte. Elisabeth Forck begründete ihren persönlichen Einsatz für die Bremer Juden so: „Ich selber verstehe mich nur als eines der Glieder dieser Bekennenden Gemeinde, die jedes an seinem Teil versucht haben, das Gebot christlicher Nächstenliebe gerade an den am schwersten Bedrängten zu erfüllen. Aus Gewissensgründen ist es mir nicht möglich, für das, was ich für meine Christenpflicht halte, eine besondere öffentliche Auszeichnung anzunehmen." Die Stephani-Mitglieder hatten großen Mut und große Zivilcourage bewiesen. Aber eine Belohnung dafür? Ihre Solidarität war ihr trotz des Risikos eine Selbstverständlichkeit – und den vielen einfachen Leuten in der Gemeinde auch. In St. Stephani ging es nicht um Bildung und nicht um Besitz, sondern um Überzeugung. Und nur die Überzeugung der Stephani-Mitglieder – vom Arbeiter bis zur Intellektuellen – hat dieser christlich-jüdischen Familie das Leben gerettet.

***

Wie kommt es, dass die Haltung der Solidarität, die solche Geschichten möglich macht, heute so in Misskredit geraten ist? Bis in die achtziger Jahre hinein gab es gerade in Deutschland große soziale Bewegungen, wie die Dritte-Welt-, die Friedens- oder auch die Frauenbewegung, die vom Solidaritätsgedanken getragen wurden. Und davor war es die Arbeiterbewegung des 19. Jahrhunderts, die unseren modernen Sozialstaat erst ermöglicht hat – die historische Leistung der vergangenen 200 Jahre. Doch Solidarität heute? Die Botschaft der Kirche – Nächstenliebe als Kern des Christentums – erreicht immer weniger Menschen. Solidarität ist eine Leerformel geworden, nicht zuletzt weil der Begriff durch inflationierten Gebrauch seines Kerns beraubt wurde. Wer sich an die Menschen wendet, egal, ob von links oder rechts, ob er Gewerkschaftssekretär ist oder Unternehmensverbandsfunktionär, trägt dieses Wort gern wie ein Legitimationsschild vor sich her. Und mancher, der an die Solidarität anderer appelliert, versucht von seinen eigentlichen Interessen abzulenken: So, weiter, bitte solidarisch! Beispiele gibt es genug. Ich denke da etwa an Bert Rürup, der zuerst als Regierungsberater der Privatwirtschaft den Markt in der staatlichen Rentenversicherung öffnet und dann bei einer privaten Versicherung anheuert. Rürup hat regelrecht einen strategischen Angriff auf die hundertjährige gesetzliche Sozialversicherung eingeleitet, begleitet, kommentiert, zum Teil hat er die Sätze des Reformpaketes mit formuliert. Dabei hatte er noch nicht einmal ein politisches Mandat. Als Berater hatte er einen größeren Einfluss auf die Regierung als die zuständige Fachministerin. Heute streicht Rürup die Rendite für sein politisches Handeln ein. Und das alles unter dem Deckmantel, die solidarische Alterssicherung retten zu wollen.

Ein anderes Beispiel: der Fall Aribert Galla. Galla, übrigens ein Sozialdemokrat, war Verwaltungsdirektor der größten kommunalen Bremer Klinik, des Zentralkrankenhauses in der Sankt-Jürgen-Straße. Ich war zweiter Bürgermeister und verwaltete 1986/1987 kommissarisch für ein knappes Jahr das Gesundheitsressort. Bald wurde klar, dass mit den Büchern der Klinik etwas nicht stimmte. Der Untersuchungsausschuss der Bremischen Bürgerschaft hat dann herausgefunden, dass dieser Aribert Galla über viele Jahre bei allen Bau- und Beschaffungsaufträgen für dieses Riesenklinikum Schmiergelder kassiert und diese Millionen auf ein Konto auf den britischen Kanalinseln verbracht hat. „Mister 10 Prozent", hieß er damals. Zugleich war er ehrenamtlich beim Arbeitersamariterbund Ortsverbandsvorsitzender und hat in dieser Funktion die Leute angeödet bis zur Schmerzgrenze, dass sie bitte sehr mehr tun sollen für das Gemeinwesen, für die unterbezahlten Schwestern, für die armen Kranken und pflegebedürftigen Alten. Galla hat die Solidarität immer wie die Monstranz bei einer Prozession hochgehalten – und selbst mit unglaublicher Energie und Systematik in die eigene Tasche gewirtschaftet. Als alles aufflog, ist er untergetaucht. Wir haben ihn dann nur über Interpol fassen und zur Rechenschaft ziehen können.

Wer öfter erfahren hat, was das Heine-Wort – sie predigen öffentlich Wasser und trinken heimlich Wein – bedeutet, der hat irgendwann keine Lust mehr hinzuhören. Als die Außerparlamentarische Opposition in den sechziger, siebziger Jahren „Hoch die internationale Solidarität" skandierte, haben die Studenten da etwa an die türkischen Gastarbeiter, die keine menschenwürdige Unterkunft hatten, gedacht? Oder an die Asylsuchenden, die weltweiten Flüchtlinge? Nein, die APO wollte etwas ganz anderes: Sie wollte Stärke zeigen und internationale Macht erlangen. Das hatte nichts mit Teilen, Abgeben, Zusammenrücken zu tun. Solidarität war nur der Spruch oben drüber. Dabei war und bin ich überzeugt davon, dass internationale Solidarität notwendig ist. Aber hier wurde etwas instrumentalisiert, nach dem egoistischen Motto: Wer nicht mit uns marschiert, ist gegen uns.

Noch etwas kommt dazu: Solidarität und soziale Absicherung sind heute entpersonalisiert. Es werden Leistungen der Gesamtveranstaltung Staat abgerufen, auf die jeder einen Rechtsanspruch hat. Das ist eine Errungenschaft, ohne Frage. Aber gerade sie hat das persönliche Engagement eines jeden entbehrlicher gemacht. Vor dem Sozialstaat war Solidarität die existenzielle Begründung einer Gemeinschaft, heute ist sie eine nette Geste. Es ist durchaus gut angesehen, wenn ich mich in der Hospizarbeit oder in der Obdachlosenarbeit engagiere, wenn ich zu denen gehe, die einsam sind. Aber solidarisches Handeln wird nicht mehr als die existenzielle Basis empfunden, auf die unsere Gesellschaft aufbaut. Man hält es für eine Zutat – eine wichtige zwar, aber eine Zutat.

Dabei können wir uns „Solidarität als Zutat" nicht leisten. Der Einzelne nicht, will er nicht verkümmern. Und die Gesellschaft nicht, will sie nicht auseinanderbrechen. Wir leben in einer hoch differenzierten, komplexen Gesellschaft, in der dieses Ich-bin-mein-eigener-Herr-und-ich-kümmere-mich-um-niemanden-sonst, nicht auf Dauer möglich ist. Wer sich in einer Gesellschaft verorten und auch nur einigermaßen mit seinem Alltag und seinen Lebensrisiken umgehen will, muss sich vernetzen. Wer das ablehnt, dem geht es wie einem früheren väterlichen Freund meiner Frau, einem erfolgreichen Bremer Unternehmer. Der saß bis zu seinem Tod allein in seiner großen Villa und hat mit Sicherheitsanlagen versucht, sich zu schützen. Mit Ausnahme eines Raumes hatte er überall sonst im Haus die Heizungen abgedreht und die Gardinen zugezogen. Er ließ niemanden mehr an sich heran – aus Angst, dass jemand seine Vermögensgegenstände, sein Silber, seine Möbel, seine Bilder mitgehen lassen würde. Das kann doch nicht die Perspektive sein!

Die Individualisierung, die die Medien so propagieren, die als chic gilt – „Mach dein Ding", „Gib Gas" – ist in Wirklichkeit nicht nur menschenfeindlich. Sie ist eine bedrohliche Sackgasse. Kein Mensch ist bei dir, aber du gibst Gas, Gas, Gas. Wenn ich bei meinen Vorträgen über die Einsamkeit im Alter rede, dann spüre ich, wie viele genau wissen, was diese Einsamkeit bedeutet und wie bedrohlich sie ist.

Wie es ist, Stunde um Stunde vor dem Fernseher zu sitzen, diesem medialen Gefängnis, nur um sich von den eigenen Ängsten abzulenken. Wann ist die Gelegenheit, sagen zu können, wie es einem geht, oder wie einem zumute ist? Wo findet man das? Beim Arzt in der Sprechstunde? Beim Apotheker, beim Psychopharmaka-Einkauf? Das ist zu wenig. Wenn es dann mucksmäuschenstill ist im Saal, spüre ich: So mancher blickt jetzt in seinen eigenen Abgrund. Aber aus diesem Abgrund kann man sich befreien! Doch dazu muss man schon eine Hand ausstrecken und selbst aktiv werden. Wer die Zuwendung anderer erreichen möchte, muss ihnen erst einmal Vertrauen schenken.

Wer Vertrauen will, auf das er sich verlassen kann, muss etwas dafür tun. Solidarität pustet einem niemand mal einfach ins Haus. Dazu muss man sich vorher auf andere zubewegt haben. Und genau das meine ich mit Solidarität: hinsehen, sich kümmern, sich verantwortlich machen für andere, die Not des anderen zu seiner eigenen machen. Immer darauf hoffend, dass diejenigen, zu denen man gehalten hat, hinsehen und einen nicht allein lassen, wenn es einen selbst trifft. Solidarität ist kein schlichtes Tauschgeschäft. Aber je mehr Menschen sich solidarisch verhalten, desto mehr wird dieses Verhalten stilprägend. Und jeder sollte bedenken: Erst wenn Gegenseitigkeit vorhanden ist, kann ich auch meine eigenen Nöte, meine Einsamkeit, meine Hilfsbedürftigkeit, meine Verzweiflung, meinen Wunsch nach Nähe, meinen Wunsch nach Anerkennung und auch meinen Wunsch, wahrgenommen zu werden, einbringen. Solidarität ist die Grundlage menschlichen Zusammenlebens. Das kann man nicht als Gutmenschentum abtun.

***

Ein Gutmensch war Carl Katz, Neubegründer der Bremer jüdischen Gemeinde nach dem Zweiten Weltkrieg, nicht unbedingt. Aber ein erstaunlich solidarischer Mensch. Katz war der Bubis von Bremen: Ein Jude, der den Holocaust nur knapp überlebt hatte. Seine ganze Familie war umgekommen. Und obwohl ihm Deutschland alles genommen hatte, hat sich dieser Mann nach dem Zweiten Weltkrieg wieder für Deutschland entschieden. Carl Katz tat mehr, als nur wieder seine eigene Existenz in Bremen aufzubauen. Er sorgte dafür, dass die von den Nazis zerstörte Bremer Synagoge wieder neu errichtet wurde. Er organisierte einen Kantor und später auch einen Rabbi und hielt die kleine, versprengte Gemeinde zusammen. Dabei wurde er von vielen Bremern geschnitten. Denn er, der Jude, war der größte Schrotthändler der Stadt. Das war diffamierungsträchtig. Er war keiner, mit dem man sich auf dem Marktplatz sehen lassen wollte. Doch ausgerechnet dieser Außenseiter sollte zum Retter meines Patenonkels werden. Mein Patenonkel, Wollkaufmann, war in den Nachkriegsjahren zu einem der ersten Millionäre in Bremen aufgestiegen. Dieser Vorzeigeunternehmer hatte, als es mit ihm wirtschaftlich bergab ging, jahrelang als Kirchenvorsteher einer Innenstadtgemeinde Geld unterschlagen, um sein Geschäft zu halten. Er wurde erwischt und verurteilt. Als er nach etwa zwei Jahren aus dem Gefängnis kam, mit Mitte Fünfzig, wollte niemand mehr etwas mit ihm zu tun haben. Es haben sogar einige seiner sechs Kinder Bremen verlassen, um nicht mehr mit dem Vater in Verbindung gebracht zu werden. Der einzige, der ihn wieder beschäftigt hat, als er aus dem Gefängnis kam, war Carl Katz. Dieser Mann hätte Grund gehabt, sich völlig anders zu verhalten. Erst verfolgt, dann verhöhnt und geschnitten. Aber dieser Mann gab meinem gefallenen Onkel als einziger eine Chance. Und so arbeitete mein Onkel bis zu seinem Tod als Katz' Geschäftsführer im Schrotthandel, um den Unterhalt für seine klein gewordene Familie zu bestreiten.

Soziale Abstürze sind heute, in Zeiten der Massenarbeitslosigkeit und der Wirtschaftskrise, an der Tagesordnung. Kann mir nicht passieren? Hab ich nicht nötig, die Solidarität anderer? Wer ehrlich ist, wird sich anderes eingestehen: Brüche gibt es in jeder Biografie. Jeder war oder wird einmal auf die Hilfe anderer angewiesen sein, darauf, dass jemand zu ihm hält.

In der Pubertät habe ich ganz heftig gestottert. Ich bin in der Schule blamiert worden, bin vor die Klasse gestellt worden, wusste zwar, was ich hätte sagen sollen, konnte es aber nicht. Irgendwann traute ich mich gar nicht mehr, den Mund aufzumachen. Und das als Pubertierender. Ich war ein Fall für den Suizid und hatte schon überlegt: Wie bringst du dich um? Ich werde nie vergessen, dass irgendwann in dieser Zeit mein jüngerer Bruder Michael aus Nähe zu mir auch anfing zu stottern. Das war meine Chance, unsere Chance. Wir haben uns untereinander ausgetauscht und versucht, gemeinsam da raus zu kommen. Wir haben es geschafft – ich letztlich durch einen Wechsel der Schule und er dadurch, dass er sah, wie ich das Stottern überwand.

Auch in meiner politischen Laufbahn war ich schon einige Male auf die Solidarität anderer angewiesen. Ich bin nie ein stromlinienförmiger Karrierepolitiker gewesen, also war ich immer gut für Attacken und Angriffe. Ich habe allein zwölf Untersuchungsausschüsse gegen mich überstanden – nicht nur im Bremer Stadtparlament, auch im damaligen Bonner Bundestag. Aber es haben immer auch andere zu mir gehalten, allen voran Hans Koschnick. Dabei hatte er regelrecht darunter gelitten, dass ich so ein unbotmäßiger Querkopf war. Als Bremer Bürgermeister und stellvertretender Parteivorsitzender der SPD unter Willy Brandt erwarteten alle von ihm, dass er mich diszipliniert. Aber er hat stets loyal zu mir gehalten. Er hat mir vor einem Jahr erst gesagt, dass er es wichtiger fand, dass ich authentisch blieb, als dass die Bonner sagten, der große Hans Koschnick habe seinen Laden im Griff. Wenn er mich zur Brust genommen hat, dann immer diskret. Er hat den Ärger immer abgefangen und mich immer fühlen lassen, dass ich geschützt werde.

Auch am 6. Mai 1980. Damals verfolgte Hans Apel, zu der Zeit Bundesverteidigungsminister, die fatale Idee, im Bremer Weserstadion eine Rekrutenvereidigung zu veranstalten. Ausgerechnet dort, wo die Nationalsozialisten ihre Soldaten vereidigt hatten! Aber der SPD-geführte Bremer Senat stimmte zu – hinter meinem Rücken. Alle wussten, dass ich, damals Sozial- und Jugendsenator, wie so viele einfache SPD-Mitglieder auch, gegen die Veranstaltung war. Das Gelöbnis wurde ein Desaster. 257 verletzte Polizisten und Soldaten, die Verwundeten unter den fast zehntausend Demonstranten haben sie gar nicht gezählt. Militärfahrzeuge standen in Brand. Und ich mit einem Häuflein Gleichgesinnter mittendrin. Wir wollten, was völlig gescheitert ist, bei der drohenden Eskalation vermitteln. Wir wollten dazwischen stehen und sagen, hier wird nicht geschlagen, hier wird nicht geschossen. Aber es kam anders: Die haben uns niedergemacht, die haben uns instrumentalisiert. Wir haben die Schlacht komplizierter gemacht, das genaue Gegenteil bewirkt von dem, was wir wollten. Mein Senatskollege Helmut Fröhlich, zuständig für die Polizei, hatte Polizisten aus Niedersachsen geholt. Und ich hatte Demonstranten aus Niedersachsen geholt, Jungsozialisten, Gewerkschaftsjugend und andere Friedensbewegte. Danach wollten natürlich alle, dass ich zurücktrete, so schnell wie möglich. Es gab zwei Untersuchungsausschüsse, in Bremen und in Bonn. Ich war entsetzt über die Gewalt, hatte sowohl von der Polizei als auch von Demonstranten Prügel bezogen. Ich habe dann vor den Ausschüssen gesagt, dass ich das nicht für mich getan hätte, sondern für die Zigtausenden, die sich einen friedlichen Verlauf der Demonstration gewünscht hätten. Und die sollten nun für die Gewalteskalation verantwortlich sein? Aber ich hatte mich angreifbar gemacht, weil ich einen Beschluss des eigenen Senats unterlaufen hatte. In der Woche darauf erklärte Gerhard Schröder, damals Bundes-Juso-Vorsitzender, auf einem Parteitag in Bremen in einer langen Rede, dass die Jungsozialisten hinter mir stünden. Dann kamen die Solidaritätsbekundungen der Kirchen, der Journalisten, vieler Parteimitglieder. So bin ich über die Runden gekommen. Damals habe ich mich getragen gefühlt.

Auch heute, in meinem Alltag als Rentner, trägt mich Solidarität. Zentral ist die glückliche Ehe mit meiner Frau. Selbst im Streit und wenn wir ganz anderer Meinung waren, haben wir uns nie verlassen. Wenn ich dieses Fundament nicht hätte, wüsste ich nicht, wo ich heute wäre. Dazu kommt meine Hausgemeinschaft, die ich immer „meine Alters-WG“ nenne. Wir leben nun schon seit 1988 zusammen und ich spüre immer wieder, dass ich der Exot, der Außenseiter bin, der wenig präsent im Haus ist und weniger Arbeiten und Mitdenken übernimmt. Aber meine Mitbewohner haben noch nie gesagt, jetzt reicht es uns mit dir. Das war selbst während meiner Regierungsjahre so. Und sie hätten Grund genug gehabt, mir als unbequemem Mitbewohner ihre Solidarität zu entziehen. Etwa, als vor unserem Haus gegen meine Politik demonstriert wurde. Nein, wenn sie mal anderer Meinung und mit mir unzufrieden sind, dann werfen sie mir nicht meine Sachen vor die Füße, sondern üben Kritik – aus Nähe und nicht aus Fremdheit oder Desinteresse. Sie tragen mich nicht nur, sondern sie halten mich.

***

Nicht nur unsere persönliche Umgebung, unsere gesamte Gesellschaft ist auf Solidarität gebaut. Doch eine große soziale Bewegung kann man nicht bestellen und Solidarität kann man nicht am Grünen Tisch beschließen. Wir haben lange Jahre der Individualisierung hinter uns. Ich bin überzeugt, dies war eine verlorene Zeit, aber ich habe auch das Gefühl, sie geht zu Ende. Zunehmend spüren die Menschen das soziale Gefälle, sie sehen die Not des Staates, dem sich immer mehr Reiche finanziell entziehen und der zugleich immer mehr Arme stützen muss. Und immer mehr Menschen haben, beschleunigt durch die Weltwirtschaftskrise, erkannt, dass der Neoliberalismus nicht die Antwort ist, nach der wir suchen. Die neunziger Jahre waren die große Zeit der Neoliberalen – Thatcher in Großbritannien, Reagan in den USA; in Schweden, Dänemark und Norwegen sind die Sozialdemokraten zu Boden gegangen. Selbst der Kanzler der rotgrünen Koalition, Gerhard Schröder, hat eine neoliberale Reformpolitik gemacht, um die damalige wirtschaftliche Wachstumskrise zu meistern. Doch was gab diese Zeit für eine Antwort auf die globalisierte Welt? Wir „bewältigen" die soziale Ungerechtigkeit in Deutschland mit staatlich geförderten Dividenden für Reiche? Wir bearbeiten das soziale Gefälle der Welt, indem wir nur um die Wachstumskrisen unserer Wohlstandsgesellschaften kreisen? Was für ein Armutszeugnis!

Ich gebe zu: Auch ich war im Sog der neoliberalen Reformpolitik. Ich ärgere mich bis heute, dass ich mich nicht gewehrt habe, als mein Finanzsenator und Vize-Bürgermeister Ulrich Nölle von der CDU sagte, wir verkaufen unsere Anteile an der Landesbank. Die Sozialdemokraten haben das damals abgenickt, weil in der Landesbank ohnehin nur CDU-Anhänger saßen. Das Land Bremen hat dann seine Anteile bis auf zehn Prozent an die Nord-LB verkauft. Zuvor hatten wir die Sperrminorität. Damals hätte ich natürlich sagen müssen, das ist doch nichts, was man privatisiert. Mit dem Blick zurück stellt sich eine solche Politik, wie ich sie damals mitgetragen habe, ganz anders dar. Ich bin überzeugt, dass auch die Dekade des Neoliberalismus nun ihrem Ende entgegen geht. Und am Beginn dessen steht eine bittere Erkenntnis: Wir haben den Neoliberalen geglaubt, und sie haben uns Jahrzehnte lang verladen mit ihren Ankündigungen über den Segen spekulationsgetriebenen Wachstums. Was wir erleben, ist ein Aufwachen, als würden wir die Fenster öffnen und sähen plötzlich die Realität da draußen. Und da draußen sind die entlarvten Spekulanten, unter ihnen manche, die strafrechtliche Großtaten begangen haben.

Dieser Erkenntnis folgt eine weitere: Die alten Antworten stimmen nicht mehr. Das Neusortieren hat erst mühselig begonnen. Bewegungen wie Attac sind bereits eine, wenn auch zaghafte Antwort auf diese – bislang – weltweit praktizierte neoliberale Wirtschaftspolitik. Die Sozialforen der Evangelischen und der Katholischen Kirche, ihre Forderung nach einer Globalisierung der Zivilgesellschaft, könnten eine richtungsweisende Antwort sein. Nur leider werden sie selbst bei kirchlichen Entscheidungen nicht gehört.

Bei alledem müssen wir auf eines achten: Dass die Angst vor den Auswirkungen der weltweiten Wirtschaftskrise und den sozialen Unsicherheiten uns nicht im Denken blockiert. Wir brauchen jetzt den Mut, aus diesem Desaster die richtigen Schlüsse zu ziehen. Nicht ängstlich das Fenster schließen und die Krise Krise sein lassen. Nein, hinsehen und handeln.

***

Solidarität wirkt im Kleinen, in der Kirchengemeinde, in der Nachbarschaft. Solidarität kann aber auch Wirkung für eine Gesellschaft und darüber hinaus entfalten. Der Nationalstaat schützt uns nicht vor einer globalisierten Welt, also auch nicht vor einer Weltwirtschaftskrise. Deshalb müssen wir umdenken. Was sich draußen vor unserem Fenster abspielt, verändert die Qualität sozialstaatlicher Modelle. Wenn wir handlungsfähig sein wollen, müssen wir international denken. Wie wollen wir sonst mit der weltweiten Massenarbeitslosigkeit umgehen, die auf uns zukommt? Mit der Verarmung? Mit der Obdachlosigkeit? Im vergangenen Jahr wurden in den USA über drei Millionen Wohnungen und Häuser zwangsversteigert. Viele dieser ehemaligen Hausbesitzer leben nun in Zelten – und das in einem reichen Land. Ich kenne solche Zeltstädte aus eigener Anschauung aus Palästina. Diese Bilder aus den USA zeigen die Flüchtlingslager der Rezession.

Und weil diese Wirtschaftskrise unsere neue Wirklichkeit ist, müssen wir uns zusätzlich zu einer sozialstaatlichen Absicherung ein soziales Netz knüpfen. Wir können uns nicht allein auf den Staat verlassen, wir müssen Menschen finden, mit denen wir uns zusammentun können, die uns nicht hängen lassen, wenn uns Unrecht zugefügt wird und uns nicht allein lassen, wenn uns ein Unglück passiert und wir nicht mehr weiter können. Eines dürfte sicher sein: Solidarische Gesellschaften werden diese Krise besser überstehen, als sozial entflochtene, deren Mitglieder sehen müssen, wo sie bleiben.

Diese Krise, so beängstigend sie mit ihren Verteilungsungerechtigkeiten und Bedrohungen ist, kann eine Chance sein! Und sie wird Neues entstehen lassen, selbst in einem so stark regulierten Bereich wie der deutschen Arbeitswelt: Da sammelt ein Solidaritätskomitee über tausend Unterschriften gegen die Kündigung einer Altenpflegerin, die ihren Arbeitgeber wegen unmenschlicher Zustände in seinem Heim angezeigt hat. Da demonstrieren Studenten, Gewerkschafter und völlig unbeteiligte Arbeitnehmer vor dem Berliner Arbeitsgericht, weil eine Verkäuferin sich an Streiks beteiligte und prompt per Verdachtskündigung an die Luft gesetzt wird: Angeblich soll sie für 1,30 Euro Pfandbons eines Kunden gestohlen und eingelöst haben – nach 31 unbescholtenen Berufsjahren. Nein, die Solidarität ist nicht tot. Es gibt immer wieder neue und auch riskante Fälle, in denen Menschen beigestanden wird, denen Unrecht widerfährt.

Im vergangenen Jahr war ich in Sri Lanka, einem Bürgerkriegsland, seit zwanzig Jahren von Singalesen und Tamilen umkämpft. Der schreckliche Tsunami von 2004 erschien dort nur als ein zusätzliches Unglück, so desaströs ist das Leben. Doch auch in Sri Lanka gibt es Menschen, die sich nicht von diesen traurigen Zuständen entmutigen lassen. Zum Beispiel Kumari, die Ehefrau eines Plantagenbesitzers, die ich über einen Bremer Reeder kennengelernt habe. Sie sammelt auf den weit abgelegenen Teeplantagen in den Bergen Sri Lankas die alleingelassenen Kinder der Teearbeiter ein und betreut sie. Mitten im Busch versucht sie, die Kinder zusammenzuhalten. Sie bringt ihnen bei, sich gegenseitig zu unterstützen. Dabei bezieht sie die Eltern, die auf den Plantagen arbeiten müssen, und auch die anderen Familienmitglieder mit ein. Mehrere Großmütter helfen ihr dabei, die Krippe, Vorschule und Schule zu organisieren. Kinder jeden Alters – vom Baby bis zur 14-Jährigen – werden mit Essen versorgt, mit kleinen Spielen und Basteln beschäftigt und nehmen am Schulunterricht teil, sobald sie alt genug dafür sind. Kumari verhält sich nicht wie die Damen der singalesischen Upperclass, die das Elend vor ihrer Tür nicht sehen wollen. Sie packt an. Durch ihren persönlichen Einsatz lindert sie Leid in ihrer unmittelbaren Umgebung: einfache, gelebte Solidarität.

Oder mein Freund Johnny Carrasco Cerda in Chile, katholischer Theologe, heute Bürgermeister in Pudahuel, einem der ärmsten Stadtteile in Santiago mit mindestens 400.000 Einwohnern. Im Widerstand gegen Pinochet wurde dieser Stadtteil ein Heldenviertel, doch was mussten die Menschen dort alles für Leid aushalten – die vielen Verschwundenen, die vielen Gefolterten. Johnny hat dieses Viertel im Grunde gerettet. Er hat die Bewohner zusammengebracht und ihnen Mut gemacht, sich gegenseitig zu helfen, zu schützen und zu vertrauen. So hat er es den Menschen in diesem Viertel ermöglicht, sich nicht unterkriegen zu lassen. Er wohnt selbst in diesem armen Viertel, er lebt Zusammenhalt und Solidarität. Auch er ist keiner, der nur redet.

Menschen wie Kumari und Johnny gibt es auf der ganzen Welt viele. Sie sind für mich die Hoffnungsträger. Wenn ich meinen Kindern versucht habe zu erklären, warum ich Politik mache und zwar für die SPD – und die haben das öfter hinterfragt – dann habe ich ihnen nicht von meiner Bürgerschaft erzählt, nicht von den Regierungsgeschäften und nicht von meinen Ministerpräsidenten-Kollegen, sondern von Menschen wie diesen. Und habe gesagt: Das ist real, kein Theater, keine Propaganda. Fahrt da mal hin, dann seht ihr, was möglich wird, wenn Menschen sich solidarisch verhalten.

Und das haben sie getan. Heute sind alle drei politisch engagiert, vor allem international.

Über meine Tochter Julia sind meine Frau und ich überhaupt erst zu unserem sozialen Engagement in Nicaragua gekommen. Julia hatte dort 1981, zwei Jahre nach der sandinistischen Revolution, als Austauschschülerin gelebt. Hätten wir nicht den Kontakt zu ihrer Gastfamilie gehabt und über diese Familie die Nöte im Land kennen gelernt, wer weiß, ob wir uns heute dort für das Projekt „Pan y Arte“, zu deutsch „Brot und Kunst", einsetzen würden. Mit diesem Verein, zu dem wir auch eine Stiftung gegründet haben, betreuen wir verschiedene Projekte – etwa Musikerziehung für Kinder in den Armenvierteln des Landes oder ein Dorf, das für 1300 Menschen gebaut wurde, die durch einen Hurrikan obdachlos geworden sind. All dies ist angestoßen worden, weil unsere Tochter, die heute das Asienreferat der Heinrich-Böll-Stiftung leitet, damals gesagt hatte: Hier gibt es so viel zu tun.

Auch die anderen beiden setzen sich für andere ein. Unser Sohn Christian hat in den achtziger Jahren als Freiwilliger des UN-Hochkommissars für Flüchtlinge in Costa Rica in Flüchtlingslagern gearbeitet. Dort hat er mit den Menschen, die aus Nicaragua geflüchtet waren, Lehmöfen gebaut, damit sie nicht auf Lagerfeuern kochen mussten. Bald musste er feststellen, dass diese Flüchtlinge keine von der CIA aufgehetzte konservativen Rechten waren, wie es unter Linken immer hieß. Es waren Menschen, die unter Unrecht gelitten hatten. Er hat dort viel gelernt, nicht nur über Schwarz-Weiß-Denken, sondern auch über einfache Hilfe im Alltag. Christian ist heute das, was man einen Internationalisten nennt. Da passt es, dass er einen international arbeitenden Forschungsverbund in Hamburg leitet.

Meine große Tochter, Caroline, hat Ende der Neunziger zwei Jahre in Gambia als Gynäkologin gearbeitet. Im ersten Jahr hat sie in der Hauptstadt Banjul gelebt und am städtischen Victoria-Hospital gearbeitet. Im zweiten Jahr hat sie für ein Forschungsprojekt der University of Wales über 1.000 Frauen auf Gebärmutterhalskrebs untersucht. Damals ging es darum, zu belegen, dass ein Virus Auslöser dieser Krebserkrankung ist. Und das hat sich auch bewahrheitet. Heute engagiert sie sich für die gesundheitliche Versorgung von Migranten und Flüchtlingen und für eine feministische Vereinigung von Gynäkologinnen in Großbritannien.

Diese internationalen Erfahrungen haben uns auch als Familie zusammengehalten. Dass wir diese Wir-Erfahrung geteilt haben, dieses nicht Weggucken, nicht zur Tagesordnung und das Elend anderer übergehen und Gas geben und Hauptsache, ich komme durch und die anderen sind egal – das hat sie motiviert. Und ich bin stolz auf meine Kinder – auch auf das, was sie beruflich erreicht haben, aber vor allem auf ihr soziales Engagement, auf ihre Bereitschaft, sich für andere Menschen einzusetzen und mit anderen Menschen zusammen Notlagen zu bewältigen.

***

Wenn Solidarität unter so schwierigen Bedingungen wie in Sri Lanka oder Chile, in Gambia oder Nicaragua möglich ist, warum soll sie dann nicht bei uns möglich sein? Solidarität beginnt im Alltag, im Kleinen. Und etwas, woran man anknüpfen kann, findet jede und jeder. Solidarisch sein heißt pragmatisch sein, praktisch zu denken und zu handeln.

Ich begegnete bei einer Veranstaltung, auf der ich über meine Alters-WG gesprochen habe, einer weißhaarigen Frau, vielleicht 75 Jahre, wahrscheinlich 80. Die stand von ihrem Platz auf und sagte: „Du kannst mir erzählen, was du willst, in eine WG ziehe ich nicht." Das sagten dann auch ein paar andere Frauen etwa gleichen Alters. Es stellte sich heraus: Diese sieben Damen lebten jede für sich allein in ihrem Häuschen, die Kinder weg, der Mann tot. Da habe ich gefragt: „Wie ist es denn so im Alltag? Kochen Sie jeden Mittag für sich allein? Immer etwas Neues? Oder das von gestern, vorgestern, Aufgewärmtes? Oder manchmal nur eine Scheibe Brot?" Da sagte die eine: „Woher wissen sie das?" – So ein Leben macht doch wenig Sinn. Ich habe ihnen empfohlen, sich zusammenzutun – jede ist einmal die Woche dran, für alle zu kochen: Sie werden Geld sparen. Sie werden wieder

Ehrgeiz entwickeln, weil sie natürlich genauso gut kochen wollen wie die Nachbarin. Und im Übrigen haben sie jeden Tag einen festen Termin. Da haben sie mich ausgelacht. Aber ein halbes Jahr später haben sie mir geschrieben, sie ärgerten sich, dass sie schon die meisten Kochbücher weggeschmissen hätten, die könnten sie jetzt gut gebrauchen. Und dass sie inzwischen ihre Haustür- und Wohnungsschlüssel ausgetauscht hätten – wenn eine nicht komme, gingen sie hin und klingelten, und mache sie nicht auf, dann würden sie aufschließen und nachsehen, was los ist.

Das ist eine überzeugende Antwort. Mit einem solchen Modell kann man nicht alle Probleme lösen, aber man kann ein ganzes Stück Elend meistern. Man muss nicht in eine WG ziehen, um sich gegenseitig im Alter zu stützen. Man muss keinen Kursus belegen, um sich gegenseitig aus einer Zwangslage zu helfen. So stelle ich es mir vor: dass wir mit offenen Augen durch unsere Gesellschaft gehen und die reale Not anderer Menschen nicht nur bereden, sondern ganz praktisch versuchen zu lindern.

Reden ist Silber, Tun ist Gold!

2. Warum unsere Politik solidarischer werden muss

Mein Urgroßvater war Lehrer in der Bremer Neustadt. Als seine Frau 1884 an Schwindsucht starb, saß er allein da, mit vier kleinen Kindern. Aus Verzweiflung nahm er sich das Leben. Damit stürzte die Lebensperspektive der Kinder ein. Damals gab es für Fälle wie diesen noch kein soziales Netz, keine Familiengerichte, die den Vormund auswählen, keine Sozialarbeiter, die die Erziehung der Kinder überwachen und unterstützen. Nichts dergleichen. Irgendeine x-beliebige Person wurde Vormund und hatte nichts Besseres zu tun, als die drei Jüngeren aus der Schule zu nehmen und arbeiten zu lassen. Nur der Älteste durfte seine Schule beenden. Er hat später eine Ausbildung zum Kaufmännischen Gehilfen gemacht. Meine Großmutter musste nach nur zwei Jahren Grundschule als Haushaltshilfe arbeiten – sieben Tage die Woche, für ein bisschen Essen und einen winzigen Verschlag im Treppenhaus. Meine beiden Großonkel mussten als Bootsjungen zur See fahren. Aus dieser Lage hat meine Großmutter sich zu befreien versucht, indem sie noch als Minderjährige geheiratet hat. Einen Kunstmaler, der malte, aber nichts verkaufte. Die beiden haben dann ein Farbengeschäft eröffnet, um von etwas leben zu können. Sie bekamen zwei Kinder – meine Mutter und meinen Onkel. Als dieser Großvater Kracke mit 23 Jahren an einem Infarkt starb, suchte sich meine Großmutter einen Gehilfen. Den hat sie bald geheiratet, weil sie jemanden brauchte, der den ohnehin schlecht laufenden Handwerksbetrieb weiterführte. Dieser Opa Gehrke ist nach weiteren vier Jahren auch gestorben. So wurde meine Großmutter mit 27 Jahren zum zweiten Mal Witwe und stand allein da mit ihren zwei heranwachsenden Kindern. Sie hat dann alles daran gesetzt, dass mein Onkel Lehrer wurde. Meine Mutter jedoch war kränklich, hatte Migräne, wahrscheinlich weil bei ihnen zuhause alles so dürftig war. Und obwohl sie die Beste in der Grundschule war, haben alle gemeint, sie könne wegen ihrer Krankheit nicht auf die Höhere Schule. Sie hat dann nach der Volksschule in einer Apotheke Gehilfin gelernt. Dies hat sie ihr Leben lang nicht verwunden. Später hat sie dann in der Hamburger Arzneimittelfabrik Promonta gearbeitet und mit dem Gehalt ihre Mutter mit durchgefüttert. Und das war nötig: Meine Großmutter hatte 54 Mark Rente im Monat.

Mein Vater kommt aus einer Bäcker-Familie. Großvater Scherf starb früh, mit 47 Jahren, und meine Großmutter, die das Geschäft erbte, war so unbeholfen, dass sie in der beginnenden Inflation alles verkaufte. Innerhalb von ein paar Tagen war das Geld aus dem Verkauf nichts mehr wert. Kein Mensch hat sie vor diesem Fehler geschützt. Mein Vater hat es dann irgendwann zuhause nicht mehr ausgehalten und ist ohne Schulabschluss abgehauen. Er hat sich den Wandervögeln angeschlossen, eine Drogistenausbildung gemacht und ist in Bremen in eine Drogerie eingestiegen, für die es keinen Nachfolger gab. Er heiratete, doch die erste Frau starb bei der Geburt des dritten Kindes. Da saß er nun, allein mit drei Kleinkindern, im Oktober 1933, und die Nazis haben seinen Laden boykottiert. Eine Kapitänsfrau aus Bremen hat dann meine Eltern zusammengebracht. Und meine Mutter brachte ihre Mutter mit in die Ehe – was meinem Vater zunächst alles andere als recht war. Aber als meine Mutter dann sehr krank wurde, war er doch froh, dass die Großmutter da war und uns Kinder versorgte. Meine Großmutter hat bis zu ihrem Tod mit knapp achtzig Jahren in unserer Familie gelebt. Diese kleine Frau, die den Marsch durch die Sozialhölle gemacht hatte, hat unter schwersten Bedingungen den Alltag organisiert, so dass wir immer einigermaßen vernünftig angezogen waren und immer etwas zu essen hatten. Erst wir sechs Scherf-Kinder konnten die gute Ausbildung machen, die sie sich selber immer gewünscht hat.

Meine Familiengeschichte ist die Geschichte eines dramatischen Absturzes und eines mühseligen und langsamen Wiederaufstieges über drei Generationen. Dieser Absturz wäre nie so dramatisch ausgefallen, wenn es schon damals ein funktionierendes soziales Netz gegeben hätte, das diese vier verwaisten Lehrerkinder aufgefangen hätte. Deshalb habe ich unseren Sozialstaat immer hochgehalten. Er ist das solidarische Fundament, auf dem wir heute unser Leben aufbauen können.

***

Biografien wie die unserer Familie gibt es tausende in Deutschland. Zum Beispiel die meines früheren Senatskollegen Josef Hattig. Der ist in Dortmund geboren, sein Vater war Mitglied der Zentrumspartei und arbeitete bei der Dortmund-Hörder Hüttenunion. Ein katholischer Mann, der mit den Nazis in Konflikt geriet und bei seiner Firma rausflog. Er hat sich dann in dieser politisch bedingten Arbeitslosigkeit in der Nazi-Zeit um seine vielen Kinder gekümmert – so gut es eben ging. Josef konnte kein Abitur machen, weil kein Geld da war, alle auf das Gymnasium zu schicken. Er war der Älteste, musste eine Lehre machen und hat dann neben seinem Beruf das Abendgymnasium besucht. Er machte ein glänzendes Abitur, wurde durch Stipendien unterstützt und studierte Rechts- und Staatswissenschaften. Hattig arbeitete als Gerichtsassessor beim Landgericht Hagen, als er von seinem alten Freund Alfred Herrhausen, dem damaligen Deutsche Bank-Vorstandsvorsitzenden, zur Becks-Brauerei empfohlen wurde. Diese kleine Landbrauerei, so nannte er sie, hat er rasant zur größten Exportbierbrauerei Deutschlands aufgebaut.

Josef Hattig wurde Präses der Bremer Handelskammer, wurde Manager des Jahres in Europa. Und als die CDU 1997 einen Wirtschaftssenator für die Große Koalition in Bremen suchte, hat Helmut Kohl ihn angerufen: „Hattig, Sie haben schon genug für die Wirtschaft getan, Sie müssen jetzt etwas für das Land tun." Nachdem er zugesagt hatte, dachten alle, dass dieser linke Scherf und dieser Vorzeigeunternehmer sich krachen würden. Das Gegenteil war der Fall. Wir haben beide nicht vergessen, dass unsere Väter – als Zentrumskatholik der eine, als Mitglied der Bekennenden Kirche der andere – gegen die Nazis waren, dass wir uns beide durchbeißen mussten, dass wir beide malochen mussten, um studieren zu können. Wir hatten Respekt voreinander und haben sehr vertraut zusammen gearbeitet. Auch heute noch fühlen wir uns beide verantwortlich für das Gemeinwesen, uns ist nicht egal, was aus dem Stadtstaat Bremen oder was aus der Bundesrepublik wird. Und auch das liegt an unserer Geschichte.

***

Den vielen sozialen Erfolgsbiografien zum Trotz klagen heute dennoch viele über unseren Sozialstaat: So manchem sind die Beiträge zu hoch. Den Unternehmern sind die Lohnnebenkosten ein Gräuel. Und vielen Linken ist er nicht wohltätig genug und gängelt zu sehr jene, die auf Hartz IV angewiesen sind. Richtig ist zumindest, dass dieser Sozialstaat notleidend geworden ist. Denn er wird hauptsächlich von einer immer kleiner werdenden Mittelschicht finanziert – über ihre Arbeitseinkommen und nicht über die Vermögen der Reichen. Damit ist der Sozialstaat vielleicht ein Fall für die nächste Reform, aber doch nicht ein Fall für die Mottenkiste!

Letztlich ist der Sozialstaat nichts anderes als die politisch organisierte Solidarität der Bürger in diesem Land. Er ist die

Weiterentwicklung spontaner Barmherzigkeit – derjenige, der auf Hilfe angewiesen ist, hat einen Anspruch auf diese Hilfe. Bis ein solch wirkungsvolles System der gegenseitigen Abstützung etabliert war, brauchte es einen langen Anlauf. Man muss sich nur einmal die brutalen Verhältnisse der frühen Industrialisierung vorstellen. Im auslaufenden 19. Jahrhundert gab es ein Massenelend unter dem wachsenden Industrieproletariat – Männer und Frauen, Kinder und Alte arbeiteten nicht acht Stunden am Tag, sondern bis sie umfielen. Manchmal, wenn ich die Elendsgesellschaften Afrikas besuche, denke ich: So sah es damals bei uns auch aus. Hunger, Dreck, Krankheiten. Menschenmassen, die keine Chance hatten. Vielleicht gab es einen barmherzigen Pastor, der dann und wann aushalf. Obwohl die meisten Pastoren auf Seite der Herrschenden waren und nicht erreichbar für die armen Leute und für die Arbeiter sowieso nicht – deswegen sind ja auch so viele Proletarier aus der Kirche ausgetreten. Irgendwann begriffen diese Menschen, dass sie nur eine Chance hatten, wenn sie sich zusammentaten. Also fütterten mehrere Familien die Kinder vom kranken Kollegen durch, bis der wieder arbeiten konnte und Lohn nach Hause brachte. Zu ihrer Hoffnung wurde, irgendwann mit ihrer Mehrheit die Macht im Staate zu erringen und dann dieses Elend zu beenden. Otto von Bismarck, dieser reaktionäre Junker, witterte schon bald, dass die Sozialdemokratie, die den Arbeiterkampf organisierte, der einzige innenpolitische Feind war. Also hat er sie mit den Sozialistengesetzen 1878 verboten und unter Polizeikontrolle gestellt. Zugleich nahm er ihr das zentrale Projekt, um den Arbeitern zu zeigen, dass sie nicht Sozialdemokratie und Gewerkschaften brauchen: die Krankenversicherung und später die Unfallversicherung. Das war der Beginn der gesetzlichen Sozialversicherung. Natürlich hat er nicht daran gedacht, dass der Staat dies finanzieren soll – die

Staatskasse wollte er für Kriegszüge und die teure Hofhaltung schonen. Deshalb hat Bismarck das Umverteilungsprinzip eingeführt, die anteiligen Beiträge von Arbeitgebern und Arbeitern.

Der Sozialstaat war in seiner ursprünglichen Form eigentlich ein Disziplinierungsinstrument und kein Emanzipationsinstrument. Aber er hat sich entwickelt und den Ersten Weltkrieg überstanden, die Inflation, die Nationalsozialisten und den Zweiten Weltkrieg und hat mit den Jahren eine unglaubliche Wirkung für diese vormals verelendeten, entrechteten und arbeitslosen Menschen gezeigt: ein sich langsam aufbauendes Fundament, das sich über das bodenlose Elend spannte. Noch nicht ausreichend zu Beginn – sonst hätten die Nationalsozialisten wohl nicht die Arbeitslosen so leicht für sich gewonnen. Aber es war ein Anfang. Nach dem Zweiten Weltkrieg, nach der Katastrophe, war einem breiten Bündnis von SPD, CDU und sogar FDP bewusst: Wenn uns 1933 nicht wieder passieren soll, dann müssen wir aufpassen, dass unsere Sozialversicherungssysteme funktionieren und unser soziales Netz trägt.

Und jetzt müssen wir aufpassen, dass dieses Netz nicht mutwillig durch neoliberale Attacken oder unter der Wirtschaftskrise mit ihrer Massenarbeitslosigkeit zerrissen wird. Der deutsche Sozialstaat ist etwas für die Krise, nicht für die Sonnenscheinjahre. Gerade in der Krise muss sich das gesetzliche Sozialversicherungssystem bewähren. Und dafür müssen wir alle, wir Bürger, Sorge tragen. Oder hohe Ämter werden künftig nur noch von Menschen aus der Oberklasse bekleidet. Ein Bauernkind, ein Flüchtlingskind als Bundespräsident? Das wäre dann undenkbar.

***

Horst Köhler ist ein solches Kind gewesen. Er stammt aus einer dieser vielen Familien, die am Ende des Zweiten Weltkrieges alles hinter sich gelassen und nur ihr nacktes Leben in den Westen gerettet haben. Viele Millionen Menschen, die plötzlich in dieser zerrütteten Gesellschaft untergebracht und finanziert werden mussten. Besatzung und Trümmerhäuser, Kriegskrüppel und Vermisste. Eine gute Adresse war Deutschland damals nicht. Horst Köhler, seine Mutter und sieben Geschwister mussten von Tür zu Tür, von Lager zu Lager, bis sie zunächst einen Unterschlupf bei Leipzig und später in Schwaben fanden. Geliebt wurden sie nicht, sie galten als jene, die das bisschen, was die Eingesessenen erwirtschaftet hatten, nun noch streitig machten. Die einem den Platz streitig machten, den man für die eigenen Kinder und für die eigene Familie brauchte. Die Köhlers und die vielen anderen Flüchtlingsfamilien haben sich hart durchkämpfen müssen. Im Dorf, in der Schule, in den Kirchengemeinden, im Sport, in den Vereinen, überall durchkämpfen. Die Flüchtlinge waren nirgends gern gesehen. Das hat auch Horst Köhler miterlebt. Und dennoch hat er nicht aufgegeben, motiviert durch seine starke Mutter, so hat er es mir einmal erzählt. Er machte das Abitur, musste arbeiten, um sein Volkswirtschaftsstudium zu finanzieren. Er hat dann als junger Volkswirt bei Gerhard Stoltenberg, der damals Kieler Ministerpräsident war, angefangen. Später ist er mit ihm in die Bundesregierung gewechselt und hat in der Behörde seinen Aufstieg gemacht: Staatssekretär, dann Berater für Bundeskanzler Helmut Kohl bei Weltwirtschaftsgipfeln. Präsident des Deutschen Sparkassen- und Giroverbandes, dann Generaldirektor des Internationalen Währungsfonds. Und letztlich von Angela Merkel als Kandidat für das Bundespräsidentenamt entdeckt. Das war keine Oberschichts-Karriere. Im Gegenteil: Horst Köhler blieb immer einer mit Bodenhaftung.

In Herrenberg hat er im Kirchenchor gesungen, seine Frau war im Gemeinderat, übrigens für die SPD, und die beiden haben mit anderen in der Gemeinde einen Dritte-Welt-Laden aufgemacht. Ihre blinde Tochter haben sie stets so gestützt, dass sie heute als Medizinerin in London arbeitet. Wollen wir solche Biografien nicht mehr? Wollen wir, dass nur noch die Kinder von Direktoren wieder Direktoren werden?

***

Unser soziales Netz ist löchrig geworden. Für diese Löcher ist der neoliberale Sog in der Politik der vergangenen Jahrzehnte verantwortlich. Sozialstaat, Gemeinwesen? Das galt als etwas für Verlierertypen. Doch spätestens seit die Wirtschaftskrise in den Portemonnaies der Reichen und auf den Fließbändern bei den kleinen Leuten dieser Republik angekommen ist, dürften viele verstanden haben: Wir müssen Netzwerke knüpfen, die uns vor drohender Ausgrenzung, Verarmung und Marginalisierung schützen. Vieles, was man in Wachstumszeiten überhaupt nicht vermitteln kann, wird jetzt wieder ein Thema. Die Wissenschaftler des Deutschen Instituts für Wirtschaftsforschung haben sich die Verteilung von Netto-Vermögen in Deutschland angesehen. Diese Statistik zeigt eine krasse Splittung, die zunehmend tiefer wird: Das reichste Zehntel der deutschen Bevölkerung besaß im Jahr 2007 über 60 Prozent des privaten Vermögens. Den weniger wohlhabenden 70 Prozent der Erwachsenen gehörten nur knapp neun Prozent. Etwa zwei Drittel der Erwachsenen haben kein oder nur ein geringes Geld- oder Sachvermögen. Jeder Achte in Deutschland lebt an der Armutsgrenze, ohne Sozialleistungen wäre es jeder Vierte. Besonders betroffen sind Zuwanderer, Arbeitslose und Alleinerziehende sowie deren Kinder, heißt es im Dritten Armuts- und Reichtumsbericht der

Bundesregierung. Es gibt Ökonomen, die vorhersagen, dass die Finanzkrise diesen Trend eher noch verstärken wird. Die Arbeitslosigkeit brandet erst einmal bei den unsicheren Arbeitsverhältnissen an. Etwa bei den Leiharbeitern oder den kleinen Selbstständigen. Dann sitzen diese mit Hartz IV da und müssen ihr Erspartes aufzehren, bevor der Staat einspringt. Machen wir uns nichts vor: Die nivellierte Mittelstandsgesellschaft, von der der Soziologe Helmut Schelsky sprach, gab es, wenn überhaupt, nur für eine kurze Zeit.

Man muss unserer Gesellschaft diese Spaltung nicht unbedingt ansehen. In Bremen gehört es seit Jahrhunderten zum guten Ton, seinen Reichtum nicht zu zeigen. Man ist diskret. Ich habe hier noch nie einen Rolls Royce gesehen, obwohl es in Bremen die größte Dichte von Millionären in ganz Deutschland gibt. Allerdings auch die größte Dichte von Sozialhilfeempfängern. Wir sind eine stark polarisierte Stadt. Dennoch sieht man hier keine Elendsdemonstration oder einen Hungermarsch. Man muss schon genau hinsehen, um die bestehenden Unterschiede wahrzunehmen.

Ein Blick zum Beispiel ins Bremer Nobel-Restaurant Grashoff. Dort gehen jene hin, die sich ein Menü für 200 Euro leisten können – und es genießen, sich unter ihresgleichen zu bewegen. In der Küche dieses Restaurants wird dann, nachdem die Gäste gespeist haben, der Überfluss an Köstlichkeiten, schon etwas zerdrückt und nicht mehr so edel garniert, von den Helfern der Bremer Tafel abgeholt und zur Armenspeisung gebracht. Viele der Obdachlosen sind so kaputt durch das jahrelange Leben auf der Platte, durch den Alkohol und andere Drogen, dass sie nicht einmal mehr richtig essen können. Die Zähne kaputt, der Magen hinüber – die hängen dann über ihrem Teller und versuchen, etwas herunter zu bekommen. Diese Menschen können mit irgendwelchen sündhaft teuren und verrückten Delikatessen oft gar nichts anfangen. Die Tafeln, die es ja in vielen Städten in Deutschland gibt, sind eine gute Sache. Aber es ist auch eine schrille Erfahrung, diesen Gegensatz von großer Bedürftigkeit auf der einen und teils maßlosem Überfluss auf der anderen Seite vereint durch einen Teller Luxus zu sehen – ein Luxus, der im Übrigen sonst entsorgt würde.

Ich will kein Reichen-Bashing betreiben. Doch Luxus, der nur dazu da ist, vorgeführt zu werden, um sich von anderen Menschen abzugrenzen, hat etwas Obszönes. Diesen Luxus als Selbstzweck kann man gut auf der Bremer Lürssen-Werft beobachten, auf der früher vor allem Militärschiffe gebaut wurden. Heute lassen dort die Reichen dieser Welt ihre Yachten bauen. Das sind bis zu 150 Meter lange schwimmende Hotels, in denen alles Kostbare, was man sich überhaupt nur ausmalen kann, investiert worden ist. Ich bin ein paar Mal in solchen Yachten, als sie noch im Bau waren, herum gestiegen. Unbeschreiblich, was dort an Kabinen und Bädern und Salons eingebaut ist. Marmor, Gold, Edelholz – das Teuerste ist gerade richtig. Diese Yachten sind nicht für Menschen gebaut, die aus Begeisterung für die großen Meere sich den Wind um die Nase wehen lassen wollen. Sie sind für Menschen, die vielleicht 14 Tage im Jahr ihr Boot als Statussymbol zeigen und ihre reichen Freundinnen und Freunde ausführen wollen. Hauptsache, exklusiv. Hauptsache, solitär. Hauptsache, das hat noch keiner gehabt. Eine Verschwendung, wie es sie krasser gar nicht gibt. Das leisten sich die Neureichen dieser Welt. Mal ist es ein russischer Oligarch, mal ein Ölscheich und mal einer, der mit Computern sein Geld verdient hat. Die Werftarbeiter, zwei von ihnen sind Segelfreunde von mir, müssen die kostbarsten handgearbeiteten Einrichtungen wegschmeißen, wenn da einer aus einer Laune heraus sagt: alles Mist. Diese Handwerker erleben ihre Schiffbauerkunst in den Händen von

Menschen, die gar nicht wissen, was das Kostbare und das Besondere daran ist. Solch sinnlos verschwendeten Reichtum gibt es in unserer Gesellschaft.

***

Ich will mir kein sozialistisches Paradies zurechtträumen, in dem alle Menschen das Gleiche besitzen. Aber ich will diese tiefe gesellschaftliche Spaltung in arm und reich anprangern. Chancengleichheit, die Möglichkeit für jeden, egal welcher Herkunft, etwas aus seinem Leben machen zu können, hatte immer einen hohen Stellenwert in der deutschen Politik, quer durch alle Parteien. Doch die Realität straft diesen gesellschaftlichen common sense Lügen. Und diese gesellschaftliche Entflechtung hat etwas mit einem Mangel an solidarischem Verhalten in der Politik zu tun. Was mich als Sozialdemokraten nicht freut: Die gesellschaftliche Entflechtung hat ausgerechnet unter der Rot-Grünen Bundesregierung noch mehr an Schwung gewonnen. 1998 ist Helmut Kohl abgewählt worden, weil die Mehrheit der Deutschen das Gefühl hatte, er packt es nicht mehr. Die Kohl-Regierung traute sich nicht an die Modernisierung der Sozialversicherung heran und kam mit den Wettbewerbsherausforderungen der neuen Weltwirtschaft nicht mehr klar. Dieser Reformstau hat für einen überraschenden Regierungswechsel gesorgt. Und dann haben Gerhard Schröder und Joschka Fischer, mit Oskar Lafontaine als Finanzminister, versucht, dieses überraschende Regierungsmandat auszufüllen und sich dabei total zerstritten. Oskar Lafontaine ist ja nicht aus persönlicher Rachsucht – das vielleicht auch –, sondern vor allem aus dem Gefühl gegangen: Ich kann hier nichts bewegen. Schröder hat dann, beeinflusst durch den Sachverständigenrat und die internationale Sozialdemokratie, den Schluss gezogen, es gäbe keine Alternative zu einer harten Modernisierungspolitik. Und die Sozialdemokraten in Schweden, Norwegen und Finnland, Tony Blair und Peter Mandelson machten es ihm ja vor. Natürlich wusste er, dass dies eine Riesenherausforderung für die Gewerkschaften und für die Linke ist – für das klassische sozialdemokratische sozialpolitische Konzept. Und ich bin froh, dass ich nicht in diesen Kommissionen gesessen und mit Peter Hartz Reformen für unseren Sozialstaat formuliert habe. Mir reichte der Vorsitz des Vermittlungsausschusses bei der Verabschiedung der Agenda 2010. Gerhard Schröder hat angesetzt bei der Rentenversicherung, weitergemacht bei der Arbeitslosenversicherung, nicht weiter gemacht bei der Krankenversicherung. Und hat mit seinen Einschnitten die Entstehung der Linkspartei von Oskar Lafontaine befördert. Unter dieser neoliberalen Modernisierungspolitik leidet die SPD bis heute – uns sind die Mitglieder weggelaufen, wir haben eine Landtagswahl nach der anderen verloren und zum Schluss auch die Bundestagswahl. Die SPD verliert ihre zentrale Rolle, wenn sie nicht der verlässliche Vertreter derjenigen in der Gesellschaft ist, die über eine gemeinschaftlich getragene Sicherung ihre Lebensrisiken abfedern wollen. Die Sozialdemokratie ist ein Kind der Arbeiterbewegung. Es war stets ihr roter Faden, jene zu vertreten, die sich nicht selbst vertreten können. Gerade diese Partei muss sich in einer bedrohlichen Lage mit den kleinen Leuten solidarisieren. Wenn die SPD den Solidargedanken aufgibt, verliert sie ihre Legitimation.

***

Die soziale Frage kehrt in die Politik zurück. Und „sozial" bedeutet Verteilungsgerechtigkeit. Ich wünsche mir eine solidarische Politik, die dafür sorgt, dass alle Menschen auskömmlich ihr Leben organisieren können. Sicher, die gerechte Welt stellt man nicht mit einer Wahlentscheidung, auch nicht mit einem Strategiepapier her. Aber anfangen kann man! Grundlegend dafür ist, die Lebensrisiken der Bevölkerung abzufangen – umlagefinanziert, steuerfinanziert. Es darf nicht sein, dass kranke Menschen am Eingang der Klinik weggejagt werden, wie es in den USA der Fall ist, wenn sie nicht versichert sind. Dass jemand seine Wohnung verliert, weil er arbeitslos wurde. Dass jemand nicht genug zu essen hat. Gerechtigkeit fängt ganz schlicht an. Wenn wir Menschen unter das Existenzminimum drücken, dann ist das ein barbarischer Rückfall in die Zeit vor der gesetzlichen Sozialversicherung.

Die Menschenwürde ist unantastbar, heißt es in Artikel 1 des Grundgesetzes. Das kann man all diesen Liberalen entgegenhalten, die mit der Hungergeißel die Menschen in Arbeit zwingen wollen. Oder dem CDU-Mann Philipp Mißfelder, der fordert: Ab 85 Jahren keine Ersatzteile für kaputte Hüften mehr. Das alles ist verfassungswidrig. Wer vom Grundgesetz ausgeht, kommt zu einer Form von materieller Absicherung, die jeder und jedem, egal ob Kind oder Greis, ein Teilhaben am gesellschaftlichen Leben ermöglichen muss. Und gerechte Teilhabe in einem Gemeinwesen bedeutet auch, dass der gemeinsam erwirtschaftete Reichtum anders verteilt werden muss: also Umverteilung von reich nach arm und nicht umgekehrt, wie es derzeit der Fall ist. Die Starken müssen die Schwachen stützen. Eine grundlegende Absicherung muss es für jeden geben. Allerdings bin ich sehr dafür, dass dann auch jeder Mensch hierbei gleich behandelt wird. Warum brauchen wir eine Extra-Absicherung für Arbeitslose, für Kinder, für Rentner? Wir alle haben einmal in die gemeinsame Kasse eingezahlt oder werden in sie einzahlen. Warum soll dann nicht jeder Mensch den gleichen Anspruch auf einen Grundanteil haben? Diese Ungereimtheiten zwischen Sozialhilfe und Arbeitslosenfinanzierung sind historischer Ballast. Für die Betroffenen macht es keinen Unterschied, woher das Geld kommt. Deshalb stehe ich einer negativen

Einkommenssteuer nahe: Sie garantiert jedem Bürger ein Mindesteinkommen. Wer oberhalb einer bestimmten Grenze verdient, zahlt für sein Einkommen Steuern an das Finanzamt – wessen Einkommen unter dieser Grenze liegt, erhält so viel Geld vom Finanzamt, wie zur Ergänzung oder auch gänzlichen Bereitstellung eines Mindesteinkommens nötig ist. Dieses Prinzip ist eine direkte Umverteilung. Ähnlich ist das Prinzip des bedingungslosen Grundeinkommens, das jedem Bürger ausgezahlt wird. Bei beiden Modellen wird eine aufwändige Sozialstaatsbürokratie mit ihrem Überprüfungsmarathon überflüssig, die Diskriminierung sozial schwacher Bürger entfällt, denn das Grundeinkommen steht jedem zu: ein finanzieller Sockel für alle, damit überhaupt Freiheit, Entwicklung, Emanzipation denkbar ist.

Wenn ich an die negative Einkommenssteuer denke, dann habe ich die Bremer Wohngebiete Hashude und Reihersiedlung vor Augen. Diese waren noch in der Weimarer Republik für unzumutbare Mieter gebaut worden, die überall rausflogen, weil sie – aus Armut – erst die Bäume aus dem Vorgarten und dann die Dielen verfeuerten und so mit der Zeit das, was sie gemietet hatten, zerlegten. Für die hat die SPD damals öffentlich finanzierte Häuser bauen lassen. Die Nationalsozialisten legten später einen Zaun um diese „Asozialen-Siedlungen", wie sie sagten, und hielten die Bewohner wie in einem Lager. In der Nachkriegszeit wurden die Projekte dann wieder im alten Sinne fortgeführt. Ich habe als Sozialsenator später mit dazu beigetragen, dass die Mieter dort auch schrittweise Eigentum erwerben konnten. Viele Menschen haben sich aus diesem Milieu richtig heraus gearbeitet. Allein dadurch, dass sie einen Platz hatten, an dem sie akzeptiert waren, dass sie ein eigenes Dach über dem Kopf hatten – und sie nicht mehr automatisch in die Sonderschule geschickt wurden. Ich bin mit einigen Hashudern zur Schule gegangen und weiß daher, wie die untereinander zusammenhalten. Und ich weiß, welche sozialen Aufstiege aus dieser Perspektivlosigkeit, begründet in der Arbeitslosigkeit der Weimarer Republik, möglich wurden. Einige von ihnen sind Facharbeiter im Hafen geworden, ein anderer wurde Fahrradhändler, der nächste hat ein eigenes Fuhrunternehmen aufgezogen. Dass eine Sozialhilfekarriere in der dritten Generation noch überwunden werden kann, macht deutlich genug, wie wichtig es ist, niemanden fallen zu lassen.

Noch ein weiteres Argument für die Einführung der negativen Einkommenssteuer: Es gibt im Bayerischen Wald Dunkelziffern bei der Sozialhilfe von über 80 Prozent. Da verzichten Menschen aus Scham auf ihre Ansprüche staatlicher Hilfe und hängen in ihrer Armut. Das ist dramatisch. Dieses Problem wäre mit der negativen Einkommenssteuer klar beseitigt. Man würde die soziale Lage gerade dieser verschämten Armen aufbessern. Sie hätten plötzlich ein geregeltes Einkommen, könnten in der Familie oder Nachbarschaft etwas beitragen.

Die Diskussion, wie viel eine negative Einkommenssteuer ausmachen oder wie hoch ein Grundeinkommen sein darf, muss man sorgfältig führen. Weder darf es zu einem Anreiz werden, den Job zu quittieren und sich zuhause aufs Sofa zu verziehen – was bei den 1.500 Euro bedingungslosem Grundeinkommen, wie sie der Drogerieketten-Besitzer Götz Werner fordert, schon der Fall sein könnte. Noch darf man auf solch schlitzohrige Vorschläge, wie sie Dieter Althaus mit seinem 800-Euro-Sockel gemacht hat, hereinfallen. 800 Euro minus 200 Euro für die Krankenversicherung bedeutet unter dem Strich weniger, als ein Sozialhilfeempfänger heute mit allen Nebenleistungen wie etwa Wohngeld bekommt. Da will nur einer Beamte sparen und den Haushalt sanieren.

Wer unser kompliziertes, bedarfsorientiertes Sozialhilfesystem mit seinem bürokratischen Aufwand auf ein schlichtes, egalitäres Umverteilungssystem umstellen will, muss zunächst einmal einen Kassensturz machen. Wer ein Grundeinkommen will, braucht einen Mindestlohn, der den Arbeitsmarkt nach unten hin abgrenzt. Und ein Sockeleinkommen wird man dynamisch an die wirtschaftliche Entwicklung anpassen müssen. Das ist ein Verteilungskampf, im Parlament zu entscheiden und von Sozialgerichten in der Umsetzung zu kontrollieren. Sicher, eine negative Einkommenssteuer oder ein Grundeinkommen ist eine komplette Umstellung unseres Bedarfdenkens, bedeutet aber einen ungemeinen Zuwachs an Verteilungsgerechtigkeit. So stelle ich mir einen solidarischen Staat vor.

Dass große Systemwechsel möglich sind, zeigt Chiles jüngste Sozialgeschichte. Auf Anraten des liberalen Ökonomen Milton Friedman hatte Pinochet die gesamte gesetzliche Sozialversicherung des Landes liquidiert. Und nun? Was diese beiden zerstört haben, wird jetzt mit Sorgfalt und großem Konsens in der chilenischen Gesellschaft wieder aufgebaut.

Wir sollten wissen, was wir an unserem Sozialstaat haben. Und ich bin mir sicher: Wer den Sozialstaat rezessionsfest bekommt, rettet auch die staatlich institutionalisierte Solidarität. Wer ein gut funktionierendes System etabliert – von allen finanziert, für alle da –, macht den Sozialstaat wieder akzeptabel. Dazu brauchen wir eine Bürgerversicherung, bei der jeder nach seinem Einkommen zur Gesundheits- und Pflegeversicherung beiträgt. Dazu brauchen wir ein Steuersystem, das die Reichen mehr belastet und die Armen weniger, und das jene weniger belastet, die Arbeitsplätze schaffen. Damit so ein System auch funktioniert, müssen Steueroasen weltweit unter Kontrolle gebracht werden. An einem weltweiten Finanzsystem kommen wir in Zeiten der Globalisierung nicht vorbei.

***

Mein Freund Rudolf Hickel, linker Ökonom aus Bremen und überzeugter Keynesianist, kann sich derzeit nicht retten vor Interviewanfragen und politischen Konsultationen. Der, der früher immer das Pflicht-Gegengutachten zum Sachverständigenrat geschrieben hat und jahrelang für seine ökonomischen Theorien von den großen etablierten Wirtschaftsinstituten aus purer Voreingenommenheit belächelt wurde, ist nun ununterbrochen unterwegs. Jetzt, da es nicht mehr weitergeht, da alle bisherigen Prognosen sich nicht bewahrheitet haben, kommen die Sachverständigen und Politiker wieder auf ihn zu und wollen hören, wie man John Maynard Keynes' Wirtschaftsarchitektur in die Moderne übersetzen kann.

Ich bin bis heute der Auffassung, dass Keynes mit seiner Analyse des Weltwirtschaftscrashs von 1929 richtig gelegen hat. Seine Erfindung ist eine Finanzstruktur, die uns davor bewahrt, durch konjunkturell, politisch oder durch Währungsspekulationen bedingte Krisen gesamtwirtschaftlich in den Abgrund zu fallen. Bei Keynes betreibt der Staat aktive Finanzpolitik, der Staat federt Konjunkturschwächen ab, indem er Konsum befördert. Selbstverständlich muss man diese Theorie von 1936 weiterentwickeln, an moderne Gegebenheiten und an eine komplexe Weltwirtschaft anpassen, in der die Chinesen gleichermaßen dabei sind wie die Russen, die Inder wie die Brasilianer. Denn in einem hat Keynes bis heute recht: Es gibt nicht den freien wirtschaftlichen Wildwuchs, der alles im Leben organisiert. Dies wird zum Schluss eine Barbarei mit Massen im Elend und ein paar Reichen, die sich mit Privatpolizeien zu schützen versuchen. Das ist in Lateinamerika oder anderswo schon zu besichtigen. Wer solche krassen, auseinanderfallenden Gesellschaften nicht will, der braucht eine international tragfähige Architektur der Finanzen. Dazu gehören ein Weltwährungsfonds, eine kompetente Bankenaufsicht und letztlich so etwas wie eine weltweite Zentralbank. Warum nicht diesen wirtschaftlich zusammengerückten Globus auch finanzpolitisch zusammenrücken? Die positiven Erfahrungen der Europäer mit der gemeinsamen Währung und Zentralbank kann man doch nutzen. Ich halte das nicht für unmöglich. Unsere globalisierte Wirtschaft muss und kann zivilisiert werden.

***

Für mehr Solidarität in unserem Staatswesen und auch im internationalen Staatengefüge braucht es ein politisches Umdenken. Doch klar ist auch: Der Staat allein kann unser Leben nicht regeln. Wer einen sozialen, solidarischen Staat will, muss sich einmischen. Es sind die Bürger, jeder einzelne, die den Staat bilden und seine Ausrichtung bestimmen. Und das verlangt uns mehr Aktivität ab als das Jammern über die Verhältnisse. Bürger sein fängt beim Wählen an und hört beim Spenden für karitative Zwecke noch lange nicht auf.

Dass eine soziale Politik nicht ohne solidarisch denkende Bürger möglich ist, zeigt ein Beispiel aus Bremens Nachkriegszeit. Wilhelm Kaisen, einst SPD-Sozialsenator in der Weimarer Republik, wurde nach 1945 von den britischen Besatzern als Bürgermeister eingesetzt. In Bremen herrschte damals große Obdachlosigkeit. Und was machte Kaisen? Er setzte sich über Bauverordnungen und Übernachtungsverbote aus der Vorkriegszeit pragmatisch hinweg und forderte die Menschen auf, ihre Parzellengebäude zu beziehen. Diese ehemaligen Gartenhäuschen heißen bis heute Kaisen-Häuser. Er war einer, der wusste, was es bedeutet, an den Rand gedrängt zu sein. Einer, der wusste, dass es Lebenslagen gibt, in denen man Hilfe braucht. Kaisen, Kind armer Eltern, war in Hamburg aufgewachsen. Er durfte nicht auf die weiterführende Schule – obwohl der Lehrer das dringend empfahl –, weil der Vater allein die Familie nicht ernähren konnte. Wilhelm Kaisen durfte noch nicht einmal eine Lehre machen, er musste sofort nach der Grundschule in die Fabrik und den gesamten Lohn abliefern. Seine Bildung hat er in Abendkursen und Arbeiterschulungen nachgeholt, wurde Journalist, dann Politiker. Mit seiner handfesten Ignoranz gegenüber völlig absurd gewordenen Vorschriften hat er eine ganze Menge Leid im Nachkriegsbremen gelindert. Demonstrativ setzte er sich zwischen die Trümmer und klopfte Steine. Damit hat er unzählige Bremer Bürger motiviert, ihre verwüstete Stadt wieder aufzubauen. Und sie haben es hingekriegt, sie haben wieder Mut geschöpft. Obwohl es nichts gab, kein Unternehmen lief, keine Löhne gezahlt werden konnten, keine Verwaltung und gar nichts funktionierte. Aber anfangen, anfangen! Ich denke oft an diesen klugen, alten Arbeitersohn, der uns ein unschätzbares Beispiel gegeben und den Aufbruch nach dem Kriege personifiziert hat.

In den USA, die heute durch George W. Bushs Politik im freien Fall sind, macht Barack Obama genau dies. Er hat doch auch nicht viel zu verkaufen. Aber er versucht zu motivieren und die Bürger dazu zu gewinnen, nach diesen Katastrophen, die Bush angerichtet hat, wieder anzufangen, sich als politische und soziale Gemeinschaft neu zu organisieren. Dieses Engagement kann man nicht staatlich verordnen, das muss von den Bürgern selbst ausgehen. Sie sind mehr als ihr Staat.

***

Ich will einmal deutlich machen, was ich als unbürgerlich empfinde: Es gibt reiche, kulturbeflissene Menschen, die bestellen sich die teuersten Musiker zum Privatkonzert nach Hause – nur für die Familie oder zwei, drei Freunde. Das Gegenbeispiel zu diesem unbürgerlich sinnlos verschwendeten Reichtum ist das, was die deutsche Kammerphilharmonie in Bremen-Osterholz mit Hilfe von Spenden möglich macht. Inmitten dieser Hochhaussiedlung, der größten, verdichteten Zuwanderergesellschaft im Norden Deutschlands, haben die Kammer-Philharmoniker mit Hilfe des Senats ihr Übungszentrum und Tonstudio platziert. Und was machen die Musiker? Sie arbeiten mit den Kindern aus diesem Ghetto. Mit Kindern, die zuhause nie klassische, anspruchsvolle Musik hören, die noch nie etwas von modernem Tanz gehört, die höchstens Hiphop oder Heavy-Metal im Kopf haben. Diese Kinder holen die Kammerphilharmoniker in ihre Produktionen, lassen sie neben sich sitzen, bringen ihnen bei, wie die Instrumente funktionieren, führen zusammen mit ihnen Konzerte auf. Jetzt üben sie gerade „Faust II". Sie haben bereits zweimal eine moderne Tanzinszenierung einstudiert, mit dem Briten Royston Maldoon, mit dem auch schon Simon Rattle gearbeitet hat. Da geht doch die Sonne auf. Einige wohlhabende Freunde konnte ich überreden, sich das einmal anzusehen: Und die meisten sind begeistert und spenden, damit dieses Projekt weiterlaufen kann. Das ist das Gegenstück von Exklusivität: Ich biete das, was ich finanzieren kann, für andere, die das nicht finanzieren können und oft noch nicht einmal wissen, was ihnen entgeht. Kinder, die einen solchen Erfolg hatten, ein solches Glück, eine solche Anerkennung, haben eine ganz andere Motivation, sich um die Schule zu kümmern. Das ist etwas anderes, als wenn einem immer nur gesagt wird, du bist doof, du lernst sowieso nicht Deutsch und geh doch nach Anatolien, du hältst nur den Betrieb auf. Hier ist das Gegenstück.

Menschen mit diesem Verständnis werden immer mehr. Ich kenne viele, die bereit sind, in Projekte viel Geld zu investieren, die sie nachvollziehen, an denen sie teilnehmen und sehen können, dass sie an der richtigen Ecke dabei gewesen sind. Heute gibt es in Deutschland knapp 16.500 Stiftungen des bürgerlichen Rechts – mit einem Vermögen von geschätzt 100 Milliarden Euro. Und zugleich wächst die Zahl derer, die sich bürgerschaftlich engagieren, seit Jahren. Nach Zahlen der Bundesregierung engagieren sich derzeit 36 Prozent aller Bürgerinnen und Bürger ab 14 Jahren freiwillig – das sind mehr als 23,4 Millionen Menschen. Das ist eine Menge!

Warum sich jemand engagiert, dafür gibt es ganz unterschiedliche Beweggründe. Es gibt Menschen, die sehen vor allem die Steuervergünstigungen, die man bei Stiftungsgründungen für sein gesamtes Vermögen erzielen kann. Auch gut, wenigstens haben dann auch andere etwas von diesem Reichtum. Es gibt aber auch Menschen, die überzeugt davon sind, dass ihr Lebenswerk oder ihr Erbe nicht ausschließlich dem privaten Konsum dienen darf. Diese engagieren sich in der Regel dann auch in ihren Stiftungen persönlich, weil sie sehen wollen, wie das wächst, was sie ins Leben gerufen haben. Solches Engagement findet man in allen gesellschaftlichen Bereichen – im Sozialen, in der Kultur, im Internationalen. Wie viel Anteilnahme gab es nach dem Tsunami 2004, und wie viel Geld und aktive Hilfe kamen zusammen. Ich kenne in Bremen Stifter – inzwischen Freunde von mir, früher politische Gegner –, die sind präsent und dennoch bescheiden, still. Manche von ihnen unterstützen junge, abstrakte Künstler, mögen gar nicht deren Kunst, finden aber wichtig, dass die jungen Leute ihre Produkte verkaufen können und damit eine Perspektive haben. Andere investieren in Schulen. Die wollen damit nicht den Staat entlasten. Nein, sie wollen in die Kinder investieren. Es gibt in Bremen einen Schulzirkus, der nur von Spenden lebt. Wenn Kinder in der Schule lernen, als Akrobaten oder Clowns aufzutreten, entwickeln sie ganz andere Ziele, als wenn sie immer nur an ihrem Tisch sitzen und ihre Rechenaufgaben lösen müssen. Wieder andere haben „Refugio“ gegründet, eine Initiative, die sich um traumatisierte Flüchtlinge kümmert, etwa um die aus dem ehemaligen Jugoslawien geflüchteten vergewaltigten Frauen oder jene, die den Massenmord von Srebrenica überlebt haben. „Refugio“ unterstützt aber auch Menschen, die vor dem mörderischen Krieg in Tschetschenien geflohen sind. Oder jene, die aus Gaza kommen und die schlimmste Grausamkeiten aushalten mussten – nicht nur von israelischer Seite, sondern auch von den eigenen Leuten. Sich um all diese Menschen zu kümmern, die mühsam versuchen, wieder ein normales Leben aufzunehmen, das schaffen die offiziellen staatlichen Stellen nicht. Da braucht es sensible Leute, die die Begleitung dieser Kriegsopfer zu ihrer Aufgabe machen. Hier arbeiten Psychologen und Therapeuten gezielt zusammen, um diese Menschen wieder behutsam ans Leben heranzuführen – viele von ihnen ehrenamtlich. Es ist beeindruckend, wie das gelingt.

Für mein hanseatisches, stadtbürgerliches Verständnis ist klar: Wir tragen unser Gemeinwesen selbst. Die Bremer haben während der Hansezeit innerhalb der Stadt keine Steuern erhoben, die Bürger haben ihre Abgaben freiwillig gezahlt. Was wir heute brauchen, ist ein Patchwork aus bürgerlichem Selbstverständnis, das die Politik unseres Staates bestimmt, und bürgerschaftlichem Engagement, das aktiv Verantwortung für unser Gemeinwesen übernimmt. Hier und jetzt wird der Lebensentwurf unserer Gesellschaft verhandelt, und jede und jeder kann dazu beitragen: Jener, der entsprechend seinem persönlichen Vermögen Steuern und Kassenbeiträge zahlt. Jene, die eine Stiftung gründet. Jener, der den Kulturverein unterstützt. Jene, die den Sportverein sponsert. Und jener, der die Patenschaft für ein Kind im Kongo übernimmt.

Wir brauchen jeden!

3. Wie Gewerkschaften und soziale Verbände wieder attraktiv werden können

Wenn das Wort Solidarität fällt, denken die meisten von uns zunächst an Gewerkschaften, Wohlfahrtsverbände, kirchliche Hilfseinrichtungen. Diese Institutionen sind in der Tat aus dem Impetus der Solidarität entstanden. Doch können Apparate solidarisches Handeln verkörpern, uns dieses gar abnehmen? Der Mittelpunkt, der Ursprung der Diakonie ist eigentlich die Gemeinde, die ihre hilfsbedürftigen Mitglieder nicht alleine lassen will. Dass eine Hilfsorganisation, die aus ehrenamtlicher Hilfeleistung entstanden ist, ihre ehrenamtlichen Helfer heute an den Rand drängt, gar als lästig empfindet, ist kein persönliches Versagen einzelner Manager, sondern ein strukturelles Problem. Als ich bei der Jahrestagung der hauptamtlichen Geschäftsführer der kirchlichen Diakonie diese fundamentale Kritik vorgetragen habe, hatte ich das Gefühl, dass alle wussten, wovon ich rede. Einen Aufstand hat keiner gemacht. Ich verstehe sogar, wie diese ungute Entwicklung zustande kommt: Die Versicherungsrisiken, die mit jeder sozialen Dienstleistung verbunden sind, verlangen eine enorme Zuverlässigkeit. Da kann kein Mitarbeiter sagen, ich komme heute mal nicht, ich mach es ja ehrenamtlich. Organisationen wie jene von der Größe der Diakonie mit ihren 435.000 hauptamtlichen Mitarbeiterinnen und Mitarbeitern verlangen eine verlässliche Organisation. Wer einen solchen Betrieb reibungslos organisieren will, für den ist das Managen Ehrenamtlicher anstrengend. Also holt man sich lieber hauptamtliche Mitarbeiter, die kann man auf Schicht setzen, die müssen kommen und pünktlich sein, und wenn sie nicht zuverlässig sind, werden sie abgemahnt und man holt sich im Zweifel neue Mitarbeiter. Und so lässt dieses Muss der Verlässlichkeit es ratsam erscheinen, den gesamten Betrieb der Diakonie oder der Arbeiterwohlfahrt oder der Caritas hauptamtlich zu organisieren. Bei den freien Wohlfahrtsbetrieben sind heute insgesamt 1,4 Millionen Menschen hauptamtlich beschäftigt – riesige Apparate, die soziale Hilfsdienste anbieten. Doch durch diese Professionalisierung sind wir in eine richtige Not geraten. Dies führt in letzter Konsequenz zu einer kosten-, ablaufsoptimierten, nach Managementsgesichtspunkten organisierten Hilfe, die den einzelnen Menschen zu einem anonymen Fall degradiert. Ich möchte, wenn ich irgendwann einmal klapprig sein sollte, mit Vertrauten zusammenbleiben, ich möchte nicht irgendwo Fall Nr. Soundso sein, nur der fünfte Oberschenkelhalsbruch auf Station. Ich wünsche mir persönliche Zuwendung, von Menschen, die ich kenne. Johannes Rau hat einmal gesagt: „Ich fühle mich gehalten." Er meinte das religiös. Ich wünsche mir, dass ich mich in meinem vertrauten Umfeld gehalten fühlen kann. Und das wünsche ich allen Menschen.

***

Dass solidarisches Handeln in unserer komplizierten, vernetzten Gesellschaft heute professionell organisiert ist, hat sich über einen langen Zeitraum entwickelt. Aus der einst praktischen, pragmatischen Solidarität der Arbeiterbewegung wurde mit der Zeit die Arbeiterwohlfahrt, der Arbeiter-Samariterbund, die Gewerkschaften. Aus der christlich begründeten, tätigen Nächstenliebe wurde die Caritas, die Diakonie, der Malteser und der Johanniter Hilfsdienst und viele andere. Dieser Prozess der Institutionalisierung von Wohlfahrt und Sozialpolitik war notwendig angesichts eines differenzierten Gemeinwesens und ohne Frage eine segensreiche Entwicklung. Zugleich jedoch wurden durch diesen Prozess aus Menschen, die sich in ihrer Not gegenseitig halfen, helfen mussten, plötzlich Anspruchsberechtigte, Beitragszahler oder

Kunden, die ihr erworbenes Recht in Anspruch nehmen und einfordern. Diese Wandlung von Solidarität als freiwilliger Leistung auf Gegenseitigkeit zu einer monetär begründeten Dienstleistung hat mit dazu beigetragen, dass uns ein kostbares Gut zunehmend verloren geht: Dass wir auf unseren Nachbarn achten, dass wir uns für seine Kinder verantwortlich machen, wenn er krank oder für ihn Brot einkaufen, wenn er aus seinem Betrieb geworfen wird. Die Solidaritätsbewegung hat ihre Anfänge verloren, sie ist zum Anspruch, ja oft genug zu einer Ware geworden. Und nur deswegen kann jemand wie Phillip Mißfelder daherkommen und behaupten, eine Erhöhung der Hartz IV-Bezüge helfe nur der Tabak- und Alkoholindustrie. So abfällig wird heute über Menschen geredet, die unsere Nachbarn sind, unsere einstigen Kollegen. Wie zynisch muss man sein, dass man auf dem Leid dieser Menschen eine rhetorische Pirouette dreht, anstatt sich um sie zu kümmern und ihren Kindern, die ganz sicher nichts für die Lebenssituation ihrer Eltern können, eine Chance einzuräumen. Der bescheidene zwischenmenschliche Anfang, die Bereitschaft zum Teilen, ist notleidend geworden. Die meisten von uns haben sich der direkten, zupackenden Solidarität, der tätigen Hilfe für andere, entledigt. Wir haben die Solidarität ein Stück weit delegiert – das erledigen professionelle Wohlfahrtsverbände und Hilfsorganisationen für uns. Wir spenden, und das tun wir Deutschen mit jährlich rund 26 Milliarden Euro privaten Spenden reichlich, – sie erledigen den mildtätigen Rest. Sicher, es gibt die nachbarliche, solidarische Hilfe auch heute noch. Wir haben Millionen von Helfern, jeder Dritte engagiert sich ehrenamtlich. Aber Stil prägend ist die Hilfe für andere, das Eben-mal-aushelfen derzeit nicht gerade. Doch ich wünsche mir, dass wir die solidarische Hilfe nicht verwalten lassen – das ist nichts für Computer, nichts für Paragraphenwerke. Hierbei geht es um

Menschen mit Namen und Geschichte, mit Erfahrungen und Unterschiedlichkeiten. Man kann die Menschen nicht der Bürokratie ausliefern. Welche Folgen dies hat, beschreibt Franz Kafka in seinen Romanen „Das Schloss“ und „Der Prozess“ sehr bedrückend. Immer wieder stehen seine Protagonisten vor rätselhaften Schranken und rätselhaften Tresoren und rätselhaften Regelwerken. Diese Umgebung wird regelrecht zur Bedrohung und die Menschen vereinsamen. Und in der Realität? Wesentliche Teile unseres Lebens sind heute Verwaltungsvorgänge, automatisiert. All das, was nicht automatisiert werden kann, bleibt auf der Strecke. Unsere Bürokratie wird zu einer Bedrohung, obwohl sie keine Bedrohung sein soll. Sie wird zu einer Gefahr, obwohl sie eigentlich eine Hilfe sein soll. Nein, zum Leben gehört mehr als eine Wohlfahrtsmaschinerie. Zum Zu-sich-selbst-finden, zum Subjekt werden und nicht nur Objekt bleiben, gehört mehr.

***

Ich will das, was unsere Wohlfahrtsverbände wie AWO, Caritas oder Diakonie leisten, nicht pauschal verdammen. Im Gegenteil, sie leisten wertvolle, unverzichtbare Arbeit. Aber ich will sie vor ihren durchprofessionalisierten Angeboten warnen. Und die gibt es. Es gibt die großen Pflegeeinrichtungen, ehemalige Kliniken oder Kureinrichtungen, die heute von einem Wohlfahrtsverband geführt werden und in denen man hospitalisierte, desorientierte alte Menschen findet. Hinter solchen Desastern steckt keine böse Absicht seitens des Personals oder seitens der Einrichtung. Nein, dies ist das Ergebnis eines Hilfekonzepts, bei dem man alte Menschen aus ihren vertrauten Alltagsbedingungen herausholt, sobald sie auf Hilfe angewiesen sind, sie in ein schönes Gebäude verfrachtet und sich dann wundert, wenn sie ganz und gar unselbständig werden.

Soziale Organisationen verlieren an Glaubwürdigkeit,

wenn sie zu betriebswirtschaftlichen Kostenminimierungseinrichtungen werden. Einrichtungen, die den Pflegesatz als Basis ihres Handelns verstehen. Dienstleister, die an den berühmten Stellschrauben drehen, um noch mehr aus dem Betrieb herauszuholen. Hilfe für Menschen, Zuwendung, Einfühlungsvermögen? Fehlanzeige. Gut erkennen kann man diese Degeneration der Wohlfahrt an dem Krankentransport des Arbeiter Samariter Bundes. Als Vorbild hat sich diese Hilfsorganisation der Arbeiterbewegung einst ausgerechnet das biblische Bild des barmherzigen Samariters genommen. Arbeiter halfen sich gegenseitig, wenn sich jemand verletzte. Da wurde der Mann aus der Nachbarschaft mit dem gebrochenen Bein zum Krankenhaus gebracht – auf der Bahre, vier Mann zu Fuß, oft über weite Strecken. Daraus ist der moderne Krankentransport entstanden. Zum Transport kam die Erste Hilfe, aus Trägern wurden Sanitäter. Ein tolles Programm. Aber wenn man heute genau hinsieht, ist der ASB ein scharf gemanagtes Unternehmen, das im Wettbewerb zum Roten Kreuz, im Wettbewerb zu den Maltesern, im Wettbewerb zu den Johannitern, im Wettbewerb zur Feuerwehr um Krankentransporte konkurriert. Wer macht es billiger und wer macht es schneller? Das soll kein persönlicher Vorwurf an jene sein, die beim ASB oder in all den anderen Wohlfahrtsorganisationen verantwortlich sind. Nein, diese Auswüchse sind die institutionelle Antwort auf eine verregelte Gesellschaft, in der als Verband nur überleben kann, wer sich nach den gesetzlichen Vorgaben richtet. Doch am Ende, und das ist mein Vorwurf, spüren dann jene Engagierten, die den gesamten Hilfsbetrieb erst in Bewegung gebracht haben, dass sie lästig geworden sind.

***

Die Arbeiterwohlfahrt unterhält in Bremen rund 30 Altentagesstätten. Als sie kurz vor der Pleite stand, beschloss sie, alle hauptamtlichen AWO-Kräfte dieser Häuser zu entlassen. Nun beobachte ich, dass die meisten dieser abgewickelten Angestellten sich keineswegs verbittert zurückziehen. Im Gegenteil, sie führen ihre Tagesstätten nun gemeinsam mit ihren alten Besuchern in Selbstverwaltung weiter. Sie haben inzwischen sogar einen eigenen Träger gegründet. Koordiniert wird das Ganze von Hubert Reh, früher Arbeitsdirektor bei den Bremer Verkehrsbetrieben. So wird das, was die AWO hauptamtlich offenbar nicht mehr bezahlen konnte, ehrenamtlich und mit Hilfe von Sponsoren weitergeführt. Und ich habe den Eindruck, da ist mehr los als früher. Weil die Mitarbeiter dahinter stehen, weil die Häuser zu ihrer Sache geworden sind. Diese ehrenamtlichen Mitarbeiter zeigen es nun allen in ihrer Nachbarschaft, dass es sie immer noch gibt: Wir organisieren das Programm hier, wir laden euch ein, wir holen euch ab und bringen euch nach Hause, wir erfinden Wochenendreisen und Angebote zum Mitmachen. Mit der Selbstverwaltung haben sie sich eine Programmverantwortung organisiert, die sie vorher nie hatten. Dabei sind die Macher weiter Mitglieder der AWO. Hier ist etwas in die richtige Richtung bewegt worden. Und wenn die AWO klug ist, dann begleitet sie diese Projekte und fordert nicht ihre Möbel, ihre Einrichtungsgegenstände und ihre Häuser zurück.

Inzwischen ist mein Eindruck, dass sich immer mehr Mitarbeiter in den Wohlfahrtsverbänden der Professionalisierungs-Problematik bewusst werden. Viele bitten ihre ehrenamtlichen Helfer wieder herzlich mit anzupacken – zum Wohle aller. Und so lassen sich in fast allen Verbänden neben verunglückten Dienstleistungen auch hervorragende Hilfsprojekte finden, bei denen darauf geachtet wird, dass der Teil an Dienstleistungen, der notwendig ist, möglichst bedarfs- und milieugerecht angeboten wird. Da werden Bewohner eines Arbeiterquartiers nicht in irgendeine ehemalige Kureinrichtung, die sie noch nie gesehen haben, verpflanzt. Sondern da werden Netzwerke mit Nachbarn, mit Ehrenamtlichen geknüpft, damit diese Menschen in ihrer vertrauten Umgebung alt werden können.

Etwa bei der Bremer Zionsgemeinde, einer kleinen Kirchengemeinde, die gemeinsam mit der Bremer Heimstiftung und ihren Nachbarn rund 50 Häuser in ihrem Umfeld betreut. Morgens geht jemand zu den Menschen nach Hause, fragt, wie es geht und holt sie zum Frühstück in der Kirchengemeinde ab. Vormittags bieten die Helfer den alten Menschen an, vorzulesen oder spazieren zu gehen oder einfach nur zu reden oder sie nehmen sie mit in den Kindergarten der Gemeinde. Und dann wird gemeinsam das Mittagessen für 200, 300 alte und junge Menschen vorbereitet. Und so geht es durch den Tag. Alte Menschen helfen, so gut sie es können, noch mit. Das Herz des Ganzen ist Hans-Günter Sanders, ein Friedenspastor, der aus Enttäuschung über die Kirche früher einmal in die DKP eintreten wollte. Heute ist er *der* Seelsorger für diese Gemeinde. Dieses vorbildliche generationenübergreifende Projekt hält dieser Pastor mit vielen Ehrenamtlichen und nur einer Handvoll Hauptamtlichen am Laufen. So stelle ich mir Wohlfahrt vor – als gelebte nachbarschaftliche Hilfe.

In den achtziger Jahren habe ich als Sozialsenator mit meinem Parteifreund Herbert Brückner, damals Gesundheitssenator, das psychiatrische Landeskrankenhaus Kloster Blankenburg aufgelöst, die Bewohner nach Bremen zurückgeholt und in rund 150 betreuten Wohngemeinschaften untergebracht. Flankiert sind diese WGs von tagesstrukturierenden Angeboten und kleinen Betreuungscentern. In den verschiedenen Stadtquartieren haben die Wohlfahrtsverbände dann

Zentren gegründet, mit wenigen Pflegebetten, aber einer Kantine als Anlaufspunkt für die Psychiatrie-Erfahrenen. Ein Ort, an dem sie sich aufhalten können, wenn sie nicht wissen wohin, oder sogar mitarbeiten können. Dort werden nicht nur die Patienten zu Aktiven gemacht. Dort wurden auch die Angehörigen wieder entdeckt. Und nun tragen die Psychiatrie-Erfahrenen und viele Angehörige die Alltagsarbeit mit. Ich habe bei einem meiner letzten Besuche im Kloster Blankenburg einen 40-jährigen Mann – splitternackt, an Armen und Beinen gefesselt – in einem verdrahteten Bett auf Torfmull liegen sehen. Er sah aus wie der hingerichtete Christus. Die Pflegekräfte sagten mir, der Mann sei autoaggressiv, dem könnten sie nicht anders helfen, als dass sie ihn fesselten, sonst verletze er sich. Ich habe damals gesagt, wenn sich das nicht innerhalb eines Tages ändert, würde ich das zur Anzeige bringen. Diesen Mann habe ich in dem ASB-Zentrum Osterholz später wieder getroffen. Er war für die Kantine zuständig, räumte das Geschirr ab und deckte auf. Er konnte noch nicht reden, aber verstand uns und wirkte zufrieden. Das war wie ein Wunder. Und das war nur möglich, indem er beteiligt wurde, aus seiner Patientenrolle rausgeholt und einbezogen wurde in Aktivitäten. Diese Erfahrung zeigt auch, wie wichtig das Einbeziehen der Ehrenamtlichen ist, denn gerade die Mischung aus professionellen und Laien als Helfern hat diesem Patienten und vielen anderen den Rückweg in die Normalität ermöglicht.

***

Eine ähnliche Entwicklung wie die der Wohlfahrtsverbände beobachte ich auch bei den deutschen Gewerkschaften. Auch sie sind Verbände, die von Solidarität leben, die Solidarität sogar für viele geradezu verkörpern. Doch auch diese Arbeiterorganisationen haben ihre Anfänge verloren. Der Auftrag der Gewerkschaften ist, die Arbeiterschaft, den Arbeitskampf zu organisieren und die Arbeitgeber zu Verträgen zu zwingen. Dieser Arbeitskampf hat über die Jahrzehnte große Erfolge gehabt, die unsere moderne Arbeitswelt erträglicher machen: erstaunliche Tarife, Arbeits- und Gesundheitsschutz, Urlaub, Lohnfortzahlung im Krankheitsfall oder betriebliche Mitbestimmung. Doch das einheitliche, solidarische Schreiten Seit' an Seit' ist ins Stolpern geraten. Und das liegt auch daran, dass die Gewerkschaften zunehmend ihre ehrenamtlichen Mitglieder bei Entscheidungen an den Rand drängen. So wird immer wieder auf Gewerkschaftskongressen beschlossen, für Sockelbeträge einzutreten, die den Reallohnverlust durch teurere Lebenshaltungskosten für alle, ob Arbeiter oder Angestellte, ausgleichen. Doch wenn es in Tarifverhandlungen hart auf hart geht, dann stehen am Schluss immer wieder prozentuale Tariferhöhungen. Warum? Weil es innerhalb der Tarifkommission eine Mehrheit gibt, die auf Abstand achtet. Die darauf achtet, dass jene, die eine qualifizierte Ausbildung haben, mehr bekommen als die, die weniger qualifiziert sind. Und jene, die länger im Betrieb sind, mehr als die, die kurz im Betrieb sind – obwohl gerade die Jüngeren die kleinen Kinder haben und ihre Häuser abzahlen müssen.

Auch bei der Vertretung der Millionen Arbeitslosen in diesem Lande zeigt die deutsche Gewerkschaftsbewegung solch ein „solidarisches Hinken". Natürlich gelten ihr Arbeitslose als schutzbedürftig, als Kollegen, die es am schwersten haben. Aber was tun die Gewerkschaften wirklich für die Arbeitslosen? Sind die integriert in die Gewerkschaftsorgane, in die Gewerkschaftsveranstaltungen? Sind die wirklich beteiligt, wenn es um Verteilungsschlachten geht? Und da habe ich, mit wenigen Ausnahmen, den Eindruck, dass gewerkschaftliche Tätigkeiten Alibiveranstaltungen sind. Die handelnden Funktionäre konzentrieren sich in erster Linie auf die Beschäftigten. Das sind die Mitglieder, die ihre Funktionärsarbeit legitimieren. Das sind die, deren Austritt eine Gewerkschaft schmerzt. Hinzu kommt eine Entwicklung aus den USA, die auch in Deutschland zunehmend Freunde unter Gewerkschaftern findet: die Gewerkschaften als Tarifmaschine. Ich will nicht missverstanden werden: Gute Tarife sind nicht schlecht. Aber schlecht ist, wenn diese nur für organisierte Gewerkschaftsmitglieder gelten sollen, wie es in den USA der Fall ist. Da gibt es keinen Ehrgeiz, für eine gesamte Branche einen flächendeckenden Tarifvertrag zu erstreiten, der selbstverständlich für alle Beschäftigten gilt. In den USA geht es bei Tarifverhandlungen oft genug nicht mehr ums Geld für alle, sondern um Sonderurlaub für die eigene Klientel, um werkseigene Urlaubsangebote, um Deputate, darum, in der Autofabrik die Autos billiger zu bekommen. Ein Kampf nur noch für die eigenen Leute. Und solche Ideen und Versuche gibt es hier in Deutschland auch – etwa bei der Hamburger HHLA AG, bei der ver.di für ihre Mitglieder zusätzlich zum Tarif eine Erholungsbeihilfe von 260 Euro jährlich ausgehandelt hat. Doch dieser Weg ist gefährlich. Auf ihm bricht die Gewerkschaft sich ihr eigenes Legitimationsfundament entzwei. Das ist das Gegenteil dessen, was uns die Gewerkschaftsgeschichte lehrt. Wir Gewerkschafter haben ein gesamtgesellschaftliches Mandat übernommen. Es ist fatal, sich auf eine Lohnkampfmaschine zu reduzieren. Wer tritt dann für die anderen, die Nicht-Organisierten ein? Überlasse ich die den Demagogen? Wie hat denn Adolf Hitler seine Gefolgsleute gefunden? Nicht in den Gewerkschaften, sondern auf der Straße als Alleingelassene, Bedrohte. Das kann kein Gewerkschaftssekretär wollen. Die Gewerkschaften müssen unbedingt ihre zivilgesellschaftliche Rolle wieder finden.

Wenn ich gesamtgesellschaftliches Mandat schreibe, dann meine ich nicht, die Gewerkschaften sollten sich nun auf Themen einlassen, die nicht mit der Absicherung von Arbeitsplätzen verbunden sind. Ein allgemeines politisches Mandat anzunehmen, würde ich mir sehr überlegen. So attraktiv sind die Parteien nicht, als dass die Gewerkschaften ihr Heil in der Wandlung zu Ersatzparteien suchen sollten. Räsonierende Politiker haben ein großes Glaubwürdigkeitsproblem. Nein, die Gewerkschaften sollten sich auf zugespitzte Forderungen zum Arbeitsmarkt, zur Sozialpolitik, zur Lebenslage der von ihnen vertretenen großen Zahl der abhängig Beschäftigen kaprizieren. Gewerkschaften haben ein kräftiges politisches Mandat in der Bildung, in der Forschung, in diesem Riesenprozess der Wandlung von einer Industriegesellschaft in eine Dienstleistungsgesellschaft.

***

Die wirtschaftliche Krise spielt den Gewerkschaften wieder eine bedeutsamere Rolle zu. Es klingt zwar bitter und geradezu zynisch, aber in bedrohlichen Zeiten ist auch schlichteren Gemütern eher vermittelbar, dass man zusammenstehen muss. Wozu in Wachstumszeiten Gewerkschaftsmitglied werden, wenn die guten Tarife doch wie von allein entstehen? In guten Zeiten interessieren sich die meisten Menschen nur für den nächsten Wagen. Das ist anders geworden. Überall, ob zu Hause oder in den Betrieben, wird überlegt, wie wir die Krise überstehen. Schaffen wir das oder gehen wir kaputt?

Zum Sinnbild dieses Zusammenrückens angesichts der Krise ist der rote Schal der Schaeffler-Eigentümerin geworden. Mitbestimmung als letzte Chance. Es war die blanke Not, die Maria-Elisabeth Schaeffler in die Arme der Gewerkschaften trieb. Noch vor zwei Jahren hätte sie sich lieber die

Zunge abgebissen, als sich mit Berthold Huber von der IG-Metall vor die Mikrophone zu stellen. In dem Moment, in dem sich alle, die Belegschaft wie die Eigentümerin, so bedrängt fühlen, stehen sie zusammen. Und die Gewerkschaft organisiert die Demonstrationen, die betriebliche Einigung, die öffentlichen Forderungen nach Staatsgeldern. Das macht natürlich Schule, auch in anderen Unternehmen.

Eine wirklich vorbildliche Gewerkschaftsarbeit sehe ich bei der Bremer BLG oder bei den Bremer Stahlwerken, beide dramatisch gefährdet durch die gegenwärtige Weltwirtschaftskrise. Dort berate ich als Aufsichtsratsmitglied für die Arbeitnehmerseite beziehungsweise als Berater der Geschäftsführung sowohl die Betriebsräte als auch die Geschäftsleitung. Unsere zentrale Frage ist, wie wir ein Netzwerk knüpfen können, das trotz der eingebrochenen Auftragslage die Belegschaften beieinander halten kann. Dass die Mitarbeiter in der Firma hält, entweder durch Kurzarbeit finanziert oder durch Weiterbildung oder Extraaufgaben, die wir neu erfinden – erstens wegen der Menschen, zweitens wegen der Qualität der Leistung und natürlich, weil wir alle hoffen, dass dieser Einbruch zu überwinden ist. In diesen Betrieben spüre ich viel Zusammenhalt, viel Aufeinanderachten – von beiden Seiten. Das geht nicht über die Presse, nicht über Demonstrationen, nicht über Entrüstungsformeln. Es geht über ein sorgfältiges Sich-Miteinander-Beraten. Und zwar auf allen Ebenen, nicht nur zwischen Betriebsrat und Geschäftsführung oder den Aufsichtsratmitgliedern, sondern auch in den Arbeitsgruppen vor Ort. In diesen Betrieben werden unter großer Transparenz die Betroffenen mit einbezogen. Dort kann keiner das Gefühl bekommen, dass über seinen Kopf hinweg geredet wird. Es ist die Erfahrung von solidarischem Miteinander. Allerdings muss man auch sehen, dass diese Solidarität bislang die prekär Beschäftigten ausschließt: die 700.000

deutschen Leiharbeiter, die in der Krise natürlich die ersten sind, die gehen müssen.

***

Ich bin mir sicher, dass Glaubwürdigkeit für die Gewerkschaften sich in einer globalisierten Welt nur über Internationalität gewinnen lässt. Gewerkschafter, die in Lateinamerika gegen Korruption und Mafia kämpfen, sind Vorbilder. Etwa die Gewerkschafter in Nicaragua, die in den Sonderwirtschaftszonen, den Maquilas, versuchen, die entrechteten Beschäftigten zu organisieren. In den Maquilas wird cash gezahlt, wer krank ist, bekommt nichts, wer alt geworden ist, bekommt nichts, und wenn die Aufträge ausgehen, dann ist Schluss. In solchen Zonen gewerkschaftliche Arbeit zu organisieren, für Sozialversicherungsbeiträge, Kündigungsschutz und Absicherung im Krankheitsfall zu kämpfen, ist hochgradig riskant. Wer den Betreibern dieser Sweat Shops in den Weg tritt, geht große persönliche Risiken ein. Gegen diese Art von Kapitalismus gewerkschaftliche Macht zu entfalten, ist Pionierarbeit. In den Maquilas dieser Welt geht es um die Zivilisation. Dort wird Arbeitskampf zum Kampf um Menschenrechte. Da werden Gewerkschaftssekretäre zu Hoffnungsträgern. Und für deren Arbeit wünsche ich mir Unterstützung der deutschen Gewerkschaften. Ich wünsche mir, dass deutsche Gewerkschafter begreifen, dass dort, am anderen Ende der Welt, sich ihre Legitimation begründet. Weil es solche Gewerkschafter auf der Welt gibt, bin ich als Pensionär noch Mitglied bei ver.di.

Ich habe einmal zusammen mit Heinz-Oskar Vetter einem chinesischen Gewerkschafter, der wegen seines Engagements für Arbeitsrechte in China im Gefängnis war und dann als Flüchtling nach Bremen kam, einen Preis überreicht. Als über dessen Arbeits- und Freiheitskampf gesprochen wurde, ist mir das Herz aufgegangen. Wenn dieser Blick für das andere Ende der Produktionskette in die Köpfe der deutschen Gewerkschafter kommen könnte, dann könnten sie diese mühselige Etappe, in der sie sich noch befinden, überwinden. Nicht nur danach fragen, ob jemand seine Beiträge gezahlt hat, ob jemand ein Funktionär ist. Nicht nur sich hinstellen und sagen „Kauft nur einheimische Produkte", wie es die Amerikaner und die Briten machen. Nicht die Augen vor der Globalisierung verschließen und nur auf die eigenen Tarife stieren. Nein, die Lebenslage derjenigen, die auf dem anderen Teil des Globus um faire Arbeitsbedingungen kämpfen, zu seiner eigenen machen.

***

Als ich Roman Herzog 1998 bei seinem Staatsbesuch in Südafrika begleitete, haben wir uns auch das Daimler Werk in East London am Indischen Ozean angesehen. Dort saßen uns südafrikanische Gewerkschafter gegenüber, die alle den Informationsstand eines gut geschulten, deutschen IG-Metall-Betriebsrates hatten. Die kannten die Marktpreise, die wussten, dass sie für ihre jungen südafrikanischen Kollegen, die in irgendwelchen Townships in Arbeitslosigkeit und täglicher Gewalterfahrung aufgewachsen sind, gute Löhne verlangen können. Über diesen Besuch habe ich später mit Nelson Mandela geredet und er sagte mir, dass diese gewerkschaftliche Zusammenarbeit die beste Form von Entwicklungshilfe sei, die er kenne und dass über solche Erfahrungen die Arbeitnehmer aus diesem Land mit seiner furchtbaren Apartheids-Vergangenheit lernen, wie man sich gegenseitig schützt. Zugleich waren diese Daimler-Gewerkschafter derart eng vernetzt, dass kein Daimler-Manager eine Chance gehabt hätte, die Produktion nach Südafrika zu verlegen, falls in Deutschland ein Betrieb bestreikt worden wäre.

Zu meinen positiven gewerkschaftlichen Erfahrungen gehört auch die Arbeit der Internationalen Transportgewerkschaft. Die Seewirtschaft ist heute ein komplett globalisiertes Geschäft. Wenn jedoch Reeder anfangen, ihre Schiffsbelegschaften gegeneinander auszuspielen, dann bekommen sie es mit der ITF zu tun. Die bestreikt schon mal ganze Häfen, um gegen unfaire Löhne und Arbeitsbedingungen anzugehen – und zwar weltweit. Dies ist auch die einzige Möglichkeit, dieses Heer von unterbezahlten, auf den Philippinen angeheuerten Mannschaften zu schützen. Die ITF hat inzwischen ein weltweites Netz von Gewerkschaftern – egal, ob das Philippinos oder Südafrikaner oder Latinos oder Singalesen sind. Und so fahren immer mehr Seeleute auf ihren Schiffen zu Bedingungen internationaler Tarife. Dieses Netz hält natürlich noch nicht hundertprozentig, in der weltweiten Seewirtschaft gibt es immer noch viel zu viele Seelenverkäufer. Aber das Netz wird robuster. Diese Art der gewerkschaftlichen Vernetzung meine ich – zum Wohl für die Belegschaften hier und am anderen Ende der Welt. Wenn wir es schaffen, die Enden der Produktionskette zusammenzuführen, dann haben die Gewerkschaften wieder eine große Zukunft.

Solche begeisternden Beispiele von Arbeitersolidarität kenne ich auch aus Deutschland.

Etwa aus den siebziger Jahren, bei den Auseinandersetzungen um Entlassungen beim Bremer Airbus-Werk. Dort waren nur wenige Arbeitnehmer gewerkschaftlich organisiert, entsprechend gab es jede Menge Streikbrecher. Wenn es hart auf hart kam, haben die Werftarbeiter und die Straßenbahner für die Flugzeugbauer mitgestreikt. Und Menschen, die in der Nähe des Werkes einen Laden besaßen, haben Essen gebracht. Plötzlich solidarisierten sich dort ganz einfache Menschen und sagten, wir wollen euch zeigen, dass wir euch unterstützen, ihr sollt hier nicht alleine stehen. Damals war ich noch einfacher Abgeordneter, ich habe mich auch dazugestellt. Ich kannte das Unternehmen, weil ich in meinen Parlamentsferien immer in verschiedenen Bremer Betrieben gearbeitet habe, um zu begreifen, welche Probleme dort anlagen. Von dieser freiwillig erbrachten, spontanen Solidarität leben Großorganisationen wie Gewerkschaften und Wohlfahrtsverbände, sie gibt den Apparaten die Portion Menschlichkeit, die sie brauchen, um ihre Arbeit glaubwürdig machen zu können. Und daher sind die ehrenamtlichen Mitarbeiter in solchen Institutionen nicht zu unterschätzen.

***

Die zentrale Überlebensfrage für die Gewerkschaften, wie für die Wohlfahrtsverbände auch, ist: Wie bringen sie ihre Ehrenamtlichen wieder auf Augenhöhe? Durch Sprüche schafft man das nicht. Es müssen schon konkrete Projekte sein. Themen, die plausibel und nachvollziehbar sind. Dinge, die ich beeinflussen kann. Projekte, an denen ich mich beteiligen kann. Kongresse sind oft langweilig – gerade für Jugendliche. Aber wenn ich sie für ein selbst verwaltetes Jugendzentrum oder eine selbst verwaltete Werkstatt gewinnen kann, dann kann ich sie vielleicht auch für eine weitere Mitarbeit begeistern. Ich gewinne keine freiwilligen Mitarbeiter mit dicken Gewerkschaftsprogrammen, die noch nicht einmal der hauptamtliche Vorstand gelesen hat. Das sind hohle Legitimationsrituale. Aber ich gewinne Menschen durch eine Aktion, bei der sie andere Menschen für sich entdecken können. Darum muss man so konkret wie möglich arbeiten, auch auf die Gefahr hin, dass man dadurch zunächst einmal eine inhaltliche Verkürzung riskiert. Ich gehe inzwischen zu keiner Veranstaltung mehr, bei der mein Gewerkschaftsvorstand zum fünfundsechzigsten Mal mich zu einer Solidarität auffordert, die er selbst nicht lebt. Ich gehe dorthin, wo ich Leute entdecken, mich beteiligen kann, wo ich konkret etwas dagegen tun kann, dass etwa jemand aus seinem Job rausgeschmissen wird.

Solche Projekte gibt es. Projekte, in denen hauptamtliche und ehrenamtliche Gewerkschafter zusammen gleichberechtigt arbeiten, in denen die Ehrenamtlichen nicht nur ein Abnickgremium sind. Etwa im gewerkschaftlichen Kulturzentrum Westend, einem ehemaligen Straßenbahndepot im Bremer Westen. In diesem Depot, angeschoben von der Kulturadministration des Senats, hat sich ein Projekt entfaltet, in dem nicht nur Theater und Kabarett geboten wird, sondern in dem den ganzen Tag über etwas los ist. Zentrum des Ganzen sind die Kantine, die eine Art Café ist, und eine Künstlerwerkstatt, die allen offen steht. Das Ganze wird von einer Mischung sehr verschiedener Menschen getragen und verantwortet vom DGB. Ein gelungenes und starkes Projekt, das zeigt, wie Solidarität in einem institutionellen Rahmen durchaus individuell gelebt werden kann.

***

Was müssen Gewerkschaften und Sozialverbände, die wichtige Bereiche unseres Lebens mit organisieren oder sogar übernommen haben – die Arbeitswelt, die Kinderbetreuung, die Pflege alter und hilfsbedürftiger Menschen –, tun, um wieder eine lebendige Solidarität in ihren Reihen zu ermöglichen? Ein Patentrezept habe ich nicht, aber Wünsche. Sie müssen viel stärker als bisher kleinteilige, lokale, projektorientierte Angebote entwickeln, die für Menschen, die etwa durch die Wirtschaftskrise in Bedrängnis geraten, die Möglichkeit eröffnen, sich mit anderen zusammenzutun. Für solche Projekte kann man keine Blaupausen entwickeln. Die sehen in der Großstadt anders aus als auf dem Lande, in der Nähe von Industriebetrieben anders als in landwirtschaftlicher Umgebung, bei jungen Leuten anders als bei alten Menschen. Wichtig ist, dass so etwas nicht von oben als ein nationales Angebot verordnet wird. Nicht verordnen: Jetzt rennt ihr alle hinter einem neuen Plakat her, der 1. Mai ist jetzt der internationale Tag der Sozi-Solidarität und jetzt singen wir alle mal wieder die „Internationale". Es gibt selbst in der verwüsteten US-amerikanischen Gewerkschaftsszene, in der rechte Gewerkschaftsführer ihr Klientel versorgen, Gewerkschafter, die solche Projekte aufrechterhalten. Selbst in bedrohten Quartieren wie Detroit, wo derzeit die gesamte Automobilindustrie ein Ende erlebt. Ich bin 1977 in Detroit Downtown gewesen, kurz nach den furchtbaren Ausschreitungen zwischen weißen und schwarzen Amerikanern. Damals haben alle zu mir gesagt, da kannst du nicht hingehen, da wirst du totgeschlagen. Ich habe dort großartige gewerkschaftliche Projekte erlebt, in denen sich Nachbarschaften zusammengetan hatten. Allesamt Arbeiter, die gesagt haben, wir können doch jetzt nicht unsere Häuser verlassen. Menschen, die aus ihrer Not und ihrer Arbeitslosigkeit zusammengerückt sind und nun ihre Häuser neu organisierten. Sie kochten gemeinsam, sie wirtschafteten gemeinsam, sie vertraten sich gemeinsam gegenüber dem Stadtrat. Ich habe dort mitten unter ihnen gewohnt. In Chicago habe ich Armenier erlebt, die in einem heruntergekommenen Arbeiterviertel ein selbst verwaltetes Gemeindezentrum gegründet hatten – zunächst nur für die eigenen Leute, später öffneten sie sich dann auch für andere, für Schwarze und Latinos. Ich schätze, zwei Drittel von den Gründern waren arbeitslos, aber sie hielten zusammen, organisierten Weiterbildung, hatten eine Werkstatt eingerichtet, reparierten ihre Autos und versuchten, sich gegenseitig in Jobs zu vermitteln. Beeindruckend, und dabei so einfach!

Wie viel Gutes entsteht, wenn man ein Spezialproblem nicht den Spezialisten überlässt, sondern sich unter normale Menschen wagt, zeigt ein Beispiel, das Wohlfahrt und Arbeitswelt miteinander verbindet. Irgendwann wurde die Bremer Behindertenwerkstatt zu groß. Rund 1.800 Menschen arbeiteten dort. Zunächst begann die Geschäftsführerin Hannelore Stöver, kleine Werkstätten zu gründen. Aber dann hat sie angestoßen, Arbeitsgruppen für Behinderte in Betrieben zu gründen. Ich erinnere mich an eine epileptische Patientin, Gertrud, die noch einen Lederhelm trug, wie er früher bei einem solchen Leiden üblich war. Sie erzählte allen voller Stolz: „Ich arbeite bei der Norddeutschen Keramik." Mit diesem Projekt hat es Hannelore Stöver geschafft, die Werkstattarbeitsplätze in den ersten Arbeitsmarkt zu integrieren. Aus Behinderten wurden Kollegen. Und aus der Stammbelegschaft wurden Helfer, die wissen, was sie tun müssen, wenn einer aus ihrem Team einen Anfall bekommt und geschützt werden muss. Die Behinderten sind dann auch nicht mehr mit einem gesonderten Fahrdienst, mit Anstaltswagen, zur Arbeit gefahren worden, sondern haben die öffentlichen Verkehrsmittel benutzt. Und das klappt, das machen wir in Bremen nun seit über 30 Jahren so.

Man muss dieser Gesellschaft auch etwas zumuten, ihr nicht jedes Problem abnehmen und sagen, dafür haben wir Spezialisten. Die einen bringen die Menschen zum Tod und die anderen halten die Behinderten raus und die Dritten machen die Auffälligen still. Nein, wir müssen und wir können unsere unterschiedlichen Lebenslagen zusammen aushalten. Solidarität will gelebt sein, nicht verwaltet!

4. Was Bildung vermag und warum die Schule kein Kind aufgeben darf

Wie wichtig ein solidarisches Bildungssystem ist, das kein Kind aussortiert, und sei es noch so anstrengend, zeigt die Biografie des Sohnes einer ehemaligen Mitarbeiterin. Ronald Siems habe ich kennen gelernt, als ich noch Sozial- und Jugendsenator war. Seine Mutter arbeitete als Sachbearbeiterin in der Senatsverwaltung. Eines Tages bat sie mich, mit ihrem Sohn zu reden – sie komme mit ihm nicht mehr klar, er mache einen Blödsinn nach dem anderen. Mein erstes Gespräch mit dem Jungen werde ich nie vergessen. Er hatte vor Wut über eine Freundin mit der Faust gegen eine Betonwand geschlagen und sich die Handwurzelknochen gebrochen. Er prügelte sich, riss von Zuhause aus, sabotierte die Schule. Damals war er schon in der Hauptschule, doch die hat er auch nicht durchgehalten und es folgte das Jugendheim. Ronald Siems hatte die schlechtesten Prognosen, die man sich nur denken kann. Und trotzdem spürte ich, dass der Junge Potential hatte. Irgendwann besuchte er mich wieder. Er wünschte sich ein Motorrad und wollte von mir tausend D-Mark dafür. Ich sagte ihm: Gut, ich mache das. Meine Frau riet mir, mit dem Jungen einen Leihvertrag abzuschließen. Also habe ich ihm das Geld geliehen und mit ihm gemeinsam überlegt, wie er es zurückzahlt. Solch einen Vertrauensvorschuss hatte der Junge noch nie bekommen. Wir haben dann über sein Leben geredet, was er bisher falsch gemacht hatte, warum er keinen Sinn darin sah, sich anzustrengen. Zum Schluss habe ich ihm, weil ich es damals gerade gelesen hatte, das letzte Buch der DDR-Schriftstellerin Maxie Wander geschenkt – „Leben wär' eine prima Alternative". In diesem Buch beschreibt Maxie Wander, den eigenen Krebstod vor Augen, was sie ihren Kindern wünscht, was diese anders machen sollen als sie, auf was sie sich freuen sollen. Nach diesem Treffen habe ich lange nichts mehr von Ronald Siems gehört. Vor einem Jahr schrieb er mir und berichtete, wie er sich mühselig zum Arzt hochgearbeitet hat. Seinen Lebenslauf hatte er beigelegt: Hauptschule, Hauptschule abgebrochen, erneut Hauptschule, Jugendaufbauwerk, Lehre als Polsterer, Bundeswehr, Ausbildung zum Krankenpfleger, Abendgymnasium, Abitur mit 26 Jahren, dann Medizinstudium. Heute ist er Oberarzt an der Universitätsklinik in Rostock, Spezialist für Palliativmedizin und Autor eines Handbuches über Schmerztherapie für Ärzte. Er schrieb mir, ich hätte damals sein Leben in die richtige Richtung geschoben und er wollte sich bei mir bedanken. Auch die tausend Mark wollte er mir nun zurückzahlen. Ich habe ihn dann gebeten, das Geld an den Verein „Pan y Arte" zu überweisen, der Kinder- und Kulturprojekte in Nicaragua finanziert.

Ronald Siems ist für mich ein Beispiel dafür, dass man nicht die Geduld mit jungen Leuten verlieren darf, nicht meinen darf, mit 15, 16 Jahren ist alles entschieden. Es gibt ganz erstaunliche Aufbrüche aus finsteren Jugendbiografien, die mit Gewalt, Kriminalität, Illegalität, Ausreißen und Schulschwänzen verbunden sind. Mal sind es die Eltern, aber oft sind es Dritte, die ein solches Kind auffangen können. Und ich meine, unser Staat muss einem solchem Jugendlichen immer wieder eine Chance einräumen – und sei es dadurch, dass er das Abendgymnasium finanziert. Vor 1945 wäre eine Karriere wie die von Ronald Siems undenkbar gewesen, ein Schulabbrecher war damals unten durch. Schluss, Chance verpasst. Aber der Staat, das ist meine feste Überzeugung, darf kein Kind fallenlassen!

***

Auch wir Scherf-Kinder, meine Geschwister und ich, haben den Aufstieg nur über Bildung geschafft. Geld hatte meine Familie nie. Wir mussten schon als Schüler arbeiten, und wir haben teilweise unser Studium selbst finanzieren müssen, genauso wie unsere Ferien. Natürlich profitierten wir davon, dass die Schulen nach dem Krieg kein Schulgeld mehr verlangten, dass Lehrbücher kostenlos waren, dass auch Kinder von kleinen Leuten ins Gymnasium gehen konnten, dass es Stipendien gab. Wir sind die klassischen kleinbürgerlichen Aufsteiger der Nachkriegszeit. Von uns sechs Kindern haben vier eine akademische Karriere gemacht – als Lehrerin, als Mathematiker, als Mediziner und Jurist beziehungsweise Politiker. Die Karrieren der Scherf-Kinder hat die Bildungspolitik ermöglicht. Und das, was für uns möglich war, wünsche ich allen Kindern.

Doch wenn ich mir heute die diversen Studien und Statistiken zum Bildungsbereich, allen voran PISA, ansehe, dann fürchte ich, dass unser System viele Kinder fallen lässt, die eine glänzende Karriere hinlegen könnten. Ein solidarisches Bildungssystem darf Kinder nicht aufgrund von Herkunft, Guthaben oder Charakter aussortieren. So gesehen sind wir in Deutschland in eine bildungspolitische Schieflage geraten. Und mich ärgert, dass wir bis heute nicht wirklich über ein herkunftsorientiertes Bildungssystem hinausgekommen sind – obwohl wir alle etwas anderes wollten. Freundlich formuliert, sind wir unterwegs. Kritisch formuliert, sind wir eine Mangelbildungswirtschaft. Böse formuliert, hat das alte Klassenprinzip Bestand: Lehrers-, Pfarrers- und Gutsbesitzerskinder werden gebildet, der Rest muss sehen, wo er bleibt. Wer aber eine solidarische Gesellschaft will, braucht eine solidarische Bildungspolitik. Sie schafft die Basis, von der aus jeder an der Gesellschaft teilhaben kann. Gerechtigkeit gibt es nur, wenn alle Kinder die gleichen Bildungs- und Ausbildungschancen haben. In diesem Sinne sind Bildung und Bildungspolitik zentrale Aufgaben der Solidargesellschaft.

***

Als meine Geschwister und ich damals, in den vierziger, fünfziger Jahren zur Schule gingen, machten sechs bis maximal sieben Prozent der Schüler Abitur. Heute sind es gut 40 Prozent. Immerhin. Und trotzdem erhalten Kinder aus sozial schlechter gestellten Familien, seien die Eltern Migranten, einfache Arbeiter oder Sozialhilfeempfänger, seit Beginn der achtziger Jahre immer seltener eine höhere Bildung. In den Hauptschulen kommen nach einer Untersuchung der Unicef 45 Prozent der Schüler aus der untersten Schicht. In den Gymnasien sind es 5,6 Prozent. Allein 50 Prozent der Gymnasiasten stammen aus der bildungsbürgerlichen Schicht. Ich weiß, dass es der Anspruch sehr vieler Politiker und Pädagogen ist, den Kindern gleiche Chancen einzuräumen. Aber wenn ich auf die Zahlen sehe, dann ist es peinlich, wie wenige Kinder aus bildungsfernen Schichten eine Chance bekommen, das Abitur zu machen oder gar zu studieren. Und diese Kinder sind ja keinesfalls dumm! Es gibt immer wieder Aufstiege aus solchen Milieus, die eindrucksvoll belegen, dass die Herkunft keinesfalls die Intelligenz bestimmt.

Ich habe erst kürzlich eine junge Türkin mit einem Abitur-Durchschnitt von 1,0, die aus dem bildungspolitischen Nichts kommt, keinerlei Förderung zuhause hatte, an die Hochbegabtenförderung der Evangelischen Kirche, deren Kuratoriumsvorsitzender ich bin, empfohlen. Und ich hoffe sehr, dass der Stipendiatenausschuss dort bemerkt, dass diese Muslima ein Wunderkind ist. Etwa 10 bis 20 Prozent der Migrantenkinder gelten als außerordentlich begabt. Die muss man schützen – vor den traditionellen Berufswünschen der Eltern, vor einem bildungsfeindlichen Milieu oder vor den Vorurteilen unserer Gesellschaft. In solchen Fällen kommt es sehr darauf an, dass es umsichtige Lehrerinnen und Lehrer gibt, die sich für die Kinder stark machen. Wenn die Bildungspolitik in diesem Bereich nicht aktiv wird, wenn Bildungseinrichtungen nicht ständig werben und Netzwerke mit Lehrerinnen und Lehrern aufbauen, die dafür sorgen, dass solche Kinder schon früh gefördert werden, dann ist das Ergebnis eine schichtenspezifische Ausbildung, dann kommt jede Hochbegabtenförderung zu spät.

Vorbildlich ist hier das Engagement der Bürgerstiftung Hannover, deren Motor der Kriminologe und ehemalige Justizminister Niedersachsens Christian Pfeiffer ist. Diese Stiftung sorgt dafür, dass jedes Migrantenkind in der Stadt einen Paten bekommt, der sich für dessen Schulbiographie verantwortlich erklärt. Jemand, der bereit ist, dem Kind deutschsprachige Hilfe zu organisieren oder sogar selbst mit ihm arbeitet. Im Idealfall lernt dieses Gespann zusammen, geht vielleicht auch mal gemeinsam ins Theater, ins Kino oder ins Restaurant. Das ist eine verlässliche Hilfe bis zum Schulabschluss. Durch diese Patenschaften ist die Schulabbrecherquote in Hannover stark gesunken. Was für ein Erfolg!

Ich kenne genügend Karrieren, die außerhalb der Schule stattfinden mussten, weil das Kind nicht ins System passte. Etwa meine Vorgänger im Bürgermeisteramt, Hans Koschnick und Klaus Wedemeier. Wedemeier ist ein Flüchtlingskind, der Vater war 17 Jahre arbeitslos. Nach Bremen ist die Familie gekommen, weil der Vater – vergeblich – hoffte, hier als Hafenarbeiter ein Auskommen zu finden. Klaus Wedemeier hat die Volksschule geschafft, das war es dann. Die Abendrealschule hat er abgebrochen. In seiner Not machte er eine kaufmännische Lehre. Als etwa 20-Jähriger hat er sich unter unglaublicher Anstrengung selber weitergebildet und dann eine steile Karriere hingelegt. Hans Koschnick durfte als Kommunistensohn in der Nazi-Zeit kein Gymnasium besuchen. Er hat nach der Mittelschule eine Ausbildung zum gehobenen Verwaltungsdienst absolviert. Alles, was er kann, musste er sich selbst aneignen. Kurt Beck, Ministerpräsident von Rheinland-Pfalz, kommt aus einem Dorf in der Pfalz. Kein Kind aus diesem Dorf ist auf eine weiterführende Schule gegangen. Abitur, Studium? Fehlanzeige. Beck musste Elektriker lernen. Oder Uwe Hollweg, Unternehmer aus Bremen. Er war nicht gerade ein glänzender Schüler. Heute ist er der größte europäische Sanitärhändler. Und er ist ein ganz großer Mäzen. Er fördert Schulprojekte, Kulturprojekte, er fördert Projekte, weil er weiß, dass das wichtig ist. Es gibt unendlich viele Menschen, die ihr Leben ohne Hilfe der Schule meistern mussten. Menschen, die ein Beleg dafür sind, dass die Schule in ihrem Falle versagt hat.

***

In Kindergarten und Schule entscheidet sich das Gelingen oder Nichtgelingen des gesamten späteren Lebens. Ein gerechtes Bildungssystem muss sich daher auf das Kind konzentrieren und dabei möglichst ganzheitlich vorgehen. Die Leitfrage sollte immer sein: Was fordert das Kind? Ein Kind braucht Anreize, es lernt durch Ausprobieren – mal misslingt und mal gelingt etwas. Wenn ich dieses Angebot schmal fahre, dann enge ich auch die späteren Möglichkeiten des Kindes ein. Wenn ich das Angebot weit halte und ganzheitlich anlege, dann relativiere ich Versagen, Fehler oder Überforderungen und wecke dafür andere Begabungen.

Gerechte Bildungschancen fangen bereits im Kindergarten an. Wir wissen aus der Neurobiologie, dass im Kleinkindalter die Architektur des Gehirns angelegt wird, das Gebäude für späteres Wissen. Je mehr Lernangebote ein kleines Kind bekommt, desto komplexer wird dieses Gebäude sein. Und wir wissen, dass Kinder, die im Kindergarten waren, einen enormen Vorteil an Wissen, an sprachlicher und sozialer Kompetenz gegenüber Kindern mitbringen, die vor ihrer Schulzeit nur zuhause betreut wurden. 90 Prozent der Fünfjährigen gehen in den Kindergarten – in dieser Altersgruppe sehen die Zahlen hierzulande gut aus. Schwierig wird es bei den Jüngeren. Zum einen gibt es zu wenige Krippenplätze – vor allem in Süddeutschland. Zum anderen kostet ein Krippen- oder Kindergartenplatz in Deutschland im Vergleich zu anderen Industrieländern viel Geld. Dass Eltern ihre Kinder zuhause behalten, weil ein Betreuungsplatz für sie zu teuer ist – das darf nicht sein. Hier muss gezielt gefördert werden. Warum kostet der Kindergarten Geld, wenn doch die Schulausbildung frei ist – und wir wissen, wie enorm wichtig Bildung in einem Alter ab zwei, drei Jahren ist?

Kindergarten ist keine Kinderbewahranstalt. Die Vorschulzeit ist eine sehr anspruchsvolle bildungspolitische Phase. Daran gemessen steht unser Bildungssystem nicht auf guten Füßen. Ein Gymnasiallehrer, der die Abiturienten ausbildet, erhält eine glänzende Ausbildung und für die Betreuung von vielleicht zwanzig Schülern nach 15 Berufsjahren ein Angestelltengehalt von rund 5.000 Euro brutto im Monat. Für die Betreuung von oft über 20 Kleinkindern erhält eine Erzieherin etwa die Hälfte und gemessen an den gesellschaftlichen Ansprüchen eine dürftige Ausbildung. Eine Erzieherin absolviert kein pädagogisches Studium, sie hat weder Musik, Kunst noch Sport als Pflichtfach, obwohl im Kindergarten eine unglaubliche Kreativität freigesetzt werden kann. Dort, wo die Grundlage für das gesamte Bildungssystem gelegt wird, müssen konzentrierte Mittel zum Einsatz kommen. Was dort falsch läuft, wirkt lange. Was dort richtig läuft, hat segensreiche Wirkung.

In der Nähe von Bremen gibt es einen Waldkindergarten. Bei diesem Betreuungskonzept sind die Kinder sommers wie winters draußen. Es ist erstaunlich, was die können, wie kreativ die spielen, wie gesund die sind. Früher hätten doch viele Eltern gesagt, das ist lieblos, die bieten den Kindern ja nicht einmal einen warmen Raum. Aber ich bin mir sicher, die Erzieherinnen machen mit ihren Waldkindern viel mehr als viele, die eine klassische Umgebung bieten. Nach meiner Auffassung müssten alle Kindergärten Angebote zum Mittun haben. Ein Kindergarten ohne einen eigenen Garten, den die Kinder selber pflegen, ist kein Kindergarten. Wo sollen sie sonst die Entwicklung der Natur nachvollziehen können? Ein Kindergarten ohne Tiere, für die die Kinder mitsorgen müssen, ist kein richtiger Kindergarten. Wo sollen sie sonst den Umgang mit Tieren lernen und lernen, für andere zu sorgen? Ein Kindergarten, in dem die Kinder beim Kochen helfen, ist besser als einer, in dem das Essen geliefert wird. Warum nicht im Kindergarten mit alten Menschen, mit der Großelterngeneration arbeiten? Man kann im Kindergarten vieles nachholen, was zuhause vielleicht aus Platzgründen oder aus Zeitnot nicht stattfindet. Wir müssen dem Kindergarten Möglichkeiten eröffnen, die heute nicht selbstverständlich sind.

Ich würde Kindergärten gerne aufwerten zu Elternerziehungseinrichtungen. Ich kenne Kindergärten, die Deutsch-Kurse für Migrantenmütter organisieren. Das ist vorbildlich, denn es gibt hier immer noch viele muslimische Frauen, die von ihren Männern scharf kontrolliert werden und die nicht allein auf die Straße dürfen. Der Kindergarten jedoch gehört zu ihrem Aufgabenbereich, dort lässt sie der Mann hingehen. Da wird der Kindergarten zugleich zum Lernort für die Mutter – und kann sogar zu einem Ort für ein gemeinsames Erziehungskonzept werden, wenn die Betreuerinnen die Mütter dafür gewinnen können.

***

Derzeit werden pro Jahr 100 allgemeinbildende Privatschulen gegründet, bereits 3.000 gibt es laut den Statistiken des Bundes. Durch die neuen Bundesländer rollt regelrecht eine Gründungswelle. Bei uns in Bremen sind die Privatschulen schlecht finanziert, schlechter als im Bundesdurchschnitt, die Lehrer dort erhalten weniger Geld als ihre Kollegen an den staatlichen Schulen. Und dennoch wechseln viele Pädagogen an die privaten Einrichtungen. Das muss doch nachdenklich machen! Die Privatschule ist ein Symptom für die Krise der Staatsschule. Viele, zu viele Eltern wenden sich von der staatlichen Schule ab, weil sie deren desolate Lage ihrem Kind nicht zumuten wollen. Ich beobachte das seit langem und bin als Sozialdemokrat immer strikt gegen diese Desintegration gewesen. Wie sollen Kinder voneinander lernen, wenn niemand mehr da ist, der Potential mitbringt? Doch man muss diese Entwicklung nicht nur pessimistisch sehen. Wenn sie für eine Konkurrenz von pädagogischen Konzepten sorgt, entsteht aus einer ursprünglichen Rivalität eine kreative Wettbewerbssituation. Man kann nicht das staatliche Schulsystem verteidigen und jede Form von Privatschule denunzieren. Man muss kritikfähig bleiben gegenüber der staatlichen Schule und sich behaupten gegenüber privatschulischer Konkurrenz. Schule muss man an dem messen, was bei den Kindern ankommt.

Wenn man zusammenrechnet, was wir insgesamt für unsere Schulen aufwenden, einschließlich der Lehrer- und Pensionsgehälter, nehmen wir einen Spitzenwert in der Welt ein. Wenn man aber errechnet, was bei den Kindern ankommt, sieht das Bild anders aus. Die Organisation für wirtschaftliche Zusammenarbeit und Entwicklung (OECD) kritisiert, dass Deutschland im Grundschulbereich zu wenig Geld pro Kind ausgibt. Die Folge: wesentlich weniger Unterricht und Sachaufwendungen, sowie eine nur mäßige Schüler/Lehrer-Quote – im Durchschnitt betreut eine deutsche Lehrkraft zwei Kinder mehr als ein Lehrer aus den anderen OECD-Staaten. Den Geldmangel sieht man unseren Schulen auch oft genug an.

Unsere Grundschulen sind reformbedürftig. Grundschulen müssen integrierte Lernorte sein, in der Nachbarschaft gelegen, zu Fuß zu erreichen. Grundschulen müssen übersichtliche Lernorte sein – noch in den achtziger Jahren haben wir gigantische Schulen gebaut. Grundschulen müssen kreative Lernorte sein, mit viel Freifläche und wenig normierter Architektur, mit ansprechenden Einrichtungsgegenständen und gestaltbaren Wänden. Das Geld aus den Konjunkturpaketen der Bundesregierung wäre gut investiert, wenn ein Großteil davon für das Aufmöbeln unserer Grundschulen verwendet würde. Dazu muss man nicht alles abreißen und neu bauen. Man kann auch in gewachsenen Schulen kreative Räume gestalten. Und man kann neue Unterrichtsmaterialien beschaffen. Vieles, ob Tische, Bücher oder Landkarten, mit dem unsere Kinder heute umgehen müssen, ist völlig heruntergewirtschaftet.

Der nächste Punkt ist die Ausbildung der Lehrerinnen und Lehrer. Hier ist es ähnlich wie bei den Kindergartenerzieherinnen und -erziehern – die Grundschulpädagogen legen die Basis. Wer Glück hat und eine gute Pädagogin, einen guten Pädagogen erwischt, kann sein ganzes Leben darauf bauen. Wer Pech hat, dem kann es das ganze Leben verbauen. Und darum müssen wir in die Grundschullehrer investieren. Sie sind es, die die Kinder ans Lernen heranführen, ihnen beibringen, wie und wofür sie lernen. Dafür müssen wir sie pädagogisch anspruchsvoll aus- und weiterbilden und sie aufwerten. Deshalb bin ich auch dafür, Kollegien zu öffnen, durch gezielte Personalpolitik neue Gesichter und Anregungen hereinzuholen. Genau wie den Kindergärten tut es den Grundschulen gut, wenn sie Außenkontakte haben. Die

Schule ist nicht der alleinige Ort zum Lernen. In Skandinavien und auch in angloamerikanischen Ländern habe ich gelernt, dass man Schulen auch mit einem erstaunlichen Stück Zivilgesellschaft, gewissermaßen durch ein solidarisches Konzert, begleiten kann. Warum nicht mit dem Gärtnermeister aus der Nachbarschaft einen Vertrag machen? Nach dem Motto: Du bist unser Schulgärtner, aber nur unter der Bedingung, dass die Kinder in deinen Gärtnereianlagen mitarbeiten dürfen. Ich kenne Gärtner, die das bereits machen. Ich kenne auch Schulen, die sich mit Sportvereinen verbünden. Da übernimmt der Sportverein den Turnunterricht und bietet den Kindern eine kostenlose Mitgliedschaft an, so dass sie nach der Schule noch im Verein weiter machen können. Immer in der Hoffnung, dass die in den Verein hineinwachsen. Derzeit bauen wir in Bremen eine Ganztagsschule zu einer offenen Einrichtung aus und integrieren dort eine große Alteneinrichtung. Da gibt es dann zum Beispiel einen gemeinsamen Mittagstisch. Das ist für Kinder wie Alte eine unschätzbare Erfahrung. So können die Grundschulen, und die weiterführenden Schulen erst recht, auf Menschen zurückgreifen, die die hauptamtlichen Pädagogen entlasten und zusätzliche Kompetenzen einbringen. Ein Team von ehemaligen Kollegen, Eltern oder Nachbarn, von denen die Kinder etwas lernen können. Das kann auch jemand wie ich sein, der als Lesebotschafter seit drei Jahren in eine Grundschule geht, den Kindern vorliest und mit ihnen über das Buch anschließend redet. Ich bekomme durch diese Lesestunden von den Kindern schöne Rückmeldungen. Sie sitzen still, hören vielleicht zum ersten Mal in ihrem Leben etwas von Gullivers Reisen oder eine Kurzgeschichte von Isaac B. Singer oder Marie von Ebner-Eschenbach. Nachdem ich vorgelesen habe, sprechen wir anschließend immer über das Thema des Buches, das nach Möglichkeit auch etwas mit dem Leben der

Kinder zu tun hat: Einsamkeit, Ausgrenzung oder Gewalt. Ich erinnere mich noch sehr gut an eine Stunde, in der ich mit einer vierten Klasse über das Sterben sprach. Mir blieb die Spucke weg, wie offen diese Kinder über den Tod von Geschwistern, Eltern, Großeltern mit mir sprachen.

An „meiner" Grundschule Buntentorsteinweg hat die Schulleiterin an der Wand im Eingangsbereich ein Plakat mit den Fotos und Namen aller Erwachsenen aufgehängt, die in diesem Gebäude etwas zu tun haben. Dort ist nicht vermerkt, wer hauptamtlich oder ehrenamtlich arbeitet, wer Putzfrau oder Lehrer ist. Nein, hier wird das gesamte Team vorgestellt, das sich um die Kinder kümmert. Diese Grundschule war früher eine Problem-, eine Ghettoschule: 70 Prozent Kinder, deren Muttersprache nicht deutsch ist, Eltern, die sich umgemeldet haben, um ihre Kinder auf eine andere Schule schicken zu können. Aber diese Schule hat es geschafft. Die Lehrer und Ehrenamtlichen dort sind hoch motiviert, ihre Kinder auf anspruchsvolle Schulen, selbst auf das humanistische Gymnasium, zu bringen. Das war früher undenkbar, heute wirbt die Rektorin dieser Grundschule mit ihrer Gymnasiastenquote – und die Schule konkurriert offen mit den Privatschulen in der Nachbarschaft. Um solche Erfolge flächendeckend zu erreichen, würde ich auch Eltern am Unterricht beteiligen. Mein Schwiegersohn, Künstler und ohne feste Arbeit, geht mit seinen Kindern in die Schule. Das ist das Beste, was er für die Kinder, für die Schule und ich glaube auch, für sich selbst, tun kann. Bislang brach bei den Lehrern die Krise aus, wenn sich ein Elternteil mit in den Unterricht setzen wollte: schon wieder Kontrolle. Warum kann das Engagement mancher Eltern nicht aktiv genutzt werden?

***

Die Kinder in Deutschland werden zu früh und falsch sortiert, hat die UNICEF festgestellt. Dabei überschneiden sich die mathematischen und literarischen Kompetenzen unserer Kinder enorm – in den ersten Jahren sind die Unterschiede zwischen Hauptschülern, Realschülern und Gymnasiasten nicht sehr groß, haben mehrere internationale Studien, unter anderem PISA, herausgefunden. Die Hauptschule ist der Preis für die deutsche Elitenbildung, die Restschule für all jene, die das System ausgespuckt hat. An 16 Prozent der Hauptschulen sei strukturell kein Unterricht mehr möglich, hat das Max-Planck-Institut für Bildungsforschung festgestellt. Dort kommt es zu einer Konzentration von so genannten Schulversagern, von Migrantenkindern, Gewalt gewohnten Schülern und Kindern von ungelernten und arbeitslosen Eltern. Dies ist ein Vergehen an den betroffenen Kindern! Wer die Kinder mischt, federt soziale Probleme ab. Kinder lernen voneinander viel mehr als von den Lehrerinnen und Lehrern. Warum können unsere Kinder nicht bis zur 10. Klasse beieinander bleiben? In einer Schule, aus der keiner herausfällt, in der alle Kinder gemeinsam zum Abschluss geführt werden. Wer danach noch zwei Jahre dranhängt, kann die Hochschulreife erwerben. Wer nach zehn Jahren abgeht, erhält einen Ausbildungsplatz. Und vielleicht ergibt sich nach der Lehre mit abschließenden Gesellenbrief und Meisterbrief dann immer noch die Chance, an eine Hochschule zu gehen.

Ich glaube, in dieser Hinsicht hat PISA viel bewirkt. Erst einmal hat es natürlich ein böses Erwachen gegeben – auch bei mir. Wir haben so viel Geld in die Schulen gesteckt und landen im Bildungsvergleich ganz unten. Aber inzwischen sind sich Bildungspolitiker und Pädagogen über die Parteigrenzen hinweg einig, dass wir die Integration von Kindern aus bildungsfernen Elternhäusern nur über Ganztags- und Gesamtschulen hinbekommen. Gerade die Gesamtschulbewegung hat durch PISA einen erneuten Aufschwung erlebt, nachdem sie in den achtziger, neunziger Jahren schon einmal für gescheitert erklärt wurde. Jetzt ist plötzlich in diesem oder jenem Landtag nicht mehr umstritten, ob das richtig ist oder nicht, sondern jetzt geht es nur noch um das Tempo der Gründungen. Ich habe in Celle in einem Kommunalwahlkampf den Vorwurf von Sozialdemokraten an CDU-Politiker gehört, sie hätten die Schulen zu schnell, zu unvorbereitet in Gesamtschulen umgewandelt. Das ist erstaunlich: Da ist die CDU schneller bei der Gesamtschule gelandet als die SPD. Selbst die Bayern, die in der PISA-Rangliste insgesamt noch recht gut abschneiden, geben die entsetzlichen Probleme zu, die ihre Hauptschule in bildungspolitischer, aber auch sozialer Hinsicht schafft. Und sie plädieren offen für ihre Abschaffung. Das ist die richtige Antwort auf PISA.

Voraussetzung eines integrierten Gesamtschulkonzeptes ist, das System bis zuletzt durchlässig zu halten. Biografien verlaufen nicht alle gleich. Dafür bin ich das beste Beispiel – als hervorragender Grundschüler, als versagender Pubertierender und als Einser-Abiturient. Wir sind nicht alle als Genies auf die Welt gekommen. Selbst Einstein oder Kafka sollen miese Schüler gewesen sein. Man kann Schülerinnen und Schüler nicht über einen Leisten schlagen. Also keine strikten Laufbahnen, keine durchgestylten Schülerbiografien – was wir brauchen, sind durchlässige Systeme.

Voraussetzung für eine solche Gesamtschule ist eine gute Ausstattung mit exzellenten Pädagogen und Erziehern, die jedes Kind nach seinen Fähigkeiten fördern. Und deshalb muss Schule Gestaltungsmöglichkeiten haben, sie darf nicht streng reglementiert und bürokratisch kontrolliert werden. Schule muss kreatives Lernen fördern. Ganz zentral hierfür ist etwa altersübergreifender Unterricht. Der ehemalige Bundespräsident Heinrich Lübke hat einmal über sich gesagt, er sei ein

Kind der einklassigen Volksschule. Wir Linken haben damals gefeixt: daher die Schlichtheit. Das war borniert. Ich kenne inzwischen äußerst überzeugende altersübergreifende Lehrkonzepte. Dort lernen die Kleinen von den Großen – und umgekehrt. Viele Kinder können so geschwisterliche Erfahrungen wenigstens in der Schule sammeln.

Ein integrierter Unterricht ist selbst mit Schwerbehinderten möglich. Ich weiß, dass das schwer durchzusetzen ist und ich weiß, dass viele Lehrerinnen und Lehrer sich mit verhaltensgestörten Kindern in der Klasse überfordert fühlen – Kinder, die sich nicht konzentrieren können, die nicht still sitzen können, die nicht den Mund halten können. Die pädagogische Herausforderung, die in einem solchen Konzept liegt, ist gewaltig. Aber ich habe mit solchen Integrationskonzepten so viele positive Erfahrungen gemacht, dass ich dennoch sehr dafür plädiere. Im Übrigen fordert eine UN-Konvention genau ein solches integratives Bildungssystem für Behinderte. Gerade an der Gesamtschule, in Integrationsklassen und im altersübergreifenden Unterricht lernen Kinder Solidarität. Sie lernen, Schwächere mitzuziehen, sie nicht auszugrenzen. Neben ihrem Wissen, das sie sich aneignen, gewinnen sie so auch soziale Kompetenzen. Wer eine solidarische Gesellschaft möchte, muss genau hier ansetzen.

Was für die Vor- und Grundschule gilt, gilt auch für die weiterführenden Schulen: Schule darf nicht nur ein verkopftes Pensum absolvieren, sie muss über Praktika und praktischen Unterricht Berufsorientierung vermitteln. Das würde vielen späteres Leid im Beruf ersparen. Anwenden macht Wissen erst anspruchsvoll. Wenn ich in der Schule lerne, mit meinem Gelernten umzugehen, ist das ein Quantensprung. So kann man zum Beispiel bei dem Versuch, Schüler an die Kommunikationssysteme unserer Zeit zu führen, mit Eltern und

Großeltern zusammenarbeiten. Ein echter Lernerfolg ist, wenn ein Kind plötzlich merkt, dass es am Computer mehr kann als die gebildete Oma. Dann sitzt, was es vielleicht erst einen Tag zuvor gelernt hat. Solch ein Lernen funktioniert ganz anders, als wenn ein Kind immer nur darauf geeicht wird, ob es einen Fehler gemacht und ob der Lehrer das auch bemerkt hat. Erst wenn ich überzeugt davon bin, dass nützlich ist, was ich gelernt habe, kann ich Wissen auch wirklich verinnerlichen.

Viele solcher innovativen Projekte lassen sich nur realisieren, wenn man den Schulen ein Budget gibt, das sie selbst verwalten können – wie es in anderen Ländern übrigens schon der Fall ist. Wer den Trend zur Privatschule aufhalten will, muss die staatlichen Schulen handlungsfähig machen. Sie müssen mit einem eigenen Profil auf ihre jeweils spezifische Stadtteilsituation und Schülerstruktur antworten können. Ich habe in meiner Zeit als Jugendsenator einen Bremer Meister überredet, aus seiner Klempnerei einen Lehrbetrieb für schwererziehbare Jungen zu machen, die Null Bock mehr auf ihre Hauptschule hatten. Das Projekt wurde über die Jugendhilfe finanziert. Diese völlig gefrusteten Jungen, die kein Buch mehr ansahen und keinen Zettel mehr beschreiben konnten, haben in dieser Werkstatt wie die Weltmeister gearbeitet. Endlich etwas, was sie konnten! Die Jugendlichen sind dort aufgeblüht und haben dann auch begriffen, dass zum Machen auch Wissen nötig ist.

Praxisnähe, Lebensnähe wertet eine Schule auf. Am Ende zählt nicht nur das fehlerfreie Diktat. Am Ende zählt, ob sich ein Mensch integrieren kann, teamfähig ist, lösungsorientiert. Ich wünsche mir eine Öffnung der Schulen für das Leben, das Arbeitsleben – nicht diese schlichte Reduzierung auf Rechenaufgaben und Schreibfehler. Dies war auch der Ansatz der Reformschulbewegung aus der Weimarer Republik. Nicht Kinder sortieren, sondern Kinder motivieren.

Bei aller Öffnung jedoch muss die Verantwortung für die Schule, für die Bildung beim Staat bleiben. Und es muss klar sein, das Schulpflicht eine Pflicht für das Kind wie für den Staat bedeutet: Ich kann nicht jemanden verpflichten in die Schule zu gehen und zugleich eine miserable Schulausbildung bieten. Um jedem Kind gerecht zu werden, muss der Staat weg von der Vermerkschule, weg vom Zentralabitur und weg von den täglichen Überprüfungsmöglichkeiten, die darauf abzielen, ob der Lehrplan eingehalten wird oder nicht. Das sind alles Verregelungen, die nur Misstrauen gegenüber Lehrerinnen und Lehrern ausdrücken. Schule ist etwas ganz anderes: das Freisetzen von Kreativität, von Potential, das Wecken von Begabungen, die Einladung, diese Begabungen zu entfalten, das Vermitteln von Freude an Neuem, das Fördern von Neugierde und unbequemen Fragen. Schule ist das Gegenteil von Kaserne.

***

Wen eine solche Schule nach der zehnten Klasse entlässt, dem muss eine gute Ausbildung offen stehen. In diesem Sinne halte ich das Duale System, in dem die Wirtschaft für die betriebliche und der Staat für die schulische Berufsausbildung zuständig ist, nach wie vor für einen großen Fortschritt. Im Übrigen ein solidarisches System, das von Wirtschaft und Staat gemeinsam getragen wird. Ich bin den deutschen Handwerkern sehr dankbar dafür, dass sie das Duale System nach wie vor verteidigen, sie leisten hier große Arbeit. Heute orientieren sich die Chinesen an unserem Ausbildungssystem, da ist Deutschland einmal kein Auslaufmodell. Ich habe als Schulsenator erlebt, dass die Bereitschaft derjenigen, die für die Ausbildung in den Handwerksbetrieben, in den Innungen und der Berufsschule zuständig sind, die Kinder zu fördern, enorm ist. Da ist der Lehrer hochwillkommen, der in den Betrieb kommt und Ratschläge gibt für einen Auszubildenden oder einen Lehrplatz. Ich würde die duale Ausbildung immer den schulischen Ausbildungen vorziehen. Dass das nur Notangebote sind, zeigt sich schon daran, dass die, die aus dem dualen System kommen, viel schneller einen Job finden.

Wenn sich heute die Arbeitgeberverbände so bitter beklagen, dass sie keine lehrfähigen Jugendlichen von den Schulen bekämen, dann rate ich, sich die Kritiker genau anzusehen. Sagt das jemand, der gar keine Ausbildungsplätze bietet, der sich womöglich um die Schaffung von Ausbildungsplätzen drücken will? Oder sagt das ein Handwerksmeister, der über Bedarf ausbildet? Den würde ich sehr ernst nehmen. Dann muss man zusammen mit dem Innungsmeister und dem zuständigen Berufsschullehrer und der betroffenen Schule einen Weg finden, dafür zu sorgen, dass die Jugendlichen fit für den Beruf werden.

***

Ebenso wie der vorschulische und der schulische Bildungsbereich sind auch die Universitäten reformbedürftig. Die deutschen Universitäten, die ja die Krönung des Bildungssystems sein wollen, sind heute vor allem: elitär und trostlos zugleich. Elitär, weil der Anteil von Akademikerkindern unter den Hochschulstudenten mehr als doppelt so hoch ist, wie es ihrem Bevölkerungsanteil entspricht – in Irland zum Beispiel spielt die Herkunft an den Universitäten keine Rolle. Aus dieser Schieflage kommen die deutschen Universitäten nur heraus, indem sie Studenten aus bildungsfernen Schichten gezielt fördern. Verschiedene Stiftungen wie die Hans-Böckler-, die Friedrich-Ebert-Stiftung, aber auch das Evangelische Studienwerk bemühen sich, den Anteil der geförderten Kinder, die aus bildungsfernen Schichten kommen, zu erhöhen. Beim Evangelischen Studienwerk zum Beispiel erhalten Gesamtschulen, in denen der Anteil von Arbeiterkindern sehr viel höher ist als an den klassischen Gymnasien, Vorschlagsrechte für ihre begabten Kinder. Trostlos sind die deutschen Universitäten, weil ein Student das Gefühl bekommen muss, dass es egal ist, ob er zur Vorlesung geht oder nicht, weil es ohnehin nie jemand bemerken würde. Ich hatte das Glück, dass ich als Stipendiat des Evangelischen Studienwerkes immer Teil kleiner, vertrauter Gruppen mit direktem Zugang zu Professoren war. Ohne diese Erfahrung hätte ich das Studium als eine anstrengende Veranstaltung erlebt. Wenn ich heute in Heidelberg, Freiburg, Hamburg oder anderswo Vorträge halte, versuche ich immer durch die Reihen zu gehen, meine Zuhörer zu begrüßen und mit ihnen ein paar Worte zu wechseln. Das scheitert meist daran, dass alle so eng eingepfercht in ihren Stuhlreihen und auf den Gängen sitzen. Das muss anders werden. Zu einer guten universitären Ausbildung gehören kleine Gruppen, direkter Kontakt zu den Professoren, zu den Assistenten. Dazu gehört auch eine Internationalisierung der Universitäten, ein Austausch des Wissens und der Lehrformen sowie der Studenten und Fachkräfte. Wir werden nicht besser, wenn wir uns abkapseln. Die größte Gruppe ausländischer Studenten stellen inzwischen die Chinesen. Und es ist doch nicht schlecht, dass wir auf diese Weise lernen, mit Fremden, die zu Kollegen und Freunden werden, unsere Zukunft zu gestalten. Auf den Bologna-Prozess, den Versuch, die deutschen Universitäten über die Bachelor- und Master-Studiengänge zu internationalisieren, wurde viel Hoffnung gesetzt. Ich bin mir nicht sicher, ob dies wirklich geglückt ist. Die Studenten im Evangelischen Studienwerk klagen jedenfalls sehr darüber, dass sie schlicht verschult wurden und so ihrem Anspruch, interdisziplinär zu arbeiten und gesellschaftliche Aufgaben wahrzunehmen, nicht nachkommen können. Eine Internationalisierung unserer Studiengänge ist richtig, aber sie darf nicht zum Studium zweiter Klasse führen, zur Engführung des Angebots und der Lehrinhalte. Geisteswissenschaftliche Studiengänge werden abgeschafft, weil sie nicht wirtschaftskonform sind? Das ist zu kurz gedacht.

Insgesamt ist die deutsche Universität ein ständiger Reformanlass, ein tendenziell unterfinanziertes System. Früher habe ich immer geklagt, dass es so viele Studienabbrecher gibt. Inzwischen bin ich überzeugt, dass dies mit der schlechten Finanzierung der Studenten zusammenhängt. Viele müssen jobben und machen ihren Job noch vor dem Examen zum Beruf. Wer möchte, dass auch Kinder aus sozial schwächeren Elternhäusern einen akademischen Abschluss machen können, sollte sich daher die Einführung von Studiengebühren gründlich überlegen.

***

Wer das deutsche Bildungssystem dahingehend reformieren möchte, dass es chancengerecht ist, jedes Kind optimal fördert und nicht wegen seiner Herkunft benachteiligt, der sieht großen Handlungsbedarf auf allen Stufen – von der Vorschule bis zur Universität. Wer sich in der Bildungspolitik zurücklehnt, ist resigniert bis zynisch. Darum rate ich allen, auch den Politikern aus anderen Ressorts, sich auf die Bildung zu konzentrieren und zu versuchen, diesem gigantischen Auftrag, unsere jungen Leute gut auszubilden, gerecht zu werden. Beim Thema Bildung geht es nicht nur um die gerechte Teilhabe an unserer Gesellschaft und um die Grundlage für eine solidarische Gesellschaft. Wer in die Bildung investiert, investiert auch in die Wirtschaft. International betrachtet führt Deutschland weniger Kinder zum Abitur und zum akademischen Abschluss, als andere Industrieländer. Nur ein Beispiel: 32 Ingenieure kommen in Deutschland auf 1000 Menschen eines Abschlussjahrgangs – in vielen OECD-Ländern sind es dagegen 44. Das ist ein Nachteil für unsere Wirtschaft, die nicht mehr von der Industriearbeit lebt, sondern von ihrem Wissenskapital. Ich betrachte es als einen großen Fehler, wenn Unternehmer sagen, Ausbildung sei nicht ihre Sache. Wie wollen sie an qualifizierte Mitarbeiter herankommen? Das gilt auch für die Weiterbildung. Wer nicht in die ständige Qualifizierung seiner Mitarbeiter investiert, muss sich nicht wundern, dass seine Produkte zum Schluss als Ramschware gehandelt werden. Wir, die Deutschen, haben immer weniger Kinder, da müssen wir aufpassen, dass wir an dieser Stelle keine Ressourcen vergeuden. Wen schon nicht überzeugt, dass Bildung auch etwas mit Gerechtigkeit zu tun hat, den sollte wenigstens das Argument der Konkurrenzfähigkeit überzeugen, sorgfältig die Potentiale, die Begabungen und die Talente unserer Kinder zu entfalten. Was hat die Bundesrepublik denn schon an Ressourcen? Kohle, Öl, Gas? Nein, kluge Köpfe.

5. Wie unsere Arbeitswelt gerechter werden kann

Was Solidarität in der Arbeitswelt ist, lässt sich an der Geschichte des Bremer Stahlwerks zeigen. Anfang der 60er Jahre wurde dieser Betrieb als Teil der Klöckner-Werke aufgebaut. Doch leider war das Werk nie profitabel. Deshalb gab Klöckner den Standort 1992 auf und wollte ihn über einen Konkursverwalter abwickeln. In den Anfängen hat der Betriebsrat, kommunistisch dominiert, gegen den bösen Kapitalismus gekämpft, anstatt sich um die Belange der Belegschaft zu kümmern. Als es jedoch ernst wurde mit der Schließung des Werks, haben die Arbeiter, sicher zur Hälfte türkischer Abstammung, gesagt: Hier geht es doch um unsere Arbeitsplätze. Die Belegschaft hat sich schließlich an den Senat gewandt – die ehemaligen Eigner waren da längst weg. Denen war nur wichtig, mit einem so geringen Verlust wie nur eben möglich herauszukommen. Damals war ich Sozialsenator unter Klaus Wedemeier. Wir haben gebrütet, wie wir dieses Werk retten können. Viele Bremer sagten: Für wen wollt ihr da eigentlich Geld in die Hand nehmen, das sind doch alles Leute aus Anatolien. Ja, haben wir geantwortet, das waren sie vielleicht einmal, aber sie arbeiten seit Jahren bei uns, also sind das nun unsere Leute. Wir haben dann 25 Prozent unserer Anteile an den Stadtwerken verkauft und uns mit dem Geld an einer Auffanggesellschaft für die Hütte beteiligt, um die Leute dort wieder in Brot und Arbeit zu bringen – und zwar unter fairen, tarifvertraglich abgesicherten Bedingungen. Heute arbeiten bei den Bremer Stahlwerken, die mittlerweile zum Arcelor Mittal-Konzern gehören, 3.100 Menschen. Ich erinnere mich an die Rede-Schlachten auf dem eigens einberufenen Landesparteitag. Viele sagten, wir können doch nicht unseren hundertprozentigen Energieversorger für so etwas privatisieren. Wir entgegneten, wir holen nur einen anderen Öffentlich-Rechtlichen mit rein, um handlungsfähig zu bleiben für jene, die nun vor dem finanziellen Aus stehen. Die Hütte verbraucht genauso viel Energie wie alle Privathaushalte im Lande Bremen zusammen. Wenn dieser Kunde pleitegeht, dann haben auch die Stadtwerke ein großes Problem. Übrigens haben wir inzwischen unsere Anteile an dem Werk mit Gewinn für die Stadtkasse verkauft. Wir haben diese Auffanggesellschaft letztlich gegen die Stahlindustrie und die Banken gegründet, die uns mit einem solch verstaatlichten Unternehmen nicht am Markt sehen wollten. Seit dieser Rettungsaktion ist das Werk und seine Belegschaft ein Teil der Stadt – weil die Menschen dort gesehen haben, wie andere ihre Industriearbeitsplätze offensiv verteidigen. Damals hat sich ein solches Vertrauen aufgebaut, dass ich noch immer als Vertreter der Arbeitnehmerseite im Aufsichtsrat sitze. Im Stahlwerk stehen die Kollegen heute zueinander, auch in der Krise, auch in der Kurzarbeit. Der Kampf um diesen Betrieb war eine großartige Erfahrung – und übrigens nur möglich, weil er der Mitbestimmung unterlag. Ich bin von der betrieblichen Mitbestimmung überzeugt: Sie hält die Belegschaften zusammen, sorgt dafür, dass ein Unternehmen auch durch schwierige Phasen, wie wir sie derzeit ja erleben, ausgewogen gesteuert wird. Solidarität und Arbeitsbedingungen bedingen einander. An der Güte der Arbeitsbedingungen lässt sich ablesen, wie eng eine Belegschaft zusammensteht. Insofern bedeutet solidarisches Verhalten in der Arbeitswelt nicht nur das Eintreten für die Interessen der Kollegen, sondern vor allem das Eintreten für die eigenen Interessen als Arbeitnehmer.

***

Solidarität in der Arbeitswelt – das meint in der Regel die, die schon Arbeit haben. Es geht dann um faire Bezahlung, humane Arbeitsbedingungen, Gesundheitsschutz, Weiterbildung und letztlich vernünftige Renten. Mir geht es darum, Solidarität nicht nur auf die regulär Beschäftigten oder gar die Festangestellten zu beschränken. Jeder, der arbeiten kann und arbeiten will, muss die Solidarität anderer für sich einfordern können. Immer weniger Menschen verbringen ihr Arbeitsleben in festen Arbeitsverhältnissen. Sowohl unter Akademikern, als auch unter Handwerkern finden sich zunehmend Freiberufler, die als Auftragnehmer ihr Leben meistern müssen – und das geht mal besser und mal schlechter. Wie gefährlich Brüche mit den eigenen Kompetenzen, der eigenen Profession sind und was solche Patchwork-Berufsleben mit den Menschen machen, hat sehr präzise der amerikanische Soziologe Richard Sennett beschrieben. Outsourcing, Freie, Leiharbeitnehmer – es gibt diese prekären Arbeitsverhältnisse in großer Zahl. Gewerkschafter, Politiker, aber auch Unternehmer und Festangestellte dürfen diese freien, nicht durch Tarife geschützten Kollegen nicht vergessen. Ich bin daher sehr dafür, dass Gewerkschaften die kleinen Selbständigen als Mitglieder aufnehmen und ihre Interessen vertreten. Ich bin sehr dafür, dass man solche Arbeitsverhältnisse öffentlich kritisiert und Druck auf Unternehmer ausübt, die Mitarbeiter prekär beschäftigen, wie es etwa McDonald's tut. Ich bin sehr dafür, dass die oftmals gezwungenermaßen als Selbständige Arbeitenden in die Sozialversicherung aufgenommen werden, wie es bei den Künstlern und Kleinbauern geglückt ist. Die freien Kollegen brauchen unsere Solidarität. Wir selbst können schon morgen zu ihnen gehören.

***

Unsere Solidarität brauchen auch jene, die in dieser Gesellschaft gänzlich ungeschützt Aufgaben übernehmen, auf die wir alle dringend angewiesen sind. Ich möchte dies nicht als Schwarzarbeit oder gar illegale Arbeit diskreditieren. Im Gegenteil: Ich möchte jene einbeziehen, die aus Not oder weil sie anders nicht klar kommen, an den geregelten Arbeitsverhältnissen vorbeiarbeiten. Nach Berechnungen des Instituts der deutschen Wirtschaft sind 2006 in Deutschland 348 Milliarden Euro schwarz erwirtschaftet worden. Das heißt: 13 Millionen Deutsche haben an der Steuer vorbei gearbeitet. Diese Zahlen zeigen auch: Es macht wenig Sinn, Schwarzarbeit zu kriminalisieren. Diesem Problem müssen wir, auch die Gewerkschaften, uns stellen. Wir müssen unseren Arbeitsbegriff weiter fassen und versuchen, diese Menschen schrittweise aus der Illegalität herauszuholen. Ich habe das Phänomen der Schwarzarbeit und illegalen Arbeit, im Baugewerbe ein Massenphänomen, schon vor Jahren kontrovers mit Gewerkschaftern der IG BAU diskutiert. Mein SPD-Ortsvereinsvorsitzender, Bürgerschafts-Abgeordneter und IG BAU-Geschäftsführer, ein braver Mann, hatte einen solchen Zorn über die Schwarzarbeit, dass er am liebsten Polizei auf sämtlichen Baustellen postiert hätte. Wenn ich versuchte, ihm zu erklären, dass diese Menschen auch schutzbedürftige Kollegen sind, wurde er regelrecht polemisch: Willst du hier eine Schwarzarbeitergewerkschaft aufmachen? Nein, das möchte ich nicht. Aber zur Solidarität mit arbeitenden Menschen – und dazu gehören auch die Illegalisierten und die Schwarzarbeiter – gehört es, dass wir diese Fragen stellen: Wer verschafft ihnen Recht, wenn ihr Auftraggeber nicht zahlt? Wer sorgt dafür, dass sie nicht bis jenseits ihrer körperlichen Grenzen schuften müssen? Wer beschützt sie vor gnadenlosem Dumping? Einen richtigen Schritt hat hier die Gewerkschaft ver.di mit ihren Beratungsstellen für Menschen in so genannten undokumentierten Arbeitsverhältnissen getan. Ein erster Erfolg dieser gewerkschaftlichen Beratung ist der Arbeitsgerichts-Prozess, den ver.di für eine Hausangestellte ohne legalen Aufenthaltsstauts geführt hat, die von einer wohlhabenden Hamburger Familie um ihren Lohn geprellt wurde. Doch solche Arbeitersolidarität, die nicht nach der Mitgliedsnummer fragt, ist bei den Gewerkschaften noch die Ausnahme. Illegalität und Arbeit, das ist delikat. Direkt vor dem Bremer Bahnhof gibt es eine Gaststätte, in der jeden Tag illegale Arbeit verteilt wird. Und das im Gebäude der Senatsverwaltung! Im 15. Stock saß ich als Senator für Soziales und Jugend, und unten vor der Kneipe fahren jeden Morgen zwischen Fünf und viertel nach Fünf Kleinbusse vor und verteilen die Arbeiter auf den Baustellen irgendwo in der Stadt. Das ist für jedermann, der ein Auge dafür hat, zu beobachten. Und natürlich sind dies alles Menschen, die Angst haben, geschnappt und abgeschoben zu werden. Soll ich diese Menschen kriminalisieren? Nein, sie sind die Opfer einer weltweiten, harten Arbeitsmarktkonkurrenz. Und machen wir uns nichts vor: Wie viele von uns profitieren von Schwarzarbeit oder sogar illegaler Arbeit. Nach Berechnungen beschäftigt fast jeder Dritte jemanden, ohne dies gemeldet zu haben. Wir konzentrieren unsere gesamten staatlichen Aufwendungen darauf, die Schwarzarbeit durch Polizei und Kontrolldienste zu bekämpfen. Mir wäre lieber, Wege zu finden, solche Beschäftigte behutsam zu Beitragszahlern zu machen. Es ist ja nicht nur individuell für diese ungeschützten Arbeitnehmer wichtig, sondern auch für den Fortbestand unserer Sozialkassen. Und da bin ich sehr für pragmatische, niederschwellige Lösungen. Es gibt solche Ansätze. Wir beschäftigen eine Haushaltshilfe. Eine Frau, die aus Sibirien nach Bremen gekommen ist, und deren Abschluss als Buchhalterin hier nicht anerkannt wurde. Diese uns sehr zugetane Frau haben wir über die Knappschaft Bahn-See als Minijobberin versichert. Das bedeutet für sie keine Verluste, sondern im Gegenteil kompletten Sozialversicherungsschutz – und wir sind mit wenig finanziellem Aufwand legale Arbeitgeber. Selbst der bürokratische Aufwand hält sich in Grenzen. Da haben wir jemanden nicht auf eine Rutsche nach unten gesetzt, sondern da ist eine Basis gelegt, um eine schwierige Lebenslage zu bewältigen. Man kann viele von denen legalisieren, die Schwarzarbeit aus finanzieller Not verrichten und sich in einer recht- und schutzlosen Situation befinden. Wie viele von den rumänischen illegalen Baukolonnen werden angeschmiert und sind ihren Schleppern ausgeliefert. Schwarzarbeit zu legalisieren ist schwierig, aber wichtig. Tarifverträge sind aber auch nicht vom Himmel gefallen, die Arbeiterbewegung musste einen langen Anlauf nehmen, bis die Koalitionsfreiheit durchgesetzt war. Das ist alles erarbeitet, erkämpft. So stelle ich mir vor, dass wir auch die Schwarzarbeiter aus ihrer Schutzlosigkeit herausholen können.

***

Nach den illegalisierten Arbeitnehmern sind es vor allem die Millionen Arbeitslosen, die unsere Solidarität brauchen. Selbst wenn ihre Rechtslage eindeutig geregelt ist, dürften sie sich ähnlich im Regen stehen gelassen fühlen. Seit den 70er Jahren steigt die Sockelarbeitslosigkeit stetig. Das Statistische Bundesamt sieht hiervon 3,2 Millionen Menschen in Deutschland betroffen. Menschen, deren Qualifizierung in Zeiten einer wirtschaftlichen Rezession, in der sie arbeitslos wurden, verfiel und die sich später dann nicht mehr in eine sich rasant verändernde Arbeitswelt einbringen konnten. Viele von ihnen werden heute meist mit einem 1-Euro-Job perspektivlos beschäftigt. Das ist dann die MAE-Kraft, die Mehraufwandsentschädigungskraft, im Kindergarten, die dort ein paar Wochen kocht und dann kommt die nächste und die erste sitzt wieder zuhause. Menschen müssen täglich die Erfahrung machen, dass sie nicht gefragt sind. Es ist eine Bedrohung unserer gesamtgesellschaftlichen Lage, dass wir so viele systematisch ausgrenzen und nicht über sinnstiftende Arbeit integrieren. Dennoch muss man bei diesem Thema sehr genau hinsehen. Die Sockelarbeitslosigkeit ist in der Bundesrepublik nicht überall gleich hoch. Es gibt Orte mit zwei, drei Prozent Arbeitslosigkeit und es gibt Orte mit 20 Prozent und mehr. Solche Unterschiede in der Statistik können wohl kaum daran liegen, dass im einen Ort alle gut qualifiziert sind und im anderen nicht. Wenn es trotz wachsender Arbeitslosigkeit und Wirtschaftskrise Regionen in der Bundesrepublik gibt, in denen faktisch Vollbeschäftigung oder gar Arbeitskräftemangel herrscht, muss man versuchen, von denen zu lernen. Zu behaupten, in einer Hightech- und wirtschaftsspezialisierten Gesellschaft würden die einfachen Arbeiter eben zu Verlierern, ist zynisch. Und darum dürfen wir die Vollbeschäftigung als Ziel politischer, gewerkschaftlicher und gesellschaftlicher Arbeit unter keinen Umständen aufgeben. Eine gut laufende Konjunktur bietet auch für Menschen, die 20 Jahre arbeitslos sind, eine bessere Ausgangslage. In Bremen haben wir in den letzten Jahren vor der Krise im Hafen einen Boom mit Wachstumsraten von über zehn Prozent erlebt – und das über Jahre. Die Einstellungspolitik lief dabei vorbildlich. Die Bremer Lagerhaus-Gesellschaft hat sich systematisch beim Besetzen von Stellen auf Langzeitarbeitslose konzentriert. Am Anfang gab es viele, die das nicht glauben konnten. Aber es wurden tatsächlich reihenweise Langzeitarbeitslose ausgebildet und beschäftigt – in einer Firma, die ihnen eine Perspektive bietet. Da werden die Menschen nicht von heute auf morgen auf die Straße gesetzt. Zur Zeit müssen sie den weltweiten Exporteinbruch bewältigen und befinden sich auf Kurzarbeit. Aber da die Lagerhaus-Gesellschaft gewerkschaftlich mitbestimmt ist, wird keiner mal eben entlassen, sondern es werden über Lohnkonten und andere Instrumente Brücken über dieses wirtschaftliche Tal gebaut. Weil der Bedarf der Weltwirtschaft nicht einfach über Jahrzehnte stoppen kann und daher die Konjunktur wieder anziehen muss, versucht der Hafen seine Mannschaft zusammenhalten. So verzichten die Arbeiter der Umschlagsfirmen auf Überstunden, damit der Gesamthafenbetriebsverein, der von allen Firmen mitfinanziert wird, nicht so viele Mitarbeiter entlassen muss.

Solange noch nicht genügend Wirtschaftskraft entfaltet ist und zusätzliche Arbeitsplätze geschaffen sind, müssen wir jedoch diese über drei Millionen Arbeitslosen einbeziehen und ihnen Angebote machen – immer in der Hoffnung, dass sie sich darüber irgendwann wieder im Arbeitsmarkt einfinden. Nach wie vor bin ich ein Anhänger der Qualifizierungsoffensive und ein Anhänger von Arbeitsbeschaffungsmaßnahmen. Das war nicht alles Murks oder rausgeschmissenes Geld. Ich kenne viele persönlich, die über ABM-finanzierte Arbeitsplätze wieder in den Job zurückgefunden haben. Das muss man nicht ABM nennen, Hauptsache, die Menschen bekommen eine Aufgabe, an der sie sich abarbeiten können, an der sie sich zeigen und beweisen können und deren Finanzierung so ist, dass sie damit auskommen können.

Ich habe mich als Sozialsenator immer wieder mit Unternehmern verbündet, um Arbeitsplätze für Sozialhilfeempfänger zu schaffen. In diesen Fällen hat der Unternehmer dann den Sozialhilfeanteil erhalten, der ohnehin zu zahlen war. Dafür musste er einen Arbeitsplatz für den betroffenen Sozialhilfeempfänger schaffen. Über Paragraph 19 Bundessozialhilfegesetz, der dieses möglich machte, haben wir jede Menge Menschen sinnvoll beschäftigt, so dass sie sich weiterqualifizieren konnten. Das lief völlig unspektakulär. Ich habe damals auch keine Prinzipien-Debatte seitens der Gewerkschaft erlebt. Im Gegenteil, Gewerkschaften haben sich sogar als Projektträger engagiert.

Wie ein wirklich solidarischer Umgang mit Arbeitslosen aussieht, kann man noch heute in Österreich betrachten. Dort hat die Soziologin und Sozialdemokratin Marie Jahoda in den zwanziger Jahren ganze Dörfer mit Arbeitslosen entwickelt und aufgebaut. So hat sie Langzeitarbeitslosen Lebens- und Arbeitsperspektiven eröffnet. Um dies zu realisieren, hat sie sich das Geld, das die Arbeitslosen einzeln am Schalter ausgezahlt bekommen hätten, als Budget geben lassen. Dieses Geld nutzte sie, um mit diesen Menschen, die direkt alimentiert werden sollten, neue Siedlungen zu bauen, mit von ihnen selbst organisierten Betrieben, von denen sie auch ihren Lohn bekamen. Die Menschen dort haben schwer gewühlt, auch, weil sie diese Häuser für sich selbst gebaut haben. Ich habe einmal in Wien auf dem Parteitag der österreichischen Sozialdemokraten ein sozialpolitisches Grundsatzreferat gehalten. Der damals zuständige Minister hat mir anschließend die Siedlungen, die Marie Jahoda angestoßen hat, gezeigt. Ich war und bin begeistert davon.

Beschäftigungsprogramme, die initiiert wurden, um die Härten der Arbeitslosigkeit zumindest abzufedern, haben auch in Deutschland eine lange Tradition. In Bremen hat der Senat in der Weimarer Republik bereits Beschäftigungsprogramme aufgelegt, das war keine Erfindung der Nazis. Die große Neuenlander Straße, unsere Zufahrt zum Flughafen, wurde mit Arbeitslosen gebaut. Bereits in den zwanziger Jahren hat der Senat richtig eingeschätzt, dass über die Massenarbeitslosigkeit eine politische Radikalität droht, die man demokratisch nicht mehr bewältigen kann. Also haben die Sozialdemokraten den Menschen Arbeit gegeben. Und wir sind heute noch Nutznießer dieses gelungenen Projektes.

Dieses Programm ist eine großartige Sache. Damals wurden Werkstätten gegründet, die bis heute bestehen. Mein runder Schreibtisch im Rathaus wurde in einer solchen Werkstatt von ehemals arbeitslosen Sozialhilfeempfängern gebaut. Viele von ihnen sind qualifizierte Handwerker, die Möbel schreinern oder die Gärten und Parks betreuen. Früher haben sie Alimente erhalten, heute erhalten sie Anerkennung für ihre Arbeit. Wir haben aus diesem Budget auch Helfer für Schulhausmeister finanziert. Wenn der Hausmeister einigermaßen Fingerspitzengefühl hatte für diese Menschen – die nach langer Arbeitslosigkeit sich wieder daran gewöhnen mussten, morgens vor den Kindern da zu sein, aufzuräumen und zwar ohne Alkohol getrunken zu haben –, dann sind daraus erfolgreiche Verbindungen entstanden. Es gibt diese Hausmeister, die sich kümmern, die die Arbeitslosen wie Kollegen behandeln, ihnen die gleiche Kleidung und vernünftige Aufgaben geben. Aus diesem Programm sind einige zum Hausmeister aufgestiegen. Ich habe sogar einmal einen Schulkampf für einen solchen Hilfshausmeister miterlebt; die ganze Schule, mit mir als Senator, hat gegen unsere Bürokratie durchgesetzt, dass dieser Mann übernommen wurde. Der hatte sich durch seine Arbeit und sein Engagement und seine Freundlichkeit eine Basis erarbeitet, die ihn in den Job getragen hat. Solche Programme sind große Lebenshilfen. Manchmal verändern sie sogar das Betriebsklima, weil es plötzlich nicht um unten oder oben geht, sondern darum, jemanden, der Hilfe braucht, ins Unternehmen zu integrieren. Angesichts der zu befürchtenden Arbeitslosenwelle sollten wir solche Programme im Auge behalten. So sieht ein solidarischer Umgang mit Arbeitslosen aus: nicht alimentieren, Perspektiven eröffnen.

***

Solidarität können auch jene Menschen gebrauchen, die sich auf der anderen Seite des Arbeitsmarktes befinden: Menschen im mittleren Alter, die einen festen Job haben oder auch freiberuflich sind. Sie sind in der Regel überlastet, haben einen regelrechten Lebensstau zu bewältigen – Familie, Kinder, vielleicht die pflegebedürftige Großmutter zuhause und dazu Überstunden, Leistungsdruck, immer in der Angst, den Job verlieren zu können. 800.000 Menschen greifen regelmäßig zu Psychopharmaka, um sich fit für die Arbeit zu machen, um Wechselschichten zu überstehen oder rechtzeitig ein Projekt abliefern zu können.

Jedes Jahr werden in Deutschland nach Berechnungen des Instituts für Arbeitsmarkt- und Berufsforschung 1,32 Milliarden Überstunden geleistet – hinzu kommt noch unbezahlte Mehrarbeit in der gleichen Größenordnung. Es gibt Menschen, die arbeiten 12, zum Teil 14 Stunden am Tag. Wir haben per Saldo damit ein Heer von Arbeitslosen, die darunter leiden, dass sie nichts zu tun haben und krank werden – und wir haben ein Heer von Menschen, die zu viel Arbeit haben und darunter leiden und auch krank werden. Das ist absurd, das muss man ändern. Da ist es nur solidarisch allen gegenüber, auf Arbeitszeitverkürzung zu setzen. Wer auf Überstunden verzichtet, um jemand anderem eine Jobperspektive zu eröffnen, ist nicht nur solidarisch seinem künftigen Kollegen gegenüber, sondern tut sich letztlich selbst einen Gefallen. Nun, in der Krise, ist die 32-Stunden-Woche kein Tabu mehr. Es gibt sie nicht bei vollem Lohnausgleich, aber es gibt intelligente Wege, damit derjenige, der kürzer tritt, nicht zu sehr draufzahlen muss. Da gibt es Abgeltungen oder Urlaubsverlängerung oder anderes. Arbeitszeitverkürzung ist für dieses Problem der zeitgleichen Überbelastung und Unterforderung von Menschen eine pauschal richtige Antwort. Im Einzelfall geht es vielleicht nur über das Zerlegen der Arbeit. Oder in der familiären Doppelbelastung über das Verteilen der Kinderbetreuung auf mehrere Schultern. Es müssen nicht immer die Großeltern sein, die dann einspringen. Es gibt inzwischen Initiativen, die Leihomas oder -opas vermitteln, und es gibt hinreißende Menschen, die nicht das Glück hatten, eigene Kinder oder Enkelkinder zu haben, die dies aber gerne auch noch ein Stück für sich leben möchten. Bei der Überlastung von Arbeitnehmern spielt noch ein anderer Aspekt eine Rolle: Es gibt auch Menschen, die sich durch schuldenfinanzierte große Häuser oder Autos überfordern. In diesen Fällen ist ein guter Personalchef gefragt, der einem Mitarbeiter aus dem hausgemachten Stress heraushilft, indem er diesem klar macht, welch ein Lebensstil in seiner Position überhaupt möglich ist. Wie viele Männer erleiden in einem Alter ab Vierzig einen Herzinfarkt, verursacht durch Überforderung und Schulden? Es sollte zur Reputation einer Firma gehören, und es wird ihr auch selber nutzen, dass sie auf ihre Leute achtet. Auch das ist Solidarität: seine Leute zusammenzuhalten, ihre Kompetenz zu pflegen und ihre Belastbarkeit realistisch einzuschätzen.

***

Ich kenne Frauen, die unter ihrer Qualifikation arbeiten. Etwa eine Pastorin, die keine Planstelle bekommen hat und nun Altenpflegerin ist. Lehrerinnen, die während der großen Lehrerarbeitslosigkeit überhaupt keine Chance hatten, arbeiten heute als Taxifahrerin, als Verwaltungsangestellte oder Sachbearbeiterin. Bei den studierten Diplom-Sozialpädagogen, fast alles Frauen, habe ich dieses Phänomen strukturell erlebt. Die hatten, mit ganz wenigen Ausnahmen, keine Chance auf den Höheren Dienst, weil es gar keine Planstellen für diplomierte Sozialpädagogen gibt. Diese Frauen sind alle als Sozialarbeiterinnen im gehobenen Dienst gelandet. Ein

Gegenbeispiel ist die Justiz. Dort wird nur nach Qualifikation eingestellt und da setzen sich die Frauen durch. Überall dort, wo es kontrollierbar ist, ist die Diskriminierung über das Gehalt oder die Kinder kaum noch ein Problem. Im betrieblichen Bereich jedoch gibt es jede Menge Diskriminierungen – ein Auseinanderklaffen zwischen Verfassungsrecht und Verfassungswirklichkeit. Auch an die Adresse der Tarifpartner geht die Forderung, hier Gerechtigkeit herzustellen für die Kassiererinnen, die schlechter verdienen als die Lagerarbeiter, oder für die Krankenschwestern, die schlechter verdienen als die Lastwagenfahrer. Immer noch wird in unseren Tarifverträgen schwere körperliche Arbeit meist besser bezahlt als eine vermeintlich leichte, die aber mit einer größeren Verantwortung verbunden ist. Da müssen die Gewerkschaften sich in den Verhandlungen solidarisch mit den Frauen zeigen. Und das geht. Sogar in einem Bereich, den man von außen als ausgesprochene Männerdomäne wahrnimmt, dem Hafen. Ein Hafenarbeiter musste früher ein Brocken von einem Mann sein, um die schweren Seekisten zu bewältigen. Heute bewegt kein Mensch mehr im Hafen etwas mit der Hand. Man fährt große computergesteuerte Hubkräne. Das Ergebnis dieser Automatisierung: Inzwischen gibt es eine große Anzahl weiblicher Hafenarbeiter. Die sind so zuverlässig, kommen so gut mit den PC-gesteuerten Programmen klar, dass die Personalverantwortlichen sagen, der beste Teil unserer Belegschaft ist weiblich. Und ganz nebenbei ist das Betriebsklima der Bremer Lagerhausgesellschaft durch diesen höheren Frauenanteil besser geworden. Und natürlich werden die Frauen genauso bezahlt wie die Männer.

Dass soziale Berufe, die vor allem von Frauen ausgeübt werden, im Schnitt schlechter bezahlt sind als Industrieberufe, die in der Mehrzahl Männer ausüben, hat sich in wertkonservativen Zeiten, in denen dies noch nicht so problematisiert wurde, entwickelt. Hinzu kommt ein strukturelles Problem: Eine Gewerkschaft wie ver.di, die eine Vielzahl von Berufen vertritt, die im gleichen Haus Beschäftigte aus den verschiedensten Branchen organisiert, merkt schnell, dass Frauen und Männer unterschiedlich behandelt und bezahlt werden. Eine IG BAU oder eine IG Metall, die nur wenige Frauen vertreten, spüren an dieser Stelle nicht so einen Problemdruck. Und über Branchen und Gewerkschaften hinweg ist es natürlich viel schwieriger, Gerechtigkeit herzustellen.

***

Solidarität mit arbeitenden Menschen darf auch nicht die Älteren ausschließen. Ich werbe inzwischen sehr dafür, ältere Mitarbeiter nicht einfach so früh wie möglich aus dem Betrieb zu drängen. Früher habe ich Frühverrentungspläne immer unterstützt: Hauptsache, die Jungen haben Arbeit. Das ist zum einen eine Vergeudung von Kompetenzen und zum anderen eine Ignoranz gegenüber den Menschen, die ihr Leben lang gearbeitet haben und plötzlich aufs Abstellgleis verschoben werden. Je älter ich werde, umso skeptischer betrachte ich diese Art von Personalpolitik. Einen Bergmann mit 50 Jahren in den Vorruhestand zu schicken, ist wohlmöglich ein Segen. Untertage-Arbeit im Schichtbetrieb ist Knochenarbeit. Aber einen Büroarbeiter, der tagsüber arbeitet, körperlich nicht belastet ist? Warum soll der nicht seine Lebenserfahrung einbringen können, warum muss der so früh wie möglich gehen? Wie willkürlich diese Politik ist, zeigt das Beispiel der Ärzte. Bis zum vergangenen Jahr durfte ein niedergelassener Arzt nicht länger als bis 67 praktizieren. Seit es Ärztemangel in den Flächenländern, besonders in den neuen Bundesländern gibt, ist diese Grenze aufgehoben. Jetzt werden diese alten Ärzte regelrecht umworben weiterzumachen. Demnächst wird es bei den Lehrern nicht viel anders sein. Auch in anderen Berufen werden wir im Zuge des Fachkräftemangels einen neuen Umgang mit älteren Arbeitnehmern – und natürlich auch mit den hoch qualifizierten Müttern – erleben. Und das ist ein Glück für diese Menschen, denn Teilhabe an unserer Gesellschaft definiert sich nun einmal immer noch zu einem großen Teil über Arbeit. Wer gar nichts mehr hat, was ihn herausfordert, worum er sich noch kümmern kann, woran er sich noch ausprobieren kann, dessen Kompetenzen gehen dramatisch zurück und der wird umso schneller hilflos. In der ersten Altersphase, in der noch ein aktives Leben möglich ist, darf man nicht sagen: Hände weg von der Arbeit. Hier geht es nicht um die Ausbeutung alter Menschen, hier geht es um sinnstiftende Aufgaben, um Teilhabe an der Gesellschaft. Es gibt bereits Unternehmen oder auch öffentliche Einrichtungen, die ein Team von ehemaligen Mitarbeitern an sich gebunden haben, die bei Bedarf zum Einsatz kommen und so trotz ihrer Verrentung immer noch eine Aufgabe haben. Warum soll eine Schule oder ein Kindergarten bei einer Grippewelle nicht ehemalige Kollegen für eine Woche oder auch länger engagieren können, um den Unterricht oder die Betreuung aufrecht zu erhalten? Das vermeidet Unterrichtsausfall und damit Stress für die Eltern und sichert die Ausbildung der Kinder. Für ein solches Altersteam, das im Bedarfsfall eingespannt werden kann, braucht ein Schul- oder Kita-Leiter natürlich ein Budget – die älteren Kollegen müssen schließlich versichert sein und eine Aufwandsentschädigung bekommen. Privatschulen und Privatkindergärten gehen hier weit besser mit Ausfallzeiten und sehr viel verlässlicher mit den ihnen anvertrauten Kindern um. Da wird kein Kind nach Hause geschickt. Ich kenne viele Handwerksbetriebe, die so agieren. Wie soll ein kleines Unternehmen von vielleicht zehn Kollegen ansonsten auch zwei, drei Baustellenaufträge fristgemäß abliefern können, wenn niemand da ist, der im Krankheitsfall einspringen kann?

Wie wünschenswert Altersarbeit für die Gesellschaft sein kann, zeigt der Senior-Experten-Service. Für diesen Dienst gehen Ingenieure noch mit 70 Jahren nach Kambodscha, um dort die Arbeitssicherheit zu verbessern. Ehemalige Ärzte beraten Klinikteams in China. Früher habe ich gedacht, man muss jung sein, um in solch schwierigen Ländern zu arbeiten. Heute bin ich mir sicher, dass diese alten Menschen einen sehr viel besseren Job dort machen: Sie haben keine Konkurrenzprobleme, stehen niemandem im Weg, bringen oft persönliche Autorität und Überzeugungskraft mit. Flexible Altersarbeit dieser Art muss man in einen solidarischen Begriff von Arbeit mit einbeziehen. Nicht nur, weil sie aus gesellschaftlichen Gründen hoch willkommen ist. Sie dient auch der seelischen und damit körperlichen Gesundheit der älteren Mitbürger.

***

Wir haben gemeinsam mit Bremer Kirchengemeinden eine Freiwilligenagentur gegründet, mit inzwischen 1.700 ehrenamtlichen Mitarbeitern. Wir werden regelrecht überrannt. Unsere Hauptarbeit besteht darin, diesen Freiwilligen reizvolle Aufgaben zu organisieren. Da geht es nicht darum, Laub auf dem Friedhof zu harken. Das sollen lieber Menschen machen, die die Kirche ordentlich bezahlt. Uns geht es darum, wünschenswerte Aufgaben zu erfüllen, die hauptamtliche Arbeit ergänzen. Meine Lesestunden in der Bremer Grundschule Buntentorsteinweg laufen zum Beispiel über diese Freiwilligenagentur. Andere sorgen an den Wochenenden dafür, dass die Kirchengemeinden für Obdachlose rund um die Uhr geöffnet sind. Andere wieder helfen im Sterbe-Hospiz, vielleicht ein Mal in der Woche für sechs

Stunden. Damit entlasten sie immerhin für kurze Zeit die Angehörigen und das Personal – und wenn sie nur neben einem Sterbenden sitzen und ihm die Hand halten oder eine Geschichte erzählen oder ein Lied singen. Wieder andere Freiwillige arbeiten in der Kulturszene. Meine Gemeinde ist vor zwei Jahren Kulturkirche geworden. Die dort ausgestellten Objekte kann man nicht unbeaufsichtigt lassen. Damit die Kirche möglichst jeden Tag öffnen kann, haben sich über 80 Freiwillige zusammengetan, die den Betrieb aufrechterhalten. Arbeitsangebote dieser Art sind immens wichtig. Nicht nur für die Gesellschaft, die davon profitiert. Sondern auch für den Einzelnen. Sie verschaffen den Beteiligten, oft im Rentenalter oder kurz davor, Struktur für ihren Alltag und Sinnstiftung. Natürlich dürfen solche Aufgaben keine regulären Arbeitsplätze verdrängen. Und Freiwillige müssen versichert und für ihren Aufwand entschädigt werden. Richard Sennet hat in seinem Buch „Die Kultur des Neuen Kapitalismus“ geschrieben, dass etwa 30 Prozent der gesamten Arbeitskraft eines Industrielandes ausreichten, um die Ökonomie aufrechtzuerhalten. Bei den übrigen 70 Prozent stelle sich daher ein Bewusstsein über ihre Nutzlosigkeit ein, so seine These. Der un- und unterbeschäftigte Teil der Bevölkerung, der in der Kultur des Neuen Kapitalismus marginalisiert werde, müsse laut Sennett durch neuartige Beschäftigungsverhältnisse, vor allem im sozialen Bereich, wieder „nützlich“ gemacht werden. Der Philosoph André Gorz hat in diesem Zusammenhang von der Befreiung des Menschen von der Arbeit gesprochen, die erst für eine Gesellschaft sinnvolle und für den Einzelnen sinnstiftende Arbeit möglich macht. Auch er bezog dies darauf, dass eine hochproduktive Gesellschaft sich von der Erwerbsarbeit langsam löse. Obwohl ich beide Wissenschaftler sehr schätze, würde ich nicht so weit gehen. Doch in Ansätzen kommt diese Befreiung bei der Freiwilligenarbeit zum Tragen: Man macht nur das, worin man wirklich einen Sinn sieht.

Die einen arbeiten zu viel, die anderen werden vom Arbeitsmarkt ausgeschlossen, die Dritten sind ihren Auftraggebern schutzlos ausgeliefert, die Vierten werden aufgrund ihres Alters oder Geschlechts diskriminiert. Wer behauptet, Solidarität sei ein verstaubter Ansatz in unserer heutigen Arbeitswelt, der verkennt die realen Verhältnisse. Solidarisches Verhalten unter Arbeitnehmern, ob angestellt, freiberuflich oder illegalisiert, bedeutet nichts anderes als Interessenswahrnehmung. Zwar gehörte in den vergangenen Jahren Gewerkschafts-Bashing zum guten, neoliberalen Ton in den Medien. Doch richtig ist: Unsere modernen Arbeitsverhältnisse haben eine Arbeiterbewegung nötiger denn je.

***

Die Arbeiterbewegung durchlebt derzeit eine schwierige Phase. Das über Generationen erarbeitete Tarifgefüge erodiert. Die Flächentarife, die große Leistung der Gewerkschaften, werden durchlöchert durch viele Einzelvereinbarungen oder durch gänzlich tariflose Gebiete. Ich bin entschieden gegen diese Hallodri-Beschäftigungen im Niedriglohnsektor, die zwei, drei Jobs notwendig machen, damit man überhaupt auf sein Existenzminimum kommt. Wir brauchen dringend einen gesetzlichen Mindestlohn, der die real ausgezahlten Löhne in vielen Branchen nach oben korrigiert. Es kann doch nicht sein, dass eine Friseurin für 3,82 Euro die Stunde arbeitet. Ich spreche auf Veranstaltungen, etwa zum 1. Mai, in diesem Zusammenhang gerne über Matthäus 20, Vers 1 bis 16, das Gleichnis vom Weinberg: Ein Unternehmer besitzt einen Weinberg. Als die Trauben reif sind und er sie einfahren muss, geht er auf den Markt und heuert Tagelöhner für einen Silbergroschen an, damals eine korrekte Tagesbezahlung.

Nach einiger Zeit merkt er, dass er nicht genug Leute hat, also stellt er die nächsten ein. Das macht er mehrmals. Am Ende des Tages, eine Stunde vor Sonnenuntergang, holt er die letzten vom Markt, die dort noch ohne Arbeit herumstehen. Die Ernte wird eingebracht und der Weinbergsbesitzer zahlt seine Leute aus – jeden gleich. Die zuletzt Eingestellten sind damit natürlich zufrieden und zuckeln ab. Aber jene, die sehr viel länger für dieses Geld arbeiten mussten, beschweren sich. Der Weinbergsbesitzer sagt: Habe ich nicht mit euch einen Silbergroschen ausgemacht? Was ich den anderen zahle, ist meine Sache. Ich möchte gerne, dass die ihre Familien, genauso wie ihr, ernähren können. Diese Geschichte zeigt zweierlei: Als Unternehmer muss man erst einmal dafür sorgen, dass das Werk getan wird. Und man muss dabei umsichtig handeln: nicht über den Durst einstellen, aber so, dass das Werk für die Mitarbeiter auch zu schaffen ist. Zum anderen zeigt diese Geschichte aus der Bibel, was ein humaner Umgang mit Bezahlung ist: Es ist solidarisch, auch jene in die Lage zu versetzen, ihre Familien ernähren zu können, die ohne Schuld nur wenige Stunden haben arbeiten können. Wenn man so will, ist dies das christliche Plädoyer für einen gesetzlichen Mindestlohn.

Ein Problem für die Arbeiterbewegung ist, dass es den Gewerkschaften zunehmend schwer fällt, die Kollegen zu halten und noch schwerer, Junge von sich zu überzeugen. Darunter leiden aber auch die Parteien ebenso wie die Kirchen. Sich zu organisieren ist nicht mehr selbstverständlich. Ich finde es auch sehr betrüblich, dass große Teile der Arbeitslosen sich nicht mehr gewerkschaftlich organisieren, weil sie sich nicht engagiert vertreten fühlen. Hier reißt das solidarische Netz ausgerechnet an einer Stelle, an der Menschen stehen, die es am nötigsten haben. Ähnlich ist es mit der internationalen

Arbeitersolidarität, die noch viel zu schwach ist. Ich habe es schon einmal angedeutet: Auf globalisierte Märkte kann man nur mit einer globalisierten Arbeitervertretung antworten. Globalisierung ohne globalisierte Gewerkschaftsarbeit ist eine Bedrohung für die Lebenslage der Menschen. Wer sich in Afrika oder Asien nicht nur die Touristen-Zentren ansieht, wird das erkennen. Und wir können nicht so tun, als ginge uns dies nichts an. Mit so manchem Produkt, das wir hier kaufen, finanzieren wir anderswo Ausbeutungsverhältnisse. Produkte aus dem fairen Handel mögen teuer sein, aber sie sind eine solidarische Antwort auf diese Ausbeutung.

Wenn uns die 150 Jahre alte Arbeiterbewegung eines lehrt, dann dies: Für unsere Rechte können wir nur selbst etwas tun – und zwar gemeinsam. Das bedeutet in der Regel, sich gewerkschaftlich zu organisieren. Ihren Auftrag können die Gewerkschaften jedoch nur wahrnehmen, wenn sie sich von der Vorstellung monostrukturierter Industriearbeitsfelder verabschieden. Genauso wie sich die Produktionsstruktur ändert, ändern sich die Belegschaften. Das muss man mitdenken und muss diese vielen neuen Arbeitsplätze, die früher undenkbar waren, die aber heute prägend sind, gewerkschaftlich integrieren und einen solidarischen Umgang mit den Menschen finden, die sie ausüben – egal ob Frau oder Mann, egal ob Festangestellter oder Subunternehmer, egal ob jung oder alt, egal ob illegalisiert oder tarifvertraglich geschützt.

6. Warum wir keine Klassenmedizin, sondern menschliche Zuwendung brauchen

Was Mangel an Solidarität im Gesundheitswesen eines Landes anrichten kann, lässt sich derzeit sehr gut in Deutschland beobachten. Das fängt bei der Finanzierung der Gesundheitsversorgung an. Warum können Angestellte, deren Bruttoeinkommen drei Jahre lang über der Versicherungspflichtgrenze von zurzeit 48.150 Euro im Jahr liegen, die gesetzliche Krankenversicherung verlassen? Damit entziehen sich ausgerechnet die Wohlhabenden der gesetzlichen Krankenversicherung. Unser Gesundheitssystem braucht dringend eine neue, solidarische Finanzierung. Die immer niedrigeren Einkommen einer zunehmend schmaler werdenden Mittelschicht tragen nicht mehr das gesamte System. Da wird es Zeit, neben den Arbeitseinkommen der einen die Vermögen der anderen einzubeziehen. Wir alle haben gesundheitliche Risiken, die mit unseren Biographien verbunden sind und nicht mit den Beschäftigungsverhältnissen. Ein solidarisches Finanzierungskonzept, das alle einbezieht, ist die Bürgerversicherung. Hierbei zahlt jeder gemäß seinem Einkommen, egal ob es aus Erwerbsarbeit, Aktien oder Immobilien stammt, einen Beitrag in die Gesundheitskasse ein. Dieses System belastet die Vermögenden mehr und die Armen weniger und vor allem: es schließt alle Versicherten mit ein. Dieser Ansatz muss weiter gedacht werden.

Die Kommerzialisierung der Gesundheitsversorgung betrifft auch den Bereich, der öffentlich finanziert wird. Nirgendwo wächst der private Klinikmarkt so schnell wie in Deutschland. Nach Angaben des Bundesverbands Deutscher Privatkliniken ist die Zahl der Kliniken in privater Trägerschaft von 1996 bis 2007 um 41,6 Prozent gestiegen. Ihr Marktanteil beträgt heute rund 28 Prozent. Da tritt ein Unternehmer oder ein Konsortium gegenüber einer finanzgebeutelten Kommune auf und verspricht, die Klinik leistungsfähiger und billiger zu machen. Und sobald die Klinik übernommen ist, geht es nur noch ums Geldverdienen. Klinikbetreiber Marseille spricht offen von Gewinnmaximierung im Krankenhaus und Pflegebereich. Da ist dann plötzlich nicht mehr das Gesundwerden der Anlass für die ganze Veranstaltung, sondern eine Rendite von zehn und mehr Prozent. In Kliniken, die radikal privatisiert werden, sind dramatische Folgen für die Beschäftigten und Patienten absehbar. Da wird gepresst, über die Gehälter, über die Stellen, über die Pflegequalität. In einem Offenen Brief an die Bundesgesundheitsministerin Ulla Schmidt berichteten Betriebsräte und ver.di-Vertrauensleute im Oktober 2008, wie die Renditen privater Krankenhauskonzerne zustande kommen – durch noch weniger Personal als die ohnehin schon knappe Personalbesetzung in der Branche, besonders hohe Arbeitsbelastung, in den Servicebereichen häufig besonders niedrigere Bezahlung, besonders schlechte soziale Sicherung der Arbeitskräfte, durch konzerneigene Leiharbeitsfirmen, die die Löhne drücken, durch eine immer stärkere Industrialisierung der Krankenversorgung und und und. Dabei muss man bedenken, dass private Krankenhauskonzerne Anspruch auf Investitionsförderung durch die Länder wie alle anderen Krankenhäuser haben. Nur ein Beispiel: 2007 stammten von den Investitionen der Fresenius Helios 46,6 Prozent der Gelder aus öffentlichen Mitteln. Das ist absurderweise mehr, als die meisten öffentlichen Häuser bekommen. So berichtete der Sachverständige Gerald Österreich dem Bundestagsausschuss für Gesundheit, dass das Land Nordrhein-Westfalen für die Mühlenkreiskliniken im Kreis Minden-Lübbecke – eine Anstalt des öffentlichen Rechts, darunter ein Krankenhaus der Maximalversorgung – nur zehn Prozent Investitionsmittel gezahlt hat. Nach dem Krankenhausfinanzierungsgesetz müssten es 100 Prozent sein.

Dass solche Geschäfte im Namen der solidarischen Gesundheitsversorgung möglich sind, empfinde ich als organisierten Zynismus. Dabei möchte ich nicht Privatisierung in Gänze verdammen. Wir bemühen uns in Bremen um eine Zwischenform. Da bleibt die öffentliche Hand weiter Besitzer eines Klinikums, das aber eine selbständige Struktur erhält, innerhalb derer es sorgsam wirtschaften muss: die Klinik als öffentlich-rechtliches Unternehmen. Es spricht ja nichts dagegen, mit spitzem Stift zu rechnen und zu überlegen, was man sich als Klinik auf Kosten der Allgemeinheit leisten kann und was die Kassen nicht mehr tragen. Medizinische Hilfe ja, Misswirtschaft nein. Die komplette Privatisierung des Gesundheitswesens aber würde ausgerechnet jene dem Markt überlassen, für die das System gegründet wurde – die Kranken und Schwachen.

Wer kein Geld hat, stirbt eben früher? Barbarisch. Doch genau dies geschieht in Deutschland. Wer das deutsche Gesundheitssystem genau betrachtet, erkennt schnell ein Zwei-Klassen-System. Wer zum einkommensschwächsten Viertel der Deutschen gehört, stirbt – statistisch gesehen – zehn Jahre früher als jemand aus dem reichsten Viertel. Besonders betroffen sind Obdachlose, Erwerbslose, Alleinerziehende, Kinder bis zu 15 Jahren und Migranten. Das ergab eine Untersuchung des Deutschen Instituts für Wirtschaftsforschung. Ein Armutszeugnis für unsere Gesellschaft. Kassenpatienten müssen nach einer Studie des Instituts für Gesundheitsökonomie und klinische Epidemiologie im Schnitt dreimal länger auf einen Termin beim Facharzt warten als Privatversicherte. Das erlebe ich sogar in meinem unmittelbaren

Freundeskreis. Eine zusätzliche Spaltung erfährt das System dadurch, dass immer mehr medizinische Leistungen privat bezahlt werden müssen. Und da verzichtet eben mancher auf den zusätzlichen Ultraschall. Hinzu kommt die Praxisgebühr, mit der Rot-Grün der Unsitte entgegenwirken wollte, dass Patienten von einer Praxis zur anderen laufen. Doch anstatt jene einsamkeitsgetriebenen Ärztehopper zu treffen, trifft diese Gebühr jene, die sich die zehn Euro im Quartal kaum leisten können und dann lieber krank zuhause bleiben. Die anderen erkaufen sich nun eben ihre Zuwendung. Oder die Zuzahlungen für verordnete Medikamente – wer sich die nicht leisten kann, verzichtet eben auf die notwenigen Pillen. Hier ist unser Gesundheitssystem auf ein falsches Gleis gesetzt worden. Auch wenn ich als Mitglied einer Landesregierung diesen Weg mitgegangen bin, will ich im Nachhinein nicht so tun, als sei der richtig. Die Überlegung war zwar richtig, den Finanzdruck des Systems zu mildern, zu verhindern, dass die Lohnnebenkosten durch die Kassenbeiträge immer höher steigen und dadurch Arbeit noch teurer wird. Der Ansatz war richtig, nach Fehlplatzierungen von Geldern im Gesundheitssystem zu suchen. Doch wir haben bei unserem Versuch, das Gesundheitswesen finanzierbar zu machen, gegen unseren Willen dazu beigetragen, dass wir heute eine neue Klassenmedizin in der Republik beklagen müssen und eine medizinische Versorgung haben, die verfassungswidrig ist. Denn es betrifft die Menschenwürde, wenn meine Krankheiten nicht hinreichend behandelt werden – nur, weil ich kein Geld habe. Wenn Ärzte an Privatpatienten 25 bis 30 Prozent mehr als an Kassenpatienten verdienen, muss man doch fragen: Warum soll der Beinbruch eines Armen weniger wert sein als der Beinbruch eines Reichen? Es kann auch nicht sein, dass Menschen ohne legalen Aufenthaltsstatus keine reguläre Behandlung in Deutschland erhalten, wenn sie krank werden oder verunfallen. Die Menschenwürde hängt nicht an Papieren. Es muss dafür Töpfe geben, dass unsere Ärzte diese Menschen behandeln können – egal, ob ein Krankenhaus kommunal, freigemeinnützig oder kommerziell organisiert ist. Die in Deutschland nahezu ständische Gesundheitsversorgung muss ein Ende haben. Dafür braucht es mehr als nur eine neue Finanzierung und einen gerechteren Zugang zu Ärzten und Leistungen.

Wer gerade den Ärmeren unter uns helfen will, muss dafür sorgen, dass unsere medizinische Versorgung die Richtung wechselt. Nicht der Mensch muss zu ihr kommen, sondern sie muss zum Menschen kommen. Häufig ist es das eigene Gesundheitsverhalten, wie mangelnde Bewegung oder zu fette und süße Ernährung, das dafür sorgt, dass sozial Schwächere früher sterben. Die Politik würde es sich zu einfach machen, wenn sie sich dahinter verstecken würde, die Armen seien schließlich selbst Schuld an ihrem früheren Tod. Richtig ist: Unsere Gesundheitsversorgung erreicht offensichtlich diese Menschen nicht. Gesundheitsversorgung in Deutschland ist an der aufgeklärten, selbstverantwortlichen Mittelschicht orientiert. Jene, die sie aber am nötigsten haben, werden am wenigsten erfasst. Hier muss man ansetzen. Der Sozialmediziner Gerhard Trabert fordert etwa niederschwellige Angebote in sozialen Brennpunkten. Das kann ein Impfabend im Gemeindezentrum sein, das Arztmobil, das zu den Obdachlosen fährt oder die Kurzzeitbetreuung für Kinder, damit Alleinerziehende zum Arzt gehen können. Aufsuchende Gesundheitsversorgung gab es schon einmal in Deutschland. In der Weimarer Republik haben vor allem jüdische Mediziner in Berlin vorgelebt, wie öffentliche Gesundheitsversorgung, Public Health, aussehen kann. Ärzte, die später von den Nazis umgebracht oder aus dem Land getrieben wurden. Damals herrschte in Berlin Massenarbeitslosigkeit. In den Hinterhöfen war Zille-Milieu. Die Kinder spielten in der Pfütze, die Väter hingen in der Kneipe und die Mütter versuchten, die Familie irgendwie am Leben zu halten. Die Mediziner damals setzten bei den Kindern an. Sorgten dafür, dass diese frische Luft bekommen, sich genügend bewegen, vernünftig ernährt und medizinisch versorgt werden. Diese aufsuchende medizinische Versorgung ist in den Hauptgesundheitsämtern nach dem Krieg wieder aufgenommen worden. Doch war sie stets unterfinanziert. Die Kommunen bekommen kein Geld mehr für Reihenuntersuchungen oder Impfaktionen, weder von den Krankenkassen, noch von Bund oder Ländern. Ich bin noch als Kind jedes Jahr zum Röntgen ins Hauptgesundheitsamt gegangen, damals wurde die Lunge auf Tuberkulose untersucht. Es wurde in der Schule geimpft und die Kinder wurden auf ihren Gesundheitszustand hin untersucht. Solch ein System brauchen wir heute wieder. In den Schulen erreicht man jedes Kind. Der Schulmediziner kann sehen, ob ein Kind dringend zum Zahnarzt oder Lungenfacharzt muss. Dass man die Gesundheitsvorsorge nicht allein den Eltern überlassen kann, sieht man an den vielen schlecht versorgten Kindern in Deutschland. Etwa eine Million bekommen es hierzulande körperlich zu spüren, dass ihre Eltern weniger verdienen als andere. Ihr Impfschutz ist meist unzureichend – bei über 30 Prozent der Kinder von arbeitslosen Eltern war das nach einer Studie des Gesundheitsamtes Göttingen der Fall. Sie leiden häufiger an Infektionskrankheiten, an Asthma, Kopf- und Rückenschmerzen sowie Entwicklungsstörungen. Viele Eltern gehen nicht zum Arzt, weil sie gar nicht darüber nachdenken oder weil sie sogar Angst haben, dass sie das zuviel Geld kostet.

Dieses Problem bekommt man nur über Public Health in den Griff. Public Health heißt, bei mir kommen alle dran, egal, ob versichert oder nicht, egal, ob deutscher Nationalität oder nicht, egal, ob obdachlos oder nicht. Für einen solchen Ansatz müsste der öffentliche Gesundheitsdienst ausgebaut werden. In Bremen zum Beispiel hat eine Initiative aus Behördenmitarbeitern, Kinderärzten und niedergelassenen Hebammen, gerade auch Migrantinnen, ein Netzwerk aufgebaut, um sozial schwache Familien mit Säuglingen zu unterstützen. Diese Arbeit beginnt mit der Beratung der Mütter schon während der Schwangerschaft, geht weiter über die Begleitung während der Geburt und im Wochenbett, immer mit dem Ziel, ein Vertrauensverhältnis aufzubauen und ein Netz für diese gefährdeten Kinder und ihre Familien zu knüpfen, in denen es oft Alkohol- oder Drogenprobleme gibt. Bei dieser Arbeit, die ja nur zum Teil medizinisch, dafür aber sehr zeitaufwändig ist, kann nicht alles über die Kasse abgerechnet werden. Der Rest wird aus dem Haushalt finanziert. Solidarität im Gesundheitswesen heißt eben auch, dass alle die Hilfe für die Ärmeren unter uns mitfinanzieren.

Unser Gesundheitssystem ist generell falsch gewichtet. Der überwiegende Teil der gigantischen Summen, die jährlich in der deutschen Gesundheitsversorgung umgewälzt werden – und das waren 2007 laut statistischem Bundesamt immerhin 252,8 Milliarden Euro –, fließen in die medizinische Akutversorgung und Apparatemedizin. Ist dies der richtige Ansatz? Ich werde den Eindruck nicht los, dass wir eine Krankheitspolitik und keine Gesundheitspolitik betreiben. Dabei sollte die Prävention, das Vermeiden von Krankheiten, im Mittelpunkt stehen. Wie bringe ich den Menschen nahe, dass sie durch umsichtiges Ernähren, Trinken, Bewegen und Teilnehmen an der Gesellschaft etwas für ihre eigene Gesundheit tun? Einer solchen Leitfrage nachzugehen, ist genauso wichtig, wie die Überernährten von ihrer Zuckerkrankheit herunterzubringen oder die Bewegungsarmen von ihrer Kreislaufschwäche. Wir müssen die Bewegungsarmen dazu bringen, dass sie Bewegung haben. Das fängt im Kindesalter an. Immer wieder sehe ich Mütter, die ihre dreijährigen Jungen in der Karre herumfahren, große Kinder, die laufen könnten. Doch die Mütter binden sie lieber in der Karre fest und schieben sie von Geschäft zu Geschäft. Und das Ergebnis? Später brauchen solche Kinder dann Physiotherapie, weil sie Probleme mit der Koordination haben oder an Muskelschwäche leiden. Ich wünsche mir ein großes nationales Projekt zu der Frage, wie halten wir die Menschen gesund? Kinder müssen laufen lernen. Eltern müssen kochen lernen. Es gibt viele, die überzuckerte, versalzene und fettreiche Fertigprodukte aus der Kühltruhe kaufen, warm machen und meinen, das sei eine vollwertige Mahlzeit. Sie haben gar keinen Begriff davon, was gesund ist und was nicht.

Zudem müssen wir weg von der Angebotsmedizin. Weg vom Alimentieren immer größerer Spezialkliniken. Das meiste Geld im medizinischen System wird in den letzten 12 bis 15 Monaten eines Lebens ausgegeben. Da werden alte Menschen, kurz vor ihrem Tod, noch einmal durch alle Angebote unserer Apparatemedizin gehetzt. Ist dies im Interesse der Patienten? Oder geschieht dies zur Auslastung und damit Rechtfertigung der Apparate? Ich wünsche mir, dass mit einem alten Menschen geklärt wird, ob er noch verdrahtet und verkabelt werden möchte oder ob er mit Schmerzmitteln gut versorgt sein will.

***

Eng verzahnt mit der gesundheitlichen Versorgung ist die Pflege in Deutschland. Knapp zwei Millionen Menschen sind hierzulande pflegebedürftig. Zwei Drittel von ihnen werden laut Altenbericht der Bundesregierung von Angehörigen versorgt. Jahrhunderte, fast Jahrtausende war dieser Bereich ehrenamtlich organisiert. Wenn man die Pflege weltweit betrachtet, ist das deutsche System mit seinen Pflegeheimen und ambulanten Pflegediensten die Ausnahme und nicht die Regel. Selbst in Europa gibt es kaum Länder mit einem ähnlich vergleichbaren Angebot an großen Pflegeeinrichtungen. Dass jemand pflegebedürftig wird und in der Familie versorgt wird, ist bei uns nicht mehr die klassische Antwort. Dies hat zweierlei Gründe: Gut ausgebildete Frauen gehen ihrem Beruf nach und können oder wollen nicht mehr die Pflege zuhause selbstverständlich übernehmen. Zudem wohnen viele Kinder aus beruflichen Gründen nicht mehr in der Nähe ihrer Eltern und sind daher nicht in der Lage, die Pflege vor Ort zu leisten. Die Folge: Der Markt entwickelt einen großen Druck auf die Pflege. Ausgerechnet an den Immobilienbörsen in London und New York ist es inzwischen hochattraktiv, in den deutschen Pflegemarkt zu investieren. Dort wird mit Renditen von 10, 15 Prozent geworben und mit den Rechtsansprüchen der Deutschen auf Pflege, die den Investoren ihr Geld sichern. Also läuft im Augenblick eine Immobilienwelle durch die deutschen Kommunen. Entweder kaufen Investoren Konkurs gegangene Sanatorien, Krankenhäuser oder Kureinrichtungen, oder sie bauen neu. Der Markt für neue Pflegeeinrichtungen in Deutschland wird auf Investorentagungen auf 40 Milliarden Euro geschätzt. Die Investoren sind keine Pflegefachleute oder Mediziner, das sind Heuschrecken, die auf Gewinne setzen. Solchen Spekulanten möchte ich weder mich selbst noch irgendjemand anderen ausliefern.

Ich polemisiere nicht gegen die gesamte professionelle Pflege, sondern gegen die großen Heime auf der grünen Wiese. Ich kenne Pflegeeinrichtungen mit 200 Betten fernab der Zivilisation. Kein Zug, kein Bus verkehrt dort, es gibt keinen Laden um die Ecke. Alles, was es dort gibt, sind ein paar Kaninchen, die rumhopsen, und ein paar Maulwürfe, die den Rasen aufbuddeln. Ein Friedhof für Lebende. Dort wird am Fließband gearbeitet. Denn die Träger versuchen über die Runden zu kommen, indem sie Personal nur knapp vorhalten, zum Teil noch nicht einmal ausgebildetes Personal. Diese Pflegekräfte hetzen dann vom einen zum anderen. Ich kenne Fälle, in denen pro Person am Tag elf Minuten kalkuliert sind. Elf Minuten, um einen Menschen zu waschen, zu windeln und zu füttern! Das sind keine Pflegeeinrichtungen, das sind Entsorgungsfabriken. Wie viele alte Menschen liegen in solchen Fabriken und weinen sich die Augen aus oder wissen gar nicht, was ihnen geschieht. Wie viele wollen sterben, bevor sie in ein solches Heim müssen. Die Frau, der der ehemalige Hamburger Justizsenator Kusch Gift bereitgestellt hat, war eine gesunde, alt gewordene Krankenschwester, die nicht ins Heim wollte. Lieber Gift nehmen, als ins Heim gehen – was für eine Tragödie! Angesichts solch schicksalhafter Entscheidungen müssen die deutschen Pflegeheime dringend etwas gegen ihre Massenabfertigungen tun.

Dass es auch anders geht, zeigen Einrichtungen, die in gewachsene Nachbarschaften integriert sind, die auf ein Netz von qualifizierter Ambulanz setzen, wo die Menschen so lange es nur irgend geht, zuhause bleiben können. Einrichtungen, die mit der Familie, den Kindern und Nachbarn, mit Kollegen und Freunden zusammenarbeiten – und mit den Betroffenen selbst. Wo sich jeder einbringt und selbst mit anfasst. Einrichtungen, die dafür sorgen, dass die alten Menschen unter Leute kommen, zum Beispiel beim Chorsingen. Ich habe einmal mit einer 87-jährigen schwer Demenzkranken Paul-Gerhard-Lieder gesungen – „Geh aus mein Herz und suche Freud“, mein Lieblingschoral. Ich kann vier Strophen auswendig. Sie konnte alle 15 und sang die auch alle durch. Am Schluss sagte sie, wer hat hier eigentlich Gedächtnisprobleme? Dieses Erfolgserlebnis habe ich der Frau gegönnt. Da muss man nicht sagen, oh Gott, 15 Strophen Paul Gerhard, nun ist aber genug. Nein. Wegen dieser alten Frau singen wir alle 15 Strophen vom Blatt und freuen uns mit ihr, dass sie keines braucht. Man muss den Menschen ihre verbliebenen Möglichkeiten lassen und diese einbeziehen. Dann fangen sie an zu strahlen. Es gibt so viele schwierige Demenz- und Alzheimerkranke, die das Gefühl haben, sie seien für nichts mehr gut, und die immer zänkischer und ungerechter werden. Dem kann man entgegen arbeiten. Das lasse ich mir immer wieder von Pflegern und Ärzten bestätigen, die tagtäglich mit solchen Menschen leben und arbeiten. Darum ist das Einbeziehen der Hilfsbedürftigen, das Mitarbeitenlassen ein humanes Konzept, da geht es nicht ums Sparen.

Natürlich muss jemand, der hilfsbedürftig geworden ist, sich darauf verlassen können, dass er Hilfe bekommt, wenn es nötig wird. Aber das lässt sich alles regeln, etwa mit einem Notruf neben dem Bett, den man wie in einem Krankenhaus betätigen kann, und dann kommt jemand vorbei. Oder mit einer kleinen Pflegeeinrichtung in der Nachbarschaft, keine 200 Betten, sondern maximal zwei Dutzend. Ein kleines Zentrum, in das die Menschen, die noch ambulant versorgt werden, zum Essen kommen können. Denn eine Kantine ist kommunikativer als Essen auf Rädern. Dort können sie nach dem Essen einen kleinen Schnack halten oder die alte Schulfreundin mal eben auf der Pflegestation besuchen. Vielleicht gibt es nach dem Essen auch eine Veranstaltung oder das Angebot, zu stricken, Skat oder Schach zu spielen. Ein Ort eben, an dem man sich treffen und sprechen kann. In einer 200-Bettenburg kann ich schon aus betriebstechnischen Gründen nicht die letzten zwei, die noch Kartoffeln schälen können, in die Großküche runter bitten. Dort saust eben ein

Gewerbewagen durch die Etagen und zack, zack, zack, bekommen alle ihr Essen. Das schmeckt dann auch entsprechend, immer gleich, industriell. Dabei sind gerade die Hilfsarbeiten in der Küche, das Kartoffeln schälen, Karotten schrabben, Gemüse schneiden, einfache Verrichtungen, die man bis ins hohe Alter leisten kann. Und die auch Sinn machen. Es ist doch mein Essen. Mir, der ich nie gekocht habe, geht es jetzt schon so, dass ich stolz darauf bin, wenn ich beim Kochen geholfen oder gar selbst etwas zustande gebracht habe. Warum sollte das bei einem 85-Jährigen anders sein? In einer nachbarschaftsintegrierten Einrichtung können die Hilfsbedürftigen auch ihre Tiere behalten. In einem 200-Betten-Haus gibt es keine Tiere, völlig ausgeschlossen. Dabei ist die Katze, der Hund manchmal das letzte, was an Kuscheln, Wärme- und Nähe-geben noch geblieben ist. Da ist es grob, zu sagen, weg mit dem Vieh.

Wenn ich über meine Vorstellung von Pflege spreche, sehe ich regelrecht die Investoren unserer Heimkonzerne vor mir, die sagen, der will ja nur unsere Rendite versauen. Richtig, denen will ich die Rendite versauen. Aber in erster Linie will ich den Menschen helfen, sich ihr verbliebenes Leben so zu organisieren, wie sie sich das wünschen. Ein Leben, das sie annehmen können. Unsere höhere Lebenserwartung ist ein Geschenk. Hier geht es um gewonnene Jahre. Die will ich nicht vor dem Fernseher oder im Bett vertun. Nein, gewonnene Jahre bedeuten Optionen, die man nutzen kann. Ursula Staudinger, die Vize-Präsidentin der Bremer Jakobs-Universität, hat mir in einem langen Gespräch einmal gesagt, dass man den Menschen wieder nahe bringen müsse, das Alter mit seinen Mängeln, Gebrechen und Notlagen mit Demut anzunehmen. Werbung, Jugendkult und Stars suggerieren den Menschen, dass nur der zählt, der erfolgreich ist, der Muckis hat, der chic ist. Alle anderen befinden sich im Minus.

Wenn man diese Botschaft ein Leben lang verinnerlicht hat, dann hat man Mühe, sich damit abzufinden, dass im Alter plötzlich nicht mehr alles geht. Und dann resignieren die Alten und werden depressiv. Wenn ich das, was mir geblieben ist, jedoch demütig annehmen kann, mit allen Gebrechen, und versuche, das Beste daraus zu machen, dann entdecke ich die mir verbliebenen Kompetenzen. Dann ist nicht wichtig, was ich nicht mehr kann, sondern dann ist wichtig, was ich noch kann. Eine solche Einstellung ist eine Lebenshilfe. Und im Übrigen gelingt ein solches Leben natürlich besser, wenn man es teilt, wenn man sich gegenseitig stützt. Jammert nicht dem hinterher, was ihr nicht mehr machen könnt, sondern nutzt das, was ihr noch habt – in aller Phantasie und Freiheit! Es muss nicht jeder Aquarelle malen, so wie ich, oder begeisterter Koch werden oder Bücher schreiben. Der alte Lehrer, der vielleicht nicht mehr laufen kann, gibt Nachhilfeunterricht. Und die alte Bibliothekarin veranstaltet Leseabende im Altenzentrum. Egal was, Hauptsache, die gewonnenen Jahre werden mit sinnvollem Leben gefüllt. Integrative Konzepte gehen natürlich mit einer solchen Haltung zum Alter besser konform, denn sie setzen auf die verbliebenen Kompetenzen und binden die Menschen ein, so gut es geht.

Bundesweit haben sich jetzt vier Leuchtturmprojekte zusammengeschlossen, die ein Konzept vertreten, wie es mir vorschwebt. Sie nennen es SONG, „Soziales neu gestalten“. Diese vier Projekte zeigen, dass Pflege anders geht. Dazu gehören die Bremer Heimstiftung, die mittlerweile 60 Jahre alt ist. Die Heimstiftung ist *der* Träger in Bremen, ständig überlaufen, mit attraktiven, kleinteiligen Pflegekonzepten, den so genannten Stiftungs-Dörfern in der Stadt. Wer das Glück hat und einen Platz in einem solchen Dorf findet, kann trotz fehlender Familie in seinen eigenen vier Wänden alt werden.

Der zweite Träger des SONG-Zusammenschlusses ist die Caritas in Köln-Wipperfürth. Die hat dort sämtliche Wohnungen einer Straße, einschließlich eines kleinen öffentlichen Gebäudes, einer ehemaligen Schule, und der Läden übernommen. Diese Straße mit ihren Bewohnern und denen, die zusätzlich eingezogen sind, wurde zu einem gemeinschaftlichen dezentralen, stadtteilintegrierten Konzept ausgebaut. Dort kann sich jeder aussuchen, ob er in einer Wohnung, Wohngemeinschaft oder kleinen Pflegeeinrichtung leben will, oder ob er mit Kindern und ihren Eltern in ein Mehrgenerationenhaus zusammenziehen will. Zu diesem Projekt gehört ein großer Kindergarten und Spielplatz, der das Ganze lebendig hält. Das dritte SONG-Projekt ist das Johanneswerk in Bielefeld, eine große alte, evangelische Stiftung. Die haben fast ein ganzes Stadtviertel über einen längeren Zeitraum behutsam altengerecht umgebaut. Man kommt überall mit dem Rollstuhl rein und raus, es gibt kurze Wege zum Arzt, in die Kneipe, es gibt Tante-Emma-Läden, und die, die sich nicht halten konnten, werden heute finanziell unterstützt. So gibt es überall in diesem Viertel Treffpunkte, die dafür sorgen, dass zum Beispiel 85-, 89-jährige Männer Fußball gemeinsam angucken, anstatt dass jeder allein zu Hause sitzt. Zudem sorgt das Johanneswerk dafür, dass man zu Hause seine Rund-um-die-Uhr-Pflege bekommt oder auch zuhause sterben kann, wenn man es möchte. Angelegt ist dieses Viertel aber nicht als offene Pflegeeinrichtung, sondern als ein Mehrgenerationen-Quartier, in dem die kleinen Kinder genauso zu ihrem Recht kommen wie der 90-jährige Greis. Das vierte SONG-Projekt ist in Liebenau. Dort versucht eine über 100 Jahre alte Stiftung der älter werdenden Gesellschaft mit Mehrgenerationenangeboten zu begegnen. Die Stiftung hat mitten in vielen Städten und Gemeinden so genannte Lebensräume für Jung und Alt gebaut, in denen eine pflegerische Betreuung rund um die Uhr möglich ist. Diese vier Projekte haben nun in ihrer Arbeitsgruppe SONG ein alternatives Konzept zur traditionellen Pflege formuliert. Zu ihren Leitsätzen gehört das Subsidiaritätsprinzip – nicht alles dem Staat zu überlassen, sondern so viel Dezentralität, Selbstverantwortetes und Selbstbestimmtes wie möglich zuzulassen. Nur hinter jenen, die nicht mehr alleine können, muss jemand stehen und sie auffangen. Subsidiarität meint nicht, den Leuten die Hand drücken und sich aus dem Staub machen. Subsidiarität meint: Ich beziehe jeden mit ein, so lange er kann. Zu Leitsätzen dieser Arbeitsgruppe gehört auch, Solidarität neu zu formulieren. Sie wollen weg von der kollektiven Solidarität hin zu einer personalen Solidarität. Es geht um persönliches Engagement. Dadurch, dass sich jemand verantwortlich verhält gegenüber anderen, erarbeitet er sich selbst eine Lebensperspektive für schwere Zeiten. Ganz ohne persönlichen Einsatz landet man also in keinem SONG-Projekt. Der dritte Punkt ist die Kommunalisierung. Nicht nationale Programme und Pflegepläne sind gefragt, sondern die Kommunen müssen in die Lage versetzt werden, Antworten für ihre sozialen Bedarfe vor Ort entwickeln zu können. Also die Revitalisierung von Kommunalpolitik. Da geht es nicht nur um Finanzen, sondern auch um Kompetenzen. Ich plädiere dafür, den Kommunen Gestaltungskompetenzen im Baurecht zu geben, damit sie zum Beispiel ein 200-Bettenhaus, das alles kaputtmacht, was sie bisher an kleinteiligen Pflegestrukturen aufgebaut haben, verhindern können. Und umgekehrt muss man die gestaltende Kraft der Kommunen fördern. Warum sollen sie keinen Quartiersmanager einstellen können, der den sozialen Bedarf überhaupt erst identifizieren und maßgeschneiderte Konzepte entwickeln kann? Früher gab es Gemeindeschwestern, die bei der Kommune angestellt waren. Diese Frauen gingen in ihrem Viertel von

Tür zu Tür und haben wie eine Quartierssozialarbeiterin die Hilfebedürftigen zunächst ausfindig gemacht und dann dafür gesorgt, dass sie versorgt wurden – medizinisch, aber auch mit Essen und Haushaltshilfe. Tilla, die Tochter der Malerin Paula Modersohn-Becker, war zum Beispiel in Bremen solch eine Schwester. Sie kannte sich in ihrem Viertel bestens aus und war schnell zur Stelle, wenn Hilfe gebraucht wurde. Alles wegrationalisiert. Selbst bei den Kirchengemeinden wird oft als erstes der Gemeindeschwester gekündigt. Das, was die Menschen wirklich brauchen, wird als erstes gekappt, das, worauf sie meiner Meinung nach auch Anspruch haben, wenn sie ein Leben lang Kirchensteuer bezahlt haben, dass man sie nämlich nicht alleine lässt, wenn sie alt geworden sind. Zuletzt fordert die SONG-Gruppe das Umsteuern der Finanzen. Obwohl es immer heißt, ambulant geht vor stationär, wird das genaue Gegenteil finanziert. Die Ausgaben der Pflegeversicherung fließen laut Bundesgesundheitsministerium vor allem in die stationäre Pflege: 2004 gingen von 17,6 Milliarden über 47 Prozent an die Heime, obwohl sie nur ein Drittel der Pflegebedürftigen versorgen. Hier ist umzusteuern, der dezentralisierte, nachbarschaftlich integrierte Hilfe-Mix zu fördern. Ich bin überzeugt: Dieses SONG-Konzept ist die Zukunft, zumindest die beste Art, mit der wachsenden Pflegebedürftigkeit im Alter human umzugehen. Wem egal ist, wie ein alter Mensch, gefangen im Minutentakt, sich fühlt, der investiert weiter in die Entsorgungsanstalten.

***

Solidarität im Gesundheitswesen, in der Pflege ist mehr als eine gerechte Finanzierung und das gerechte Ausgeben der Gelder. Solidarität mit Kranken und hilfsbedürftigen Menschen meint auch das Engagement der vielen Freiwilligen, die Krankenbesuche machen oder Sterbenden beistehen. Das beginnt schon am Arbeitsplatz. Beispiel: die betriebliche Suchtkrankenhilfe. Wer suchtkrank ist, dem finanzierten die Kassen früher bis zu drei Kuren, dann war Schluss. In der Regel konnte man sich als Betroffener diesen oder jenen Kurort aussuchen und kehrte dann, clean, frisch aufgemöbelt und gut gestärkt, wieder in den Betrieb zurück – und machte genau da weiter, wo man aufgehört hatte. Allerdings konnte man das nun besser durchhalten, weil man ja zwischendurch drei Wochen oder manchmal sogar sechs Wochen trocken war. Dieser Ansatz war und ist rausgeschmissenes Geld, unvernünftig im Quadrat. Einzig richtig ist, dort anzusetzen, wo die betroffenen Kollegen leben, in ihrer Betriebsstätte, wo sie vielleicht Stress erleben, vielleicht auch Anlass für den Alkoholmissbrauch finden. Dort muss man eine Struktur aufbauen, die den Betreffenden stützt. Wenn es gut läuft, gibt es einen Betriebsarzt im Hintergrund, oder das Gesundheitsamt stützt die ehrenamtlichen Suchtkrankenhelfer, Mediziner, die alles wissen über Krankheitsverläufe, über Suchtverhalten. Solch ein Konzept funktioniert aber nur mit Kollegen, die wissen, um was es sich handelt. Die Anonymen Alkoholiker leisten hier hervorragende Arbeit, weil sie selbst wissen, was Alkoholkrankheit ist und selbst jeden Tag gegen ihren eigenen Alkoholismus ankämpfen. Mit den AA-Gruppen zusammen haben wir, der Bremer Senat und Bremer Unternehmen, die betriebliche Suchtkrankenhilfe aufgebaut, und ihre Arbeit hat eine bis heute anhaltende Wirkung, die unvergleichlich viel stärker ist als eine vom Arzt verordnete Kur. Dabei entsteht in der betrieblichen Suchtkrankenhilfe eine große Nähe, nicht nur zwischen dem betroffenen Kollegen und dem ehrenamtlichen Helfer, der für seinen Einsatz vielleicht eine Fortbildung oder einen Urlaub gutgeschrieben bekommt, sondern auch im Team drum herum. Es schweißt zusammen, wenn die Kollegen sagen, wir wissen, wie bedroht du bist, aber wir passen auf dich auf und halten dich, wenn du wackelst. Das ist solidarisch. Nicht: Hier hast du deinen Schnaps, ich kann dich nicht leiden sehen. Nein. Genau das Gegenteil ist richtig: Ich weiß, dass du jetzt in Nöten bist, aber du bekommst von mir keinen Tropfen Alkohol, sondern ich sorge dafür, dass du jetzt nicht allein bleibst.

Darum geht es: den Hilfsbedürftigen nicht allein lassen. Ihm vermitteln, ich versuche dir beizustehen, auch wenn ich dein Leid nicht einfach ausknipsen kann. Mit Gegenwart, Nähe, der Bereitschaft zum Reden und zum Zuhören. Man kann einen Alten oder Kranken nicht zum Ausweinen ins Amt schicken. Nein, man muss ihn schon aufsuchen. Und das können Hauptamtliche schon zahlenmäßig nur in Ausnahmefällen leisten. Dafür gibt es Menschen in großer Zahl, die bereit sind, einen Teil der Begleitung Kranker und Pflegebedürftiger ehrenamtlich zu leisten. Das muss man fördern. Das heißt aber auch, ihre Fahrtkosten und ihren Versicherungsschutz zu übernehmen. Aber vor allem heißt das: Man muss jene, die helfen wollen, mit jenen zusammenbringen, die Hilfe brauchen.

***

Das gilt auch international. Gerade weltweit betrachtet, wird die Ungerechtigkeit, die in der Gesundheitsversorgung herrscht, bitter deutlich. Heute stirbt ein Mensch in Sambia durchschnittlich mit 32 Jahren. In Norwegen dagegen liegt die Lebenserwartung mehr als doppelt so hoch, bei 79 Jahren. Das hat auch mit mangelnder Solidarität zwischen der so genannten Ersten und Dritten Welt zu tun. Wenn wir in den westlich geprägten Industrienationen von Gesundheitsversorgung sprechen, meinen wir im Grunde eine Krankheitsversorgung, denn es geht uns um das Bekämpfen von Krankheiten. Gesundheitsversorgung aber ist etwas ganz anderes.

Gesundheitsversorgung ist das Vermeiden von Krankheiten, die Gesunderhaltung des Menschen. Und so gesehen haben die westlichen Industrienationen sich große Schuld aufgeladen. Die Kolonialisierung und der Transport von europäischen Gewohnheiten in die afrikanischen, asiatischen und überseeischen Gesellschaften hat die Zerstörung jahrhundertealter gewachsener Strukturen, auch prophylaktischen Gesundheitsverhaltens, bewirkt. Nicht von ungefähr leiden gerade die Aborigines in Australien oder die Indianer in den USA auffällig oft unter westlichen Zivilisationskrankheiten wie Alkoholsucht oder Diabetes. Und dieser Import ungesunden westlichen Lebensstils hält an. In Lateinamerika, wo ich mich oft aufhalte, essen die Menschen nicht mehr das Getreide, das bei ihnen wächst. Heute gilt das nährstoffarme, pappige Weißbrot der US-Amerikaner als chic. McDonald's ist die große Botschaft für diese armen Länder – ausgerechnet dieses ungesunde und zudem in seiner Produktion ja auch Umwelt zerstörende Fastfood. In den meisten armen Ländern tragen die Menschen heute unsere weggeschmissene Baumwollverschnitt- und Kunststoffkleidung, die dort containerweise auf den Märkten verramscht wird. Diese westlichen Billigklamotten schützen viel weniger vor der Sonne, vor der Witterung als die traditionelle Kleidung, die sie verdrängt haben. Und die Medikamente aus dem Westen sind zu teuer – obwohl sie vorher an Menschen in armen Ländern getestet worden sind. 2007 stammten ein Drittel aller Patienten, an denen Arzneimittel für den europäischen Markt getestet wurden, aus Ländern des Südens. Das zeigen Zahlen der europäischen Arzneimittelbehörde Emea. Oder, noch schlimmer, die westlichen Pharmafirmen bieten dort Medikamente an, die hier mittlerweile verboten sind. Vieles, was die Industrienationen den Entwicklungsländern in Sachen Gesundheit anbieten, ist regelrecht inhuman.

Wie wir aus dieser Misere heraus finden? Ich bin überzeugt: nur über globale Netze. Die weltweite Zivilgesellschaft muss nicht nur die Finanzwelt mit ihrem Spekulationsmonster kontrollieren, sondern ebenso die Sozial- und Gesundheitspolitik sowie den Handel. Es ist zynisch, in Europa und den USA die Menschen vor schädlichen Substanzen zu schützen und die übrige Welt dabei zu vergessen.

Der Weg aus der Misere führt auch über den Versuch, die alten Ernährungs- und Lebensgewohnheiten, die nur noch in Rudimenten vorhanden sind, wieder zu entdecken. Ich kenne eine ganze Reihe solcher Projekte, etwa in Indien. Dort haben Einheimische mit Europäern zusammen Siedlungen gebaut, in denen die Menschen sehr bewusst leben. Dort werden wieder die einheimischen Früchte angebaut, dort wird wieder die Heilkraft von Wurzeln oder die Heilkraft von vegetarischem Essen und sorgfältigem Trinken entdeckt. Gut aufbereitetes Wasser ist eine Schlüsselfrage des Überlebens. Ein Großteil der Menschen infiziert sich über verschmutztes und belastetes Trinkwasser mit Krankheiten. Natürlich sind diese Projekte, die es ja nicht nur in Indien, sondern auch in Afrika oder Lateinamerika gibt, nur ein Tropfen auf den heißen Stein in dieser Milliardengesellschaft. Aber, immerhin, man kann dort erleben, wie eine bewusste, traditionelle, dem Land angepasste Lebensweise die Menschen gesund erhält. Es geht darum, tradierte Lebensweise mit zivilisationsbewusstem Fortschritt zu verbinden. Natürlich ist die moderne Medizin ein Segen, aber vor der Reparatur steht die Gesunderhaltung. Ich habe mich in Japan, in Kyoto, in mehreren buddhistischen Klöstern aufgehalten. Den Mönchen dort war anzusehen, dass diese große Kultur des Zen-Buddhismus eine bis in unsere Gegenwart hinein lebendige Kompetenz darstellt, bewusst mit dem Körper, mit der Gesundheit umzugehen. Gegen die Mönche aus diesen Klöstern wirken viele moderne

Japaner, die von einem Imbiss zum anderen hetzen und sich in ständig überfüllten U-Bahnen drängeln, wie hektische Ameisen. Die japanische Lebensweise, die bislang die Menschen gesund bis ins hohe Alter trägt, ist dramatisch durch den westlichen Mainstream gefährdet. Die Japaner, aber auch die Chinesen leben nicht länger als wir, weil sie mehr Geld haben, sondern weil sie über eine Jahrtausende alte Tradition im Umgang mit ihrem Körper verfügen.

Die meisten Krankheiten auf der Welt sind auf ungesunde Lebensbedingungen zurückzuführen. Hier ist es der Überfluss an schädlicher Industrienahrung, der Zivilisationskrankheiten wie Diabetes und Herzerkrankungen verursacht. Dort ist es der Mangel an sauberem Trinkwasser, der schwerste Infektionen wie Cholera auslöst. Wenn wir es schaffen, gesunde Lebensbedingungen weltweit zu etablieren, dann ist auch genügend Geld für den medizinischen und pharmazeutischen Apparat vorhanden, wenn akute Behandlungen nötig werden.

Über Gesundheit oder Krankheit entscheidet in einem hohen Maße der Wohlstand des Betroffenen. Weltweit gilt: Wer arm ist, hat sehr viel schlechtere Chancen als derjenige, der eine teure medizinische Versorgung bezahlen kann. In den USA können sich 46 Millionen Bürger keine Krankenversicherung leisten. Wer dort ohne Versicherungsschein ins Krankenhaus geht, wird abgewiesen. Und das in einem reichen Land! In den ärmeren Ländern ist der Gegensatz in der medizinischen Versorgung noch viel krasser. Der Mangel beginnt mit den fehlenden Fachleuten, den fehlenden Einrichtungen, und wenn es sie gibt, gibt es kein Material, mit dem gearbeitet werden kann. Als ich meine älteste Tochter während ihrer Zeit als Ärztin in Banjul, Gambia, besucht habe, konnte ich sehen, unter welchen Bedingungen dort Menschen medizinisch versorgt werden müssen. Dort müssen die

Angehörigen die Patienten verpflegen, ihr Bettzeug wechseln – wenn es überhaupt ein Bett gibt. Viele Menschen machen sich überhaupt kein Bild davon, wie grausam in diesen Gesellschaften der Umgang mit schwer Erkrankten ist.

Das gigantische Wohlstandsgefälle der Welt kann man sich nicht mal eben wegwünschen, aber einen Ausweg aus der Not leidenden weltweiten Gesundheitsversorgung kann es durchaus geben. Wir müssen nur wollen. Es geht nicht darum, die europäischen Gesundheitssysteme zu exportieren. Warum auch? Sie passen nicht zu anderen Gesellschaften, zu anderen Lebensbedingungen. Nein, es geht darum, gesund erhaltende Lebensweisen mit westlicher Medizin klug zu verbinden. Das fängt bei sauberem Trinkwasser an und hört bei einem sterilen Kaiserschnitt auf. Ich bin in Mumbai mit einem indischen Arzt, der eine Kampagne gegen Aids machte, durch das Prostitutionsviertel gegangen. Ich mochte dort nichts anfassen, habe mir den Mund zugehalten, weil ich fürchtete, die Krankheiten regelrecht einzuatmen. Die Frauen dort mit ihren großen, schönen Augen – alle todgeweiht. Dieser Rundgang hat mich an meine Grenzen gebracht. Ich musste weg, konnte mir das nicht mehr länger ansehen. Es war wie eine Hölle. Und das in Mumbai, einer Weltstadt, in der es unglaublich viele Reiche gibt, in der die Bollywoodfilme gedreht werden, die ein properes Indien der glitzernden Saris und des kitschigen Herzschmerz' präsentieren. Dort ist einer der größten Slums der Welt. Dort sterben die Menschen auf einem Dreckhaufen und zwar zu Tausenden. Und solche Slums gibt es auch in allen anderen großen Städten des Südens. Für jemanden, der sich hierzulande um Frühchen kümmert, die mit immensem Aufwand am Leben gehalten werden, ist es nur schwer zu ertragen, wie dort Kinder, die gesund geboren sind, innerhalb von wenigen Monaten sterben müssen, weil sie in einer völlig unerträglich vergifteten

Umwelt zur Welt gekommen sind. Die hohe Kindersterblichkeit in den armen Ländern – in Zentralafrika etwa sterben im Jahr rund 200 Kinder von 1000, in Deutschland sind es vier – hat in diesen unerträglichen Zuständen ihre Ursache.

Dennoch darf man angesichts dieser Zahlen nicht resignieren. Im Kampf gegen die Kindersterblichkeit sind die UNO und ihre Sonderorganisationen, etwa die FAO, aber auch die UNICEF wichtige Adressen. Die großen Weltorganisationen, jeweils verzahnt mit den betroffenen Ländern, müssen an dringend benötigten Netzen arbeiten, die die Ärmsten auffangen und ihnen ein gesundes Leben ermöglichen. Doch weltweite Solidarität in der Versorgung von kranken Menschen ist mehr, als die Finanzierung der UNO. Das zeigen Organisationen wie Ärzte ohne Grenzen. Unsere Freundin Sybille ist jetzt das zweite Mal für Ärzte ohne Grenzen in Afrika gewesen. Eine Freundin meiner Frau ist als Ärztin immer wieder dorthin gefahren. Für mich sind diese Helfer im Wortsinne heilige Menschen – ohne Rücksicht auf sich selbst und darauf, dass sie sich infizieren könnten, helfen sie anderen Menschen in ihrer Not. Ein Einsatz, der demütig macht. Dass es Menschen gibt, die sich nicht nur um ihre Kassenpraxis oder ihren Klinikjob im Schichtbetrieb kümmern, sondern die ihre Kenntnisse dort, wo die Katastrophe am größten ist, einsetzen wollen, das macht Mut! Und da muss sich dann auch eine Regierung überlegen, ob sie weiter Waffen in so ein Elendsland schickt oder ob sie dort schwerstarbeitende Ärzte unterstützen will.

Als ich während eines Israel-Aufenthaltes im November 2000 den Gaza-Streifen besuchte, vermittelte mir der deutsche Diplomat bei der palästinensischen Autonomiebehörde, Martin Kobler, ein Treffen mit Jassir Arafat. Es war die Zeit der Zweiten Intifada, in der steinewerfende Palästinenserjungen dem israelischen Militär gegenüberstanden. Arafat bat uns, wir möchten unbedingt in ein Hospital gehen, in dem gerade frisch verwundete Palästinenser eingeliefert worden waren. Es war unbeschreiblich. Das Licht fiel aus und wir sind durch ein völlig überfülltes Krankenhaus gegangen. Wir haben uns an den Ärzten festgehalten, die in Deutschland ausgebildet waren und dort unter einfachsten Bedingungen schwer arbeiten mussten. An einen jungen Patienten erinnere ich mich noch sehr gut. An dessen Bett sagte der Arzt zu mir: Er hat heute einen Schuss in den Rücken bekommen. Er weiß noch nicht, dass er nie wieder laufen kann, aber ich traue mich nicht, ihm das jetzt zu sagen, er muss erst mal aus dem Schock rauskommen.

Gegen dieses Leid am anderen Ende der Welt muss man etwas tun. Das kann man nicht übersehen, verdrängen, sich abwenden, weil man sich seinen Alltag nicht versauen will. Nein, im Gegenteil: Ich will solches Leid zu meinem Alltag machen, auch wenn ich hier in Deutschland gut versorgt mit niedergelassenen Ärzten um die Ecke lebe, die sich freuen, wenn ich da mal Guten Tag sage und sie meine Augen überprüfen oder meine Halsentzündung behandeln. Es geht nicht darum, die ganze Welt an einem Tag zu retten, es geht um den Beginn, es geht um jeden, der helfen will. Als Sybille aus Darfur, Sudan, zurückkam, hat sie beschrieben, wie sich vor Ort die Helfer nach jedem umsehen, mit dem sie kooperieren können. Da zählt jeder, egal, wie er da hingekommen ist und wie er finanziert ist. Hilfsprojekte haben dann die besten Chancen, wenn kleine NGOs mit großen staatlichen Organisationen zusammenarbeiten. Auch, weil kleine Hilfsorganisationen und kleine Projekte leichter kontrollierbar und überschaubarer sind als große. Gigantische Vorhaben laden nur zu Korruption ein. Bill Gates hat Afrika entdeckt und einen Milliardenfonds aufgelegt, um die Aids-Seuche zu bekämpfen. Doch je mehr Geld im Spiel ist, umso teurer wird es, überhaupt an die Hilfsbedürftigen ranzukommen. Transparency International hat die Korruption einmal als Krebsgeschwür der internationalen Gesundheitshilfe beschrieben. Die Hälfte der UNO-Länder sind korrupte Systeme, man darf das Weltparlament nicht idealisieren. Aber man darf die problematischen Mitgliedsländer auch nicht stigmatisieren, zum Reich des Bösen erklären, wie es Ronald Reagan oder George W. Bush getan haben. Nein, wenn man etwas für die Kranken dieser Welt erreichen will, muss man sich in jedem der UNO-Länder Bündnispartner suchen, mit denen man die korrupten Strukturen umgehen kann. Das ist der einzig realistische Zugang, um im Katastrophenfall oder im Elend überhaupt helfen zu können.

***

An der Versorgung ihrer Kranken und Pflegebedürftigen kann man den sozialen Zustand einer Gesellschaft ablesen. Und um diesen Zustand ist es sowohl in Deutschland als auch weltweit nicht zum Besten bestellt. Das Gesundheitswesen ist zu ungerecht finanziert, zu unsolidarisch und oft genug unmenschlich organisiert. Dabei ist es offensichtlich, dass Geld und Gesundheit unmittelbar zusammenhängen. Zahlen aus Deutschland und internationale Daten zeigen es. In Japan oder in den skandinavischen Ländern liegt die Lebenserwartung um etwa fünf Jahre höher, als zum Beispiel in den USA, wo die ökonomische Ungleichheit sehr viel stärker ausgeprägt ist. Die Epidemiologen, die diese Daten untersuchten, sehen in dem Stress, der mit zunehmender sozialer Ungleichheit wächst, die Ursache für vermehrte Krankheiten. Soziale Unterschiede machen krank und sorgen darüber hinaus auch noch für eine ungleiche Behandlung. Ein Gesundheitssystem, das solche Ergebnisse zeigt, ist krank. Die Therapie kann nur heißen: mehr Solidarität.

7. Mischen statt abgrenzen – wie Wohnen die Qualität einer Gesellschaft bestimmt

Ob wir uns in sozial und ethnisch gemischten Quartieren bewegen oder uns je nach Herkunftsland, Portemonnaie und Bildungsstatus schon in den Wohnbezirken fein säuberlich voneinander abgrenzen – das sagt etwas über die innere Qualität einer Gesellschaft aus. Wer soziale Entmischung zulässt, riskiert Ghettobildung und Kriminalität. Wer soziale Abgrenzung befördert, schließt Menschen aus dieser Gesellschaft aus. Zwei sehr unterschiedliche Beispiele zeigen, wie wichtig es ist, den Blick für die Lebenslagen anderer nicht zu verlieren. Wir haben ungefähr 39 Millionen Wohnungen in der Bundesrepublik, davon sind nur 800.000 altengerecht. Die anderen sind alle nach Schema F gebaut, orientiert daran, eine Kleinfamilie zu beherbergen – je nach Portemonnaie großzügiger oder kleiner. Das Konzept, alte Menschen in Wohnquartieren zu integrieren, ist an dem gesamten Bauboom in Deutschland seit den sechziger Jahren vorbei gegangen. Wer möchte, dass alte Menschen am Stadtleben teilhaben können, in ihrer vertrauten Umgebung verbleiben können, muss ein riesiges Umbauprogramm fordern. Wenn man nur ein Drittel unseres Wohnungsbestandes barrierefrei umbauen würde, dann wäre vielen alten Menschen in dieser Republik schon geholfen. Es ist unsolidarisch, sie nicht am gesellschaftlichen Leben teilhaben zu lassen.

Mein zweites Beispiel zeigt drastisch, was geschieht, wenn es an Solidarität in punkto Wohnumfeld mangelt. In den USA sind innerhalb von wenigen Monaten Zeltstädte mit vier, fünf Millionen Bewohnern aus dem Boden geschossen – alles Menschen, die ihre Häuser durch die spekulationsbedingte Wirtschaftskrise verloren haben. Sie, die vormals die Mitte der US-amerikanischen Gesellschaft repräsentierten, leben nun wie Flüchtlinge in Lagern. Und diesen Menschen wird nicht geholfen. Dabei postuliert Artikel 25 der Allgemeinen Erklärung der Menschenrechte ein Grundrecht auf angemessenen Wohnraum für alle Menschen. Zwar fordert ACORN, die „Association of Community Organizations for Reform Now", eine der größten Graswurzel-Bewegungen der USA, dass es ein Ende mit den Häuser-Räumungen haben muss. Doch öffnen die Gemeinden ihre Stadt- oder Sporthallen für die Wohnungslosen? Versuchen sie, ihrem ehemaligen Mittelstand wieder auf die Beine zu helfen? Nichts da. In den USA zeigt sich unmittelbar an der Güte der Wohnstätte die soziale Stellung. Bist du was, hast du was. Doch auch umgekehrt wirkt dieser Mechanismus. Haus weg, Status weg. Aus einem Zeltlager muss man sich erst einmal wieder herausarbeiten können.

Bei diesem Ausmaß des Problems kann eine Gesellschaft nicht erwarten, dass die Wohnungslosen mal eben bei Freunden oder Verwandten unterkriechen. Bei einer solchen Wohnungsnot muss eine Gesellschaft handeln, solidarisch handeln.

***

Wenn auch nicht so krass wie in den USA, aber doch recht deutlich, macht sich auch im Bild der deutschen Städte die Spaltung der Gesellschaft in arm und reich bemerkbar. In einer Großstadt wie Berlin ist das sehr deutlich zu erkennen. Jemand, der im gutbürgerlichen Wilmersdorf oder womöglich in Dahlem im Südwesten Berlins groß wird, kommt wahrscheinlich niemals in Kontakt mit einem Ostberliner aus dem Plattenbauviertel Marzahn oder einem Sozialhilfeempfänger aus dem multiethnischen Neukölln. In den Altbauquartieren der West-Berliner Innenstadt beträgt der Ausländeranteil oftmals 30 Prozent – in den Außenbezirken

West-Berlins maximal zehn Prozent. Inzwischen gibt es sogar in Deutschland, zum Beispiel in Potsdam, „Gated Communitys", abgeriegelte Wohngebiete, in denen ein Wachschützer den Zugangsbereich kontrolliert oder in die man nur per Code oder Chipkarte hineinkommt: ein Edeldorf, zu dem die Öffentlichkeit keinen Zugang hat. So etwas kennt man aus ehemaligen Kolonialländern, wo sich die Reichen abgrenzen und sich von Privatpolizei schützen lassen, damit ihnen die Armen nicht auf den Pelz rücken. Aber in Deutschland? An unseren Städten kann man inzwischen die Entsolidarisierung unserer Gesellschaft deutlich erkennen. „Spiel nicht mit den Schmuddelkindern, sing nicht ihre Lieder." Und die Dramatik hat in den letzten Jahren zugenommen. Es gibt hierzulande regelrechte Elendsquartiere. Die gab es im 19. Jahrhundert en masse in den deutschen industrialisierten Städten. Doch es sah schon einmal so aus, als ob wir aus diesen getrennten, segregierten Quartieren herausgewachsen wären. Nach der Verwüstung gerade der Großstädte während des Zweiten Weltkriegs konnten alle am Wiederaufbau teilhaben. Davon profitierten auch jene, die vor dem Krieg keine so guten Wohnungen besaßen. In dieser Zeit wurden Wohnungskapazitäten zur Verfügung gestellt, wie es sie in dieser Qualität bis dahin nie gab – mit Zentralheizung und zentraler Kläranlage, mit Sanitäranlagen und getrennter Küche, mit Kinderzimmer und Elternschlafzimmer. Die alten Arbeitermietskasernen waren gruselig dagegen. Nach dieser Wiederaufbauleistung, dieser wirklich großartigen Anstrengung, sah es fast eine ganze Generation so aus, als hätten wir es geschafft: Wir haben die Nazis überstanden, wir haben die Kriegszerstörungen überstanden, und wir haben die Flüchtlinge aus dem Osten integriert. Arbeit für alle, Wohnungen für alle, Autos für alle. Als ich 1958 Abitur machte, kamen Unternehmer, Staatsbedienstete und Direktoren in die Schule, um uns zu werben. Wir konnten alles werden, wir mussten nur wählen. Doch dann, beginnend in den 70er Jahren, stoppte dieser schier unaufhaltsame Aufstieg. Plötzlich gab es Arbeitslose – die Automatisierung hatte zugeschlagen und zugleich wurden Arbeitsplätze ins Ausland verlagert. Verbunden für viele Deutsche war damit das Gefühl des Scheiterns. Und zeitgleich kamen viele Migranten aus den ärmeren Ländern des südlichen Europas und aus der Türkei nach Deutschland. Mit den Arbeitslosen und den Migranten begann das Sortieren unserer städtischen Quartiere nach arm und reich. Die gemischten Wohnquartiere entflochten sich.

Die Segregation fand folgendermaßen statt: Die Arbeitslosen und Migranten zogen entweder in die Altstädte, in die nur mäßig sanierten alten Arbeiterquartiere. Oder in diese vielen, mit den besten Absichten gebauten, aber inzwischen verlassenen großen Quartiere des Sozialen Wohnungsbaus, die an den Rändern der Städte entstanden sind. Die anderen, die Arbeit hatten und es sich leisten konnten, zogen, wie in den USA, nach Suburbia, in die Umlandsgemeinden. Möglichst weit weg vom Moloch, ein schöner Garten, ein Zaun drum herum und die mittelständischen Freunde nebenan. Hier der Speckgürtel, dort die Ghettos. Diese Sortierung der Stadtbewohner nach sozialen Kriterien ist bedrohlich. Zum einen, weil die historischen Zentren das sind, was uns zusammenhält – sie sind unsere Identität. Zum anderen sorgt die Segregation für ein Auseinanderfallen der Stadtgesellschaft. In den USA geht diese Entwicklung so weit, dass Highways zwischen verschiedene soziale Quartiere gebaut worden sind. Da gibt es keinen Tunnel. Man muss schon kilometerweit fahren, um auf die andere Seite zu gelangen. Eine Mauer aus rasenden Autos.

Solchen Entflechtungstendenzen entgegenzuarbeiten, ist die Kernaufgabe von Stadtentwicklung und Kommunalpolitik. No-Go-Areas markieren den Untergang der Zivilgesellschaft. Es gibt aber eine große Mehrheit in der deutschen Bevölkerung, die davon überzeugt ist, dass ein Zusammenleben trotz unterschiedlicher sozialer Schichten, trotz unterschiedlicher Herkünfte möglich und wünschenswert ist.

***

Wie fördert man den Zusammenhalt der Stadtgesellschaft? Zum Beispiel, indem die Innenstädte aufgewertet werden. Es muss dort attraktiven Wohnraum geben, nicht nur gesichtslose Bürokomplexe und sanierungsreife Wohnungen. Jeden Tag zwei Stunden im Auto verbringen, um zur Arbeit zu gelangen, ist widersinnig. Das kostet Geld. Aber es kostet auch Zeit. Zeit, die sonst für die Kinder oder das Hobby da wäre. Zudem ist die Pendelei extrem ungesund und ökologisch unvernünftig. Ich habe den Eindruck, dass es mittlerweile wieder eine Gegenbewegung, zurück in die Stadt, gibt. Es gibt viele, auch junge Familien, die sich bewusst für ein Leben in der Stadt entscheiden, weil sie dort ihr Lebensprogramm – Beruf, Kinder, Einkaufen, Freunde und Freizeit – besser bewältigen können, als wenn für all diese Aktivitäten größere Reiseveranstaltungen nötig würden. Dieses neue Interesse an der Stadt muss man fördern. Gerade junge Familien halten eine Stadt zusammen, halten sie lebendig, sind in der Lage, auch andere aus der Nachbarschaft – von der türkischstämmigen Putzfrau bis zur Leih-Oma – zu integrieren. Diese Leute sind die Zukunft der Stadtgesellschaft. Nicht die, die ein Büro nach dem anderen aufmachen. Wofür sorgen denn jene? Abends ist die Gegend wie tot und nach ein paar Jahren stehen diese Büros gänzlich leer. Um die Innenstädte wiederzubeleben, kann die öffentliche Hand einiges tun. Dazu gehört, dass sie in der Innenstadt Kindergartenplätze anbietet und die Schulen nicht vergammeln lässt. Dazu gehört, dass sie bezahlbaren Wohnraum schafft, marode Gebäude saniert und bei der Infrastruktur auf kleine Läden setzt und nicht auf große Ketten. Dazu gehört, dass leere Plätze nicht als Bauland vergeben, sondern zu Grünflächen umgewidmet werden.

Und genauso, wie man die Innenstädte wiederbeleben und für eine ausgewogene Mischung der Bewohner sorgen kann, kann man auch den Sozialen Wohnungsbau aus seiner Misere holen. Sicher, einige Komplexe sind mittlerweile so heruntergekommen, dass man sie nur abreißen kann, wie es in Berlin, aber auch in Bremen schon im großen Stil geschieht. Das wertet diese Quartiere auf. Etwa unser größtes zusammenhängendes soziales Bauvorhaben in Osterholz-Tenever. Dieses Hochhausquartier wurde in den 70er Jahren mit sozialdemokratischen Mehrheiten durchgesetzt. Nun werden große, leer stehende, zum Teil verwahrloste Blocks abgerissen. Zum Teil wurden diese Wohnungen von der Neuen Heimat an irgendwelche Bauspekulanten verkauft, die inzwischen längst pleite sind. Da regnet es heute vom 15. bis in den 10. Stock durch und der Schimmel kommt durch die Wände. So etwas kann man nicht mehr sanieren. Und warum auch, wenn niemand mehr in solchen Blocks wohnen will? Dieser Abriss ist auch eine Chance. Dadurch werden diese gigantischen Vorstadtquartiere wieder übersichtlicher und auch lebenswerter.

Anstatt auf die neu gewonnen Flächen wieder neue Hochhäuser zu setzen, baut Bremen mitten in diese Anlagen Einfamilienhäusersiedlungen – in der Hoffnung, dadurch die Bewohnerstruktur neu zu mischen. Dieses lässt sich alles über den Sozialen Wohnungsbau finanzieren. Wohnen in Nachbarschaft, WIN, heißt dieses Programm. Und es ist ja auch nicht unattraktiv für eine junge Familie, in ein solches Gebiet zu ziehen – eine funktionierende Infrastruktur, Kindergärten, Schulen, Krankenhaus, Einkaufszentrum, alles da.

So lässt sich mit der Zeit die zu einseitige Bewohnerstruktur dieser Hochhausquartiere auch wieder aufmischen.

Ich habe die Privatisierung von öffentlich geförderten Wohnungen in einem engen Rahmen immer für klug gehalten. Wohlgemerkt, nicht das Verkaufen ganzer Siedlungen an spekulative Immobilienfonds, in denen heute die Mieten steigen und steigen. Nein, meine Vorstellung war, dass die großen Wohnungsbaugesellschaften ihre Objekte an die Mieter und unter zwei Bedingungen verkauften: dass die Mieter die Wohnungen selbst nutzen und dass es ein Rückkaufsrecht für die Gesellschaft gibt, wenn der ehemalige Mieter wieder verkaufen will. Das hat, vielleicht nicht immer, aber doch in vielen Fällen, dazu beigetragen, dass diese großen Blocks ein Gesicht bekamen. Da war der Fahrstuhl nicht mehr ruiniert, der Eingangsbereich nicht mehr vollgesifft oder die Flurtüren nicht zerdeppert. Plötzlich hat sich so eine Hausgemeinschaft gekümmert, den Flur gestrichen, den Fahrstuhl gewartet, die Grünanlagen bepflanzt. Manche haben sogar einen Hausmeister in ihrem Hochhaus beschäftigt, vielleicht nicht in Vollzeit, aber sie haben jemandem aus dem Haus eine Aufwandsentschädigung gezahlt oder eine Wohnung billiger überlassen, damit der den Eingang überwacht und nach dem Garten sieht. Das hat mit dazu beigetragen, dass sich solche Quartiere gewandelt haben, dass man da durchaus abends hingehen kann, ohne sich sorgen zu müssen, überfallen zu werden. Integration funktioniert nicht, wenn es niemanden gibt, der sich für die Nachbarschaft interessiert. Und sie funktioniert auch nicht, wenn es keine Angebote vor Ort gibt, über die man seinen Platz in der Gesellschaft findet. Angebote, über die man neue Freunde kennen lernen oder alte wiederfinden kann. Das kann der Sportverein, die Schule oder das Jugendzentrum sein. Dass eine solche Integration gelingen kann, zeigen viele Russlanddeutsche in Bremen. Gelungen ist das zum einen über die

Schule, weil den Eltern die Bildung ihrer Kinder sehr am Herzen liegt, aber auch über den Sport. Viele der Russlanddeutschen sind Supersportler, inzwischen bei den Vereinen sehr begehrt. Andreas Beck, der rechte Verteidiger der Fußball-Nationalmannschaft, ist einer von ihnen. Das gleiche gilt für die Idee der Bürgerhäuser, die ich immer offensiv vertreten habe, oder für die Nachbarschafts- und Arbeitslosenzentren. Nicht einfach laufen lassen, sondern aktiv mit einem Quartiersmanager angehen, damit jeder zu seinem Recht und zu seiner Rolle kommt. All diese Vorhaben gelingen aber nur, wenn man die Ghettos mit einer gezielten Wohnungsbau- und Hausbaupolitik in gemischte Quartiere umwandelt. Integration kann nicht gelingen, wenn in einem Quartier ausschließlich türkische Zuwanderer wohnen und in einem anderen ausschließlich deutscher Mittelstand lebt. Mir geht es dabei um anspruchsvolle Begegnungen zwischen unterschiedlichen Schichten, zwischen Randgruppenmilieu und Bildungsbürgertum und Migranten-Analphabeten. Das ist Stadt. Wenn es gelingt, aus einem unverbindlichen Sammelsurium von Ghettos etwas Kreatives, Neues, Lebendiges zu machen, dann hat die Stadt Zukunft.

Ein gutes Beispiel für geglückte Urbanität ist Stuttgart. Dort hat Manfred Rommel, der liberale CDU-Mann, gezielt dieses Stuttgarter Häuslebauer-Milieu für Integration gewonnen. Die Großstadt Stuttgart hat 40 Prozent ausgesprochen gut integrierte Bewohner mit Migrationshintergrund, die zunächst vor allem bei Daimler gearbeitet haben. Geschafft hat das diese Stadt nur dadurch, dass sie schon früh – im Gegensatz zu vielen anderen deutschen Städten – dafür gesorgt hat, dass die Migranten ihre Kinder in den Kindergarten geben, damit sie Deutsch lernen. Genauso haben sie die Jugendzentren nicht sich selbst überlassen, sondern genau darauf geachtet, dass keine schwäbische, türkische oder italienische Fraktion entsteht. Dass dieser Ansatz einer aktiven Integrationspolitik richtig war, zeigt sich heute. In Stuttgart gibt es nicht wie in Köln oder dem Ruhrgebiet Ballungen von Zuwanderern auf engstem Raum. In Köln leben drei Viertel der Ausländer in einem knappen Drittel der Stadtteile. Es geht darum, so viele Menschen wie möglich aus so unterschiedlichen Schichten wie möglich zusammenzubringen. Das ist Urbanität, nicht diese monotonen Vorstadtsiedlungen, in denen die Häuser wie geklont aussehen. Die Stadt lebt von der Vielfalt, erst das macht sie lebendig, interessant und lebenswert.

In der Oper „Rheingold“ von Richard Wagner, tritt der Riese Fafner auf und singt: „Ich sitze und besitze“, das ist alles, was er von sich gibt. „Ich sitz und besitz“, davon kann man doch nicht leben. Sicher, es gibt viele Reiche, die das Bedürfnis haben, sich abzugrenzen. Aber ich beobachte gerade an den Schnittstellen zwischen Bildungs- und gut betuchtem Besitzbürgertum spannende Milieus, die wieder in die Stadt wollen. Derzeit wird das alte Hafenrevier in Bremen attraktiv saniert – dort wollen viele Wohlhabende wohnen – neben den alten Hafenanlagen, wo noch Waren umgeschlagen werden. Diese Menschen finden solch ein ehemaliges industrielles Arbeiter-Milieu spannender, als irgendwo draußen im Grünen mit einem großen Park und Sicherheitsanlagen zu leben. Dass die Betuchten wieder in die Stadt kommen, muss man nutzen und versuchen, sie als aktive Stadtbürger zu gewinnen, die vielleicht ein Orchester, ein Migrantenprojekt oder hochbegabte Studenten finanzieren. Dafür gibt es Beispiele. Claus Jacobs hat mit seiner Stiftung die Bremer Internationale Universität finanziert, um junge Menschen zu entdecken und zu fördern, die zum Teil dürftige Verhältnisse um sich herum haben, aber trotzdem Kraft und Kreativität besitzen. Ein solches Engagement für andere kann ein Lebensanreiz sein.

Ich habe mit dem Stadtsoziologen Walter Siebel zusammen vor Jahren überlegt, wie es aus der Nachbarschaft von arm und reich heraus ein neues solidarisches Konzept für die Stadt geben kann. Unsere Idee war, die gestressten, kinderlosen, allein lebenden, aber betuchten Young Urban Professionals, die Yuppies, mit den kinderreichen Migrantenfamilien, die sich täglich gegenüber stehen und doch aneinander vorbei laufen, intelligent zu verbinden. Da treffen dann also Menschen mit einer schlechten Ausbildung und großer Kinderzahl auf Menschen mit einer Superausbildung, die aber allein geblieben sind und das auch nicht als optimal empfinden. Diese beiden Gruppen zusammenzubringen, ist zukunftsweisend – und eine große Herausforderung für die Städtebaupolitik. Man muss dafür sorgen, dass die Yuppies nicht alle in den Speckgürtel ziehen, sondern man muss dafür sorgen, dass sie in der Stadt Wohnungen nach ihren Ansprüchen finden. Und in unmittelbarer Nähe dieser Wohnungen, oft im gleichen Haus, im gleichen Komplex, muss es Wohnraum für Migrantenfamilien mit vielen Kindern geben. Die Herausforderung für einen Quartiersmanager besteht dann darin, diese Bevölkerungsgruppen zu einer aktiven Nachbarschaft zu vernetzen. Wie bekommt man zum Beispiel in Frankfurt am Main einen erfolgreichen Manager auf Augenhöhe mit einer Hausfrau, die in Anatolien geboren wurde? Es ist ja nicht so, dass es keine Berührungspunkte zwischen diesen beiden Welten gibt. Der erste, dem der Manager am Morgen vor der Arbeit begegnet, ist der Pförtner. Es folgt die Putzfrau im Büro. Im Restaurant, in dem er mittags essen geht, in der Werkstatt, in der er sein Auto abgibt, in dem Spätkauf an der Ecke nach Dienstschluss – überall begegnet er Migranten, deren Dienstleistung er in Anspruch nimmt. Aus diesem Nebeneinander muss man ein gemeinsames Leben entwickeln. Es geht darum, aus diesen alltäglichen Schnittstellen etwas zu machen, das den privaten

Teil mit einbezieht. Es gibt durchaus Städte, zum Beispiel Rotterdam oder Amsterdam, in denen das gelungen ist. Dort leben sehr verschiedene Menschen als Hausgemeinschaft unter einem Dach, die ihren Alltag teilen.

Da ist dann die Migrantenfamilie von unten verantwortlich für die Dachwohnung eines Managers und hat natürlich einen Schlüssel. Da geht der Vater auf den Manager zu und bittet ihn, mal mit dem Sohn zu reden, der nur rumhängt und nicht mehr zur Schule gehen will. Was könnte hilfreicher sein, als wenn ein erfolgreicher junger Mann mit einem pubertierenden Jugendlichen spricht, ihn vielleicht mit in sein Büro nimmt, um ihm zu zeigen, was alles möglich ist, wenn man sich entsprechend in der Schule anstrengt? Das hat Perspektive. Und umgekehrt gewinnt der Yuppie, weil er nicht nach seinem Stress nach Hause kommt und niemand und nichts ist da. Nein, da stehen Blumen auf dem Tisch, da ist Obst eingekauft, da ist vielleicht ein Essen in die Warmhaltebox gestellt. Oder er geht, was ich zum Beispiel gerne tue, zu seinen Nachbarn, um sich zu unterhalten oder gar mit ihnen gemeinsam zu essen. So bekommt das Leben nach der Arbeit eine Struktur, einen Fixpunkt. Es gibt amerikanische Filme, da gefriert mir das Blut, wenn ich die sehe: Erfolgreiche Menschen, die materiell alles erreicht haben – Designerbäder, Designerwohnzimmer, alles dekoriert wie in einem Schaufenster. Aber ohne Leben, ohne Vertrautes. Geisterbiografien von Menschen, die sich in einer toten Umgebung bewegen. Solche Schicksale kann man aufbrechen mit Nachbarschaftsprojekten, wie sie mir vorschweben. Das ist Stadtentwicklung. Nicht resigniert die Buntheit der Stadtbevölkerung verwalten und per Polizei überwachen lassen, dass die einen die anderen nicht bestehlen, sondern die einen mit den anderen so vernetzen, dass alle sagen können, sie gehören dazu. Zum Beispiel im Schmelztiegel Berlin. Das, was John F. Kennedy einst sagte, möchte ich heute jeden Russlanddeutschen, jeden Türken dort sagen hören: „Ich bin ein Berliner." Doch damit das möglich ist, muss man ihnen die Chance geben, hier anzukommen. Das ist Solidarität in der Stadt. Vor gut hundert Jahren hat das diese Stadt schon einmal hinbekommen. Die Gründerzeitquartiere, die Ende des 19. Jahrhunderts im Wedding und Kreuzberg, im Friedrichshain und Prenzlauer Berg hochgezogen wurden, waren ursprünglich Mietskasernen für Arbeitsmigranten aus Polen und Russland, die vom Industrialisierungsboom Berlins angezogen wurden. Diese Menschen gelten heute längst als Alteingesessene. Und so muss das auch mit den heutigen Zuwanderern aus der Türkei gelingen.

***

Dass sich Stadtgesellschaften entflechten, entlang ihrer Milieus sortieren, ist ein nachvollziehbarer und im einzelnen Fall oft gut begründeter Prozess. Man kann es niemandem verdenken, der wegen seiner Kinder aus einer schwierig zu übersehenden, vielleicht nicht sehr kinderfreundlichen Nachbarschaft von Berlin-Wedding lieber ins gut situierte Zehlendorf zieht. So jemand entzieht sich nicht seiner Verantwortung für die Stadt, sondern zeigt sich verantwortlich für seine Kinder. Ich will solche Eltern nicht diskreditieren. Im Gegenteil, ich muss mir als Politiker dann Strategien überlegen, damit solchen Familien ein Leben in der Stadt wieder möglich ist. Dabei geht es nicht um Zwang zum Miteinander. Man kann die Leute nicht in Mehrgenerationenhäuser, WGs oder multikulturelle Stadtviertel einweisen. Man kann nur Anreize geben durch Stadtteilzentren, durch das Aufwerten von Quartieren. Kinder müssen nicht in der Idylle aufwachsen, nicht unter einer Käseglocke. Kinder müssen aber geschützt und gestärkt werden, damit sie sich in dieser Gesellschaft vertraut und ohne Angst bewegen können. Sie sollen

Drogengefahren und kriminelle Bedrohungen identifizieren können. Ein Leben im Elite-Internat Schloss Salem kann nicht das Modell sein: Das wäre nichts anderes als ein Edel-Ghetto, in dem das wahre Leben nicht stattfindet. Verantwortungsvoll kann nur jemand werden, der ein realistisches Bild von der Gesellschaft bekommt, in der er lebt. Und was die Eltern anbelangt, die wegen ihrer Kinder den Stadtteil wechseln, die kann man vielleicht später, nach der Kinderphase, wieder in die Stadt zurückführen. Das geht über den Beruf, das geht über die Kultur, die in der Innenstadt spannender ist als am Stadtrand, und das geht oft auch über die heranwachsenden Kinder. Die suchen nämlich die Innenstadtmilieus mit ihren alternativen Wohn- und Kulturprojekten. Jugendliche wollen das Bunte, das Andere und sind oft Botschafter für die Stadt: Menschen, die die Stadt nicht verkommen lassen wollen, die sich nicht einmauern, sondern die immer wieder neue Trampelpfade zu anderen Milieus finden.

Ein Beispiel für solch einen Zugang zur Stadt ist meine eigene Familie. Ich habe in Berlin zwei Semester studiert und wurde damals von Harald Poelchau, einer der großen Personen der Bekennenden Kirche und des Widerstands gegen die Nationalsozialisten, untergebracht. Poelchau hat mich im wohlbehüteten Zehlendorf, Heidehof-Siedlung, alles in Backstein, unterm Dach einquartiert. Ich habe zunächst gar nicht gewusst, dass ich in einer extrem privilegierten Wohnlandschaft residiere, die heute schon gar nicht mehr bezahlbar ist. Von dort bin ich mit dem Fahrrad zur Freien Universität und nach Charlottenburg gefahren, wo meine spätere Frau Luise in einem Studentinnenheim wohnte, das inzwischen von der Deutschen Bank übernommen worden ist. Meine Tochter schon, die in Berlin Medizin studiert hat, hat sich mit drei anderen Frauen zusammen eine Wohngemeinschaft in einem unsanierten Haus in Kreuzberg eingerichtet. Dort musste sie Kohlen vom Keller bis in den 3. Stock schleppen. Wenn ich zu der Zeit in Berlin als Minister Termine hatte, habe ich immer bei ihr übernachtet – auf der Isomatte. Wie bitte, in Kreuzberg, hieß es dann immer indigniert. Über diese Dielen, auf denen ich geschlafen habe, sind 100 Jahre Arbeiterelend gegangen. Ich habe das als eine völlig andere Sicht auf diese Stadt genommen – und ich fand es richtig, wie meine Tochter sich diese Stadt neu erobert hat. Nach der Wiedervereinigung bin ich dann bei meiner jüngsten Tochter, erst in Friedrichshain und jetzt im Prenzlauer Berg, wieder in solchen Quartieren gelandet. Darum ist Berlin so attraktiv, weil es hier diese glattgebügelten Wohnanlagen ihrer Eltern nicht gibt, wohl aber das Fremde, das Schrille und das Exotische. Diese jungen aufgeschlossenen Stadtbürger machen keinen Bogen um Ausländer, im Gegenteil, die machen ihr Leben erst interessant. Die Stadt ist das immer wieder neue Eröffnen von Chancen und Kommunikation. Stadt ist nicht Dorf, wo es seit 300 Jahren immer genauso zugegangen ist. Stadt ist das Entdecken des Andersseins, das Entdecken der Fremdheit, auch das Entdecken, dass man selbst nur ein kleines Rädchen ist und nicht der, den alle kennen. Stadt ist, bezogen auf Berlin, auch so etwas wie die Werkstatt für Europa. Wenn das Zusammenleben unterschiedlicher Kulturen und Ethnien nicht in Berlin gelingt, dann gelingt auch Europa nicht. Wenn hier aus Zuwanderern nicht Nachbarn, Bürger, gleichberechtigte, verantwortlich handelnde Menschen werden, die ihre Probleme friedlich untereinander lösen, dann auch nicht in Europa.

***

Was heißt eigentlich solidarisches Leben auf dem Lande? In Gegenden, in denen der nächste Nachbar vielleicht einen Kilometer entfernt liegt? Beschränkt sich dann das solidarische Handeln darauf, dass man mal klingelt, wenn man bemerkt, dass der Nachbar seit drei Tagen sein Auto nicht mehr bewegt hat? Ich weiß, dass in der Wesermarsch, einem landwirtschaftlich geprägten Landkreis bei Bremen, jeder zweite Hof von einer alleinstehenden Frau bewohnt wird. Die Landwirtschaft ist seit langem verpachtet, die Kinder sind aus dem Haus, oft weit weg, und dennoch wollen diese Frauen den Hof nicht verlassen. Er ist ihr Leben. Wenn diese Frauen alt werden und kein Auto mehr fahren können, bekommen sie extreme Probleme. Gerade in solchen Gegenden muss man sich sorgfältig überlegen, was man gegen diese Einsamkeit unternimmt. Meine Antwort lautet immer: Zusammenziehen, da hilft alles nichts. Dass da jede auf ihrem Hof vor sich hin werkelt und erwartet, jemand könne bei ihr vorbeisehen, ist Selbstbetrug. Da kommt keiner. Also muss man drei, vier solcher Frauen dazu überreden, sich den schönsten Hof auszugucken und dann gemeinsam zu leben. Ich kenne solche Land-WGs aus Harrendorf bei Bremen und Altluneberg bei Wehdel, in denen mehrere alte Nachbarn zusammengezogen sind, um ihr Dorf nicht verlassen zu müssen. Das funktioniert also auch in strukturkonservativen Gegenden. Und ich bekomme immer wieder Briefe, in denen mich Leute fragen, wie sie ein solches Unternehmen finanzieren könnten, wie das rechtlich zu regeln sei oder ob ich noch jemanden wüsste, der bei ihnen einziehen möchte, sie hätten jede Menge Platz. So allein auf dem Lande, in einem großen Gemäuer – das ist unheimlich. Was, wenn man stürzt und hilflos in der Ecke liegt? Das ist die Lebenslage vieler Menschen auf dem Land, wenn sie älter werden. Da kann man sich nicht mal eben abwenden und meinen, das wird sich schon alles richten. Nein, es richtet sich gar nichts. Solch einsamen Menschen muss man Angebote machen. Das geht zum Beispiel über die Kirchengemeinden. Darüber, dass der Pastor seine Gemeindemitglieder motiviert, sich mit anderen zusammenzutun, um noch möglichst lange in der vertrauten Umgebung leben zu können. Wer sollte die Menschen dort auch sonst motivieren, außer dem Bürgermeister vielleicht noch? Das kann doch nicht der Arzt machen. Wenn der kommt, ist es meist zu spät, dann werden die in der Regel in einem Heim untergebracht. Solidarische Wohnformen, wie gemischte Quartiere oder gar Wohngemeinschaften sind im eher konservativ geprägten Landleben vielleicht nicht so einfach umzusetzen wie in der Stadt – aber sie sind möglich. Und man darf den Menschen nicht den Mut nehmen, so etwas auszuprobieren.

Ich bin sicher, wir können die Herausforderungen der Zukunft wie das Älterwerden unserer Gesellschaft und zunehmende soziale Unterschiede nicht bewältigen, indem wir uns isolieren oder voneinander separieren. Solidarische Wohnformen und gemischte Quartiere sorgen für soziale Sicherheit des Einzelnen, aber auch für die Stabilität ganzer Städte. Deshalb: Mischen statt abgrenzen!

8. Warum ein offener Umgang mit Fremden uns alle voranbringt

Die Menschen suchen Vertrautes, Menschen, die ihnen ähnlich sind, die eine ähnliche Geschichte haben, die ähnliche Wünsche, Vorurteile und Urteile haben. Auf solche bewegen sie sich zu, in der Hoffnung, Allianzen schließen zu können. Alles Fremde stört bei einem solchen Prozess. Doch am Umgang mit Minderheiten zeigt sich, wie es um eine Gesellschaft bestellt ist: Ist sie in der Lage, Menschen verschiedenster Herkunft und Verfassung zu integrieren, zu halten und ihnen auf Augenhöhe zu begegnen oder wird alles, was irgendwie anders ist, marginalisiert? Rund 15 Millionen Menschen mit Migrationshintergrund leben laut Statistischem Bundesamt in Deutschland. Unter ihnen gibt es Tausende, die in ihrem Alltag die mangelnde Solidarität der deutschen Mehrheitsgesellschaft zu spüren bekommen. Vielleicht 25 Prozent von ihnen sind gut integriert und gehören zu den Leistungsträgern dieser Gesellschaft – glänzende Schüler und Studenten, Wissenschaftler, Unternehmer und Künstler. Doch neben diesen Durchstartern gibt es viele, die an der Migration gescheitert, die in Parallelgesellschaften gelandet sind, in denen die Herkunftssprache statt Deutsch gesprochen wird, in denen alle Sehnsüchte auf die verlorene Heimat gerichtet sind und nicht auf die Integration im Hier und Jetzt.

Die berufliche Integration von Migranten hierzulande ist – statistisch betrachtet – alles andere als gut. Die Arbeitslosenquote unter Ausländern ist etwa doppelt so hoch wie unter Deutschen, ähnlich sieht es bei der Sozialhilfequote aus. Die Arbeitslosenquote unter Ausländern beträgt 20,3 Prozent, bei den Deutschen lag sie 2007 bei 11 Prozent. 2006 lag die Sozialhilfequote unter Ausländern bei 17,5 Prozent, unter Deutschen bei neun Prozent. Die Ursachen hierfür liegen nicht nur in Deutschland. Es ist ein großer Unterschied, ob jemand aus Istanbul, Ankara oder Izmir emigriert, aus Großstädten, mit schulischer Ausbildung, oder ob jemand als Analphabet aus Ostanatolien nach Deutschland kommt. Diese Menschen sind als Analphabeten genauso hilflos in Istanbul und Izmir, wie sie es hier sind. Unser Problem ist, dass wir alle Migranten, egal welcher Herkunft und welchen Bildungsgrades, gleich behandeln. Wir müssen aber Geduld beweisen – gerade mit den sehr einfachen Menschen, die eine miserable Schulausbildung haben. Viele von ihnen haben den Krieg des türkischen Militärs gegen die Kurden miterlebt. Viele von ihnen sind dort nur so eben lebend herausgekommen. Und diese Menschen sollen nun hier plötzlich den ganzen Westen auf einmal lernen, sollen sofort alles können. Das kann nicht funktionieren. Viele von ihnen können nicht einmal richtig Türkisch, wie sollen sie dann Deutsch lernen? Es wäre sinnvoller, ihnen erst einmal gutes Türkisch beizubringen, damit sie überhaupt Deutsch lernen können. Das bestätigen immer wieder Fachleute, Pädagogen. Die Perser dagegen, die ich kenne, sind zum Großteil bildungsbürgerliche Intellektuelle, die vor Khomeini geflohen und so hierher gekommen sind. Die verwenden nun ihre ganze elterliche Energie darauf, dass ihre Kinder gute Bildungschancen bekommen – und viele dieser Kinder sind regelrechte Überfliegerkinder. Migrant ist also nicht gleich Migrant.

Was für ein Gewinn eine gelungene Integration für beide Seiten ist, zeigt die Biografie von Bülent Uzuner, Sohn türkischer Zuwanderer. Uzuner ist in Bremen aufgewachsen – glänzendes Abitur, erfolgreiches Wirtschaftsstudium, Aufbau einer Consulting-Firma, heute Vorstandsvorsitzender eines

Software-Unternehmens mit knapp 1.400 Beschäftigten. Uzuner ist längst deutscher Staatsangehöriger und hat eine deutsche Frau geheiratet, er wurde als Parteiloser in die letzte Bundesversammlung berufen, um den Bundespräsidenten zu wählen. Bülent Uzuner hatte das Glück, Eltern zu haben, die ihre Kinder förderten, wie sie nur konnten. Und er gibt heute etwas von dem Glück, das er erfahren hat, an andere zurück. Er finanziert zum Beispiel jedes Jahr die Produktion eines Buches mit Texten von Grundschülern für Erstklässler, das an jedes Kind verteilt wird, das in Bremen eingeschult wird. Und Uzuner hat eine beeindruckende Ausbildungsoffensive in Bremen organisiert, die vor allem Jugendlichen mit Migrationshintergrund zugute kommt. In diesem Falle sind aus türkischen Eltern über nur eine Generation hinweg Bremer Kinder geworden.

Warum gelingt bei manchen Migranten die Integration hervorragend und bei vielen anderen nicht? Eine Gesellschaft wie wir, die anders als die Amerikaner, Kanadier oder Australier keine historische Erfahrung mit Integration hat, muss erst lernen, diese neue Lage anzunehmen und eine Einwandererkultur zu entwickeln. Seit vierzig Jahren sind wir nun eine Zuwanderergesellschaft und damit müssen wir umgehen. Leider werden immer wieder sämtliche Zuwanderer über einen Kamm geschoren – die erscheinen alle irgendwie fremd und unheimlich, nur weil nichts über ihre Kultur und Lebensstile bekannt ist. Das ist fatal. Ich bin als Bürgermeister in sämtliche Moscheen der Stadt gegangen, um zu zeigen, dass ich wirklich daran interessiert bin, wie so eine muslimische Gemeinde funktioniert. Ich habe alte Muslime kennen gelernt, die kaum Deutsch sprechen konnten und von ihren Kindern übersetzt wurden. Diese alten Türken haben mich zu ihrem Iftar-Essen, Fastenbrechen, eingeladen und mir ihre Kinder und Enkelkinder vorgestellt. Genauso bin ich in die Baptistengemeinden der Russlanddeutschen gegangen, die hier ihre eigenen Gemeinden gegründet haben, anstatt sich mit deutschen Baptisten zu verbünden. Wir haben dann darüber gesprochen, warum sie unter sich bleiben wollen, und es stellte sich heraus, dass sie ihre Kinder vor dieser freiheitlichen westlichen Kultur schützen wollten. Ich habe ihnen deutlich gemacht, dass ich diese Angst zwar verstehen kann, aber dass wir unsere Ängste teilen, uns austauschen und den Kindern Entfaltungsmöglichkeiten geben müssen. Nur wer jemanden kennt, kann ihm auch einen Zugang zu unserer Gesellschaft vermitteln. Es scheint eine große Ungeduld bei uns in der Öffentlichkeit zu geben: Wenn ihr kein Deutsch lernt und zwar sofort und euch nicht auf deutsche Weise sozialisiert, dann wollen wir euch auch nicht haben. Dieses Denken ist übrigens parteiübergreifend, das zeigen Sozialdemokraten genauso wie Christdemokraten und Liberale. Doch dies überfordert viele von denen, die zu uns gekommen sind, um hier ein besseres Leben zu finden. So eine Haltung ist unfair. Wenn Menschen so unterschiedliche Biographien und Ausgangspunkte mitbringen, muss man versuchen, auf sie zuzugehen und ihnen Räume anzubieten, in denen sie sich zunächst einmal orientieren und zu Hause fühlen können. Erst dann kann ein nächster und übernächster Schritt hin zu einer Öffnung dem Deutschen gegenüber folgen. Natürlich laufen alle Migranten erst einmal zu ihren eigenen Leuten und versuchen, dort unterzukriechen. Erst langsam trauen sie sich aus dieser Community heraus und können sich dann auch erst integrieren. Auch aus diesem Grund bin ich dafür, dass Muslime hier ihre Moscheen bauen können.

***

Integration beginnt in den Kindergärten, Schulen – und ist ohne Frage auch eine große Last für diese Einrichtungen. Viele Schulen, die in Wohngebieten mit hoher Migrantenzahl liegen, sind überfordert. Da kann sich der Lehrer kaum verständlich machen. Da verhandeln die Schüler auf Türkisch, Arabisch oder Russisch ihre Themen, ohne dass der Lehrer eingreifen kann. Wir brauchen arabischsprachige Erzieherinnen, türkischsprachige Pädagogen, russischsprachige Polizisten. Integration auf Augenhöhe heißt, anderen Menschen die Chance geben, hier anzukommen, indem sie von Leuten aus ihrer eigenen Gemeinschaft lernen können. Einer meiner guten Freunde, Mustafa Güngör, ist frommer Muslim. Sein Vater war Vorsteher der Moschee, in der auch Murat Kurnaz, der zu Unrecht in Guantanamo inhaftiert war, gewesen ist. Mustafa Güngör hat Informatik studiert und sich schon während des Studiums als kleiner Softwareunternehmer für die Post selbständig gemacht. Irgendwann schlug ich ihm vor, für die Bremische Bürgerschaft zu kandidieren. Da erklärte er mir, dass er das nicht könne, weil die Behörde ihm die deutsche Staatsbürgerschaft verweigert habe. Damals war ich noch Regierungschef und bin der Sache nachgegangen. In der Behörde erfuhr ich dann, dass es einen nicht konkretisierten Verdacht gebe, dass sich Mustafa Güngör bei der Studentenorganisation von Milli Görüs engagiert habe. Ich war empört, dass die Beamten dort ihr Verdikt auf einen anonymen Zuträger stützten und stellte ein positives Gutachten über Güngör aus. Heute ist Mustafa Güngör Mitglied im bremischen Landtag und bildungspolitischer Sprecher der SPD. Heute erklärt dieser Mann – auch seinen eigenen Leuten – das deutsche Bildungssystem und die Misere unserer Schulen.

Wir sind eine offene Gesellschaft, wir müssen mit offenen Grenzen leben, wir wissen ja auch ihre Vorteile zu schätzen.

Wir müssen aber auch akzeptieren, dass Menschen aus Polen und Tschechien, aus der Slowakei und dem ehemaligen Jugoslawien, aus Italien und Großbritannien zu uns kommen und hier Arbeitsplätze suchen. Das kann man gestalten. Integration ist eine Überlebensfrage für uns alle. In dem Maße, in dem wir solidarisch mit Zuwanderern sind, kommt unsere Gesellschaft voran und entwickelt sich weiter.

Das Bremer Migrantenorchester ist eines der schönsten solidarischen Migranten-Projekte, die ich kenne. Da spielen professionelle Musiker aus elf verschiedenen Ländern zusammen. Gegründet haben dieses Ensemble Willy Schwarz, ein amerikanischer Jude und toller Musiker, und Ulli Simon aus Chile. Dieses Orchester füllt unsere größten Konzertsäle in Bremen – mit seiner zeitgenössischen, exotischen Musik, mit seiner lebendigen Musiksprache und seiner Bühnenpräsenz. Es sind Musiker, die zeigen: Wir sind in dieser Gesellschaft angekommen und wir wollen das, was wir können, hier einbringen. Ein solches Ensemble ist eine Bereicherung für alle.

***

Es gibt Menschen auf dieser Welt, die auf unsere besondere Solidarität angewiesen sind – Menschen, die aufgrund ihres Glaubens oder ihrer Überzeugungen verfolgt oder gar gefährdet sind. Unser Asylrecht ist die Antwort auf die Erfahrungen in der Nazizeit, als die Juden kaum ein Land fanden, das sie aufnahm. Menschen, die aus politischen oder religiösen Überzeugungsgründen auf der Flucht sind, sollen in Deutschland Schutz finden – das hat der Verfassungsgeber so bestimmt. Um diesen Standard zu halten, musste ein Weg gefunden werden, die vielen Menschen, die aus ökonomischen Gründen, die genauso lebensbedrohend sein können, zu uns flüchten, von jenen anderen zu trennen. Ich habe damals an diesem Asyl-Kompromiss intensiv mitgearbeitet. Ich beobachte mittlerweile, dass die Verwaltungsgerichtsrechtsprechung bis zum Bundesverfassungsgericht hin versucht, diesen Kompromiss schrittweise liberal auszulegen. Darüber bin ich sehr froh. Inzwischen gibt es einen spektakulären Rückgang der Anträge. 2007 gab es nur noch gut 19.000 Erstanträge auf Asyl, 1992 waren es fast 440.000. Die Grundlage für diese Rechtsprechung ist kein überzeugender Kompromiss, da will ich gar nichts beschönigen. Doch ein anderer Kompromiss war damals nicht möglich, denn die CSU hat mit diesem Thema harten Wahlkampf gemacht und ihre rechten Ausleger mit fremdenfeindlichem Gerede bedient. Wegen dieser Erfahrung würde ich auch heute nicht versuchen, einen neuen Kompromiss zu formulieren. Ich setze mittlerweile auf ein europäisches Asylrecht – so restriktiv es derzeit mit seiner Drittstaatenregelung ist. Durch eine europäische Regelung finden wir hoffentlich eine Überarbeitung unserer eigenen Asylpraxis – und das europaweit. Denn täglich zerschellen Menschen vor allem aus Afrika an unseren europäischen Festungsmauern. Eine schreckliche Situation. Doch man muss realistisch bleiben: Ein gemeinsames Asylrecht in Europa bekommt nur der hin, der nicht die europäischen Außengrenzen öffnet. Zu viele Probleme sind in der EU selbst unbearbeitet. Dieses europäische Integrationsprojekt ist etwas sehr kostbares, ist die große historische Antwort auf die Weltkriege und die Hoffnung für die ganze Welt. Das muss man behutsam weiterentwickeln. Wir müssen viel mehr tun für die Integration innerhalb Europas, wir müssen versuchen, die sozialen, ökonomischen und ökologischen Unterschiede zu mildern. Und dann brauchen wir eine faire, gemeinsam vertretene Antwort für die vielen Menschen, die aus Verfolgungsgründen zu uns kommen. Der blanken Not, die die Menschen aus Afrika zu uns treibt, muss man durch ein ehrgeiziges Entwicklungsprojekt, eine Art Marshallplan, entgegentreten. Eine Politik, die die Menschen trägt und nicht in großer Zahl in abenteuerlichen Nussschalen ins Verderben schickt. Das ist ein solidarischer Umgang mit Wirtschaftsflüchtlingen. Nicht das Entwickeln immer noch höherer Hürden, härterer Gesetze und engerer Zugangsmöglichkeiten. Es sind ja übrigens nicht die Schwächsten, die jedes Jahr laut Borderline Europe im Mittelmeer ertrinken, es sind die eher gut situierten, gebildeten Menschen, die die teuren Schlepper überhaupt bezahlen können – Menschen, die die afrikanischen Gesellschaften dringend selbst brauchen.

***

Migration ist ein Bereich, in dem in vielerlei Hinsicht ein Mangel an Solidarität der Mehrheitsgesellschaft zu erkennen ist. Es geht nicht nur darum, mehr Zugewandtheit zu den Problemlagen jener zu finden, die seit Jahrzehnten bei uns sind. Wir müssen auch einen humanen Weg finden, jenen gerecht zu werden, die aus Not zu uns kommen wollen. Solidarität gegenüber Migranten und Flüchtlingen bedeutet zunächst einmal ein Umgang auf Augenhöhe, die Anerkennung ihres kulturellen und persönlichen Hintergrunds und dann das Bemühen darum, ihnen einen Platz in unserer Gesellschaft einzuräumen – nicht nur aus humanen Gründen, sondern auch aus Eigeninteresse. Eine Gesellschaft, die sich dem Fremden verschließt, wird in der globalisierten Welt nicht bestehen.

9. Wie behinderte Menschen unser Leben bereichern

Als kleines Kind in der Nazizeit habe ich erlebt, wie die Bewohner des Martinshof, einer Behinderteneinrichtung in unserer Nachbarschaft, mit der Zeit immer weniger wurden. Das hat mich erst verwirrt und nachdem meine Eltern mir erklärten, was da vor sich ging, tief getroffen. Kinder, die ich täglich beim Spielen auf der Straße sah – einfach weg! Dieses Einstimmen auf die Opfer des brutalen Naziterrors hat dazu geführt, dass ich bis heute versuche, einen Zugang zu Menschen zu finden, die anders sind als ich. In unserem Nachbarhaus gibt es heute eine betreute WG geistig behinderter Menschen. Natürlich wechseln wir ein paar Worte, wenn wir uns beim Bäcker oder Fleischer begegnen. Und wenn einer von ihnen kaum ein Wort über die Lippen bringt, dann tut es auch mal ein Schulterklopfen oder eine Umarmung. Man muss nicht Sozialarbeiter sein, um Behinderten im Alltag wenigstens Zuwendung zu zeigen.

Noch in der spießigen Nachkriegsgesellschaft wurden behinderte Kinder versteckt, man schämte sich ihrer. Ähnlich erging es vielen verwundeten Soldaten, die aus dem Krieg körperlich oder seelisch verkrüppelt nach Hause kamen. Literarisch hat Wolfgang Borchert ihnen mit seinem Beckmann in „Draußen vor der Tür" ein Denkmal gesetzt. Mein Beckmann ist Werner Zöhl. Er kam als etwa 19-Jähriger völlig verwirrt aus dem Krieg zurück. Zöhl hat sich dann bei der Familie von Erich Ramsauer, dem Direktor der Norddeutschen Mission, in der Waschküche verkrochen. Die Ramsauers haben ihn behutsam in ihre Familie integriert, und so ist er langsam aus seinem Kriegstrauma herausgekommen. Werner Zöhl hat dann später beim Evangelischen Studienwerk als Faktotum den Hof sauber gehalten. Und irgendwann begann er zu malen. Er ist zu einem meiner lebenslangen Freunde geworden, schwer krank inzwischen. Seine Bilder hängen in unserem Haus – sein Stil liegt irgendwo zwischen Klee und Cezanne, wunderschöne Töne, meist Blumen, Stillleben und Häuser, nur manchmal Menschen. Ein Mann, der sich mit Hilfe anderer aus seiner geistigen Verwirrung, aus seinem Kriegstrauma befreien konnte.

***

Acht Prozent der Bürger dieses Landes sind schwer behindert – Menschen, denen auch heute noch ein alles andere als zufriedenstellendes Leben ermöglicht wird. Besonders jüngere Behinderte – im Alter gleichen sich die Lebensbedingungen an – sind enorm benachteiligt. Sie müssen ganz anders leben als gleichaltrige Nichtbehinderte, sie sind mit ganz anderen Härten konfrontiert. Fast 50 Prozent der behinderten Menschen im Alter von 25 bis 44 Jahren sind ledig – bei den Nichtbehinderten sind es nur 34 Prozent. 15 Prozent der behinderten Menschen in diesem Alter haben keinen Schulabschluss – bei den Nichtbehinderten sind es zwei Prozent. Jüngere Behinderte waren häufiger erwerbslos – ihre Quote lag bei 14 Prozent, die entsprechende Quote der Nichtbehinderten bei 10 Prozent. Die Liste lässt sich fortsetzen: Junge behinderte Menschen verdienen häufig weniger als Nichtbehinderte und sind häufiger krank. Und und und. Diese Ungerechtigkeiten und ihre vielfältigen Ursachen sind ein kompliziertes Feld – und ein emotional schwieriges Thema. Eine Behinderung ist immer unfair und in der Regel hat der Betroffene sie nicht selbst verschuldet. Dieses Unglück prägt für ein ganzes Leben. Und Behinderte stoßen immer wieder auf neue Ungerechtigkeiten, wenn sie versuchen, ihre Behinderung zu überwinden und so normal wie möglich zu leben. Eine Behinderung kann man mit noch so viel integrativem Wohlverhalten nicht beseitigen, sie wird immer da sein. Aber man kann Behinderten ein Leben in möglichst viel Normalität und mit möglichst großer gesellschaftlicher Teilhabe ermöglichen.

***

Eine Diskussion über Solidarität mit Behinderten ist eine Diskussion über Niederschwelligkeit. Wer Menschen mit Behinderung Zugänge zu einem normalen Leben ermöglicht, erweist sich als solidarisch. Ein klassisches Beispiel für diese Niederschwelligkeit ist der Kampf der Rollstuhlfahrer um Niederflurbusse und abgesenkte Bürgersteige, damit sie sich in der Stadt frei bewegen können. Zunächst hieß es bei Daimler Benz, der die Bremer Verkehrsbetriebe belieferte, es sei unmöglich, niederschwellige Busse zu konstruieren. Der Senat hat sich dann nach einem anderen Hersteller erkundigt und dort die Busse eingekauft. Dann konnte auch plötzlich Daimler Benz umrüsten. Die Bewegungsfreiheit für Rollstuhlfahrer oder Gehbehinderte zu erkämpfen, war eine zähe Angelegenheit. Und dabei ist dieser Bereich keineswegs das zentrale Problem vieler Behinderter. Die Ungleichbehandlung fängt im Kindergarten, in der Schule an. Ich bin fest davon überzeugt, dass behinderte Kinder mit nichtbehinderten Kindern gemeinsam aufwachsen und lernen müssen – zum Vorteil für beide Gruppen. Ich sehe, dass viele Träger oder Schuldirektoren zögern, sich mit integrativen Konzepten zu belasten. Unser Bildungssystem ist ohnehin nicht proper ausgestattet. Und dennoch sind solche Integrationsklassen die einzig richtige Antwort auf Menschen, die unseren besonderen Schutz und unsere besondere Fürsorge brauchen. Denn alles andere bedeutet, ihnen Chancen vorzuenthalten und erstaunliche Karrieren zu verhindern. Wir haben den Integrationsunterricht in Bremen in den vergangenen 30 Jahren gegen viele Widerstände systematisch vorangebracht. Dass dieser anspruchsvolle Ansatz richtig ist, zeigt das Beispiel des Spaniers Pablo Pineda. Dieser Mann hat es trotz seines Down-Syndroms geschafft, Lehrer zu werden. Ermöglicht hat ihm diese Karriere letztlich seine Mutter, die gegen den Widerstand von Lehrern und Behördenmitarbeitern immer darauf bestanden hat, dass ihr Junge auf eine Regelschule geht und nicht in einer Sonderschule geparkt wird. Ihre Hartnäckigkeit wurde dadurch belohnt, dass ihr Sohn das Abitur schaffte, das Studium absolvierte und nun ein staatlich geprüfter Pädagoge ist.

Doch mit einer guten Ausbildung allein ist nicht alles gewonnen. Es geht natürlich auch darum, Unternehmen und Institutionen zu finden, die Behinderte einstellen. Hier hat das Schwerbehindertengesetz Wirkung gezeigt. Wer keine sechs Prozent Schwerbehinderte beschäftigt, muss eine Abgabe leisten, mit der Integrationsangebote finanziert werden. Ich kenne einige Betriebe, aber besonders staatliche Institutionen, die diese Schwerbehindertenquote erfüllen, um keine Abgabe zahlen zu müssen.

Auch der Alltag Behinderter, der oft nur mit viel Aufwand, auch pflegerischem Aufwand, zu bewältigen ist, muss erleichtert werden. In dieser Richtung hat sich immer Horst Frehe, querschnittsgelähmter Rollstuhlfahrer aus Bremen, engagiert. Frehe hat Jura studiert, war Richter am Sozialgericht und lebt nun in Bremen als Landtagsabgeordneter von Bündnis 90/Die Grünen. Horst Frehe ist einer derjenigen, der seine persönliche Behinderung immer zum Anlass genommen hat, etwas für andere zu erreichen. Dabei war er durchaus anstrengend: Er hat Verkehrsblockaden initiiert und sich im Parlament angekettet, um auf die unfaire Lage der Behinderten hinzuweisen. Ich bewundere ihn sehr für diesen Kampf, den er mit unglaublicher Kraft und oft in Opposition gegen mich als Regierenden geführt hat. Horst Frehe hat eine Assistenzstruktur entwickelt, die heute Gesetz ist: das persönliche Budget. Damit können Behinderte sich ihre Assistenten, die ihnen helfen, selbständig leben zu können, selbst aussuchen und bezahlen. Inzwischen bin ich fest davon überzeugt, dass dieses Umdrehen des Leistungsprinzips richtig ist. Und ich würde mir wünschen, dass sich in der Altenbetreuung ein ähnliches Prinzip durchsetzt. Warum soll der Betroffene nicht selbst entscheiden, welche Hilfe er braucht und wie viel?

***

Die Integration Behinderter ist ein Bereich, in dem sich immer wieder neue Defizite und Mängel auftun. Skandinavien und die Niederlande sind uns hier weit voraus. Frankreich, Großbritannien, USA und Asien reihen sich hinter uns ein. Doch wir müssen dranbleiben, weil nur ein gemeinsamer Ansatz sowohl den Behinderten Lebenschancen eröffnet, wie auch den Nichtbehinderten soziale Erfahrungen und Kompetenzen vermittelt, die sie selbst voranbringen. Es ist doch Selbstbetrug, zu meinen, wir bewegten uns in einer heilen Welt. Unseren Alltag mit seinen Mängeln anzunehmen, kann zu einer Bereicherung für alle werden. Ein Beispiel dafür ist das Blaumeier-Atelier, eine überaus erfolgreiche Künstlergruppe aus Bremen, die preisgekrönte Filme und Theaterstücke macht. In dieser Gruppe arbeiten mehrfach behinderte Menschen mit – Menschen mit Down Syndrom, spastisch Gelähmte, geistig Behinderte. Dieses Atelier hat meinen 70. Geburtstag ausgerichtet. Das war das schönste Fest, das ich in meinem Leben gefeiert habe. Wenn diese Truppe Theater spielt, dann werden Behinderungen nicht verborgen, sondern in das Stück integriert. Die Mitwirkenden zeigen das, was sie können – mehr als das, was sie nicht können. Dieses Theatermilieu schafft es, die Gegensätze zu relativieren: Oft weiß der Zuschauer nicht, wer auf der Bühne behindert oder nichtbehindert ist. Das ist ein solidarischer Umgang, wie ich ihn mir in vielen anderen Lebensbereichen auch wünsche. Über die Blaumeier habe ich erst gelernt, dass die Grenze zwischen Normalität und Behinderung fließend ist. Behinderung ist eine Definitionsfrage. Deshalb wünsche ich mir, dass wir das Außerordentliche, das Verrückte annehmen und Behinderte in unser Leben einbeziehen. Ich versichere: Wir sind es, die dabei gewinnen werden.

10. Warum wir unseren Blick nicht von den Obdachlosen abwenden sollten

Auf einer Radtour von Freiburg ins Elsass 1958 habe ich als Student in Landstreicherquartieren übernachtet. Damals habe ich versucht, herauszufinden, was das für Menschen sind, wie sie zu ihrer Obdachlosigkeit gekommen sind und was sie in dieser unerträglichen Szene hält. Ich erinnere mich noch sehr genau an ein solches Quartier in Colmar. Dort war in einem Raum ein dickes Tau von Wand zu Wand gespannt. Über das hing man sich rüber und schlief im Stehen. Morgens kam der Herbergsvater und löste das Tau. Dann fielen alle auf die Nase. Später lernte ich über Willi Hammelrath, den Gründer der Arbeiterhochschule Burg Vondern, einer der ersten Volkshochschulen nach dem Weltkrieg, die Vaganten kennen. Die Vaganten waren exotische Kommunisten, die in der Weimarer Republik als Landstreicher jahrelang durch die Lande gezogen sind. Diese beiden Erlebnisse haben mir schon früh die Berührungsängste vor diesem Teil unserer Gesellschaft genommen. Noch während des Studiums habe ich mich dann entschlossen, über die Gefährdeten nach Paragraf 73 des Bundessozialhilfegesetzes zu promovieren. Da kommen sie alle vor, die Marginalisierten dieser Gesellschaft, die abgestürzten Obdachlosen, Suchtkranken und Prostituierten, aber auch die im Heim sozialisierten Vollwaisen, die Straffälligen, unter ihnen übrigens viele, die sich über Alltagsgaunereien ihr Essen oder den Schnaps organisieren oder sich illegal irgendwo reinschummeln, damit sie ein Dach über dem Kopf haben. Die dann, wenn es kalt wurde, auf die Polizeistation gingen und fragten, was sie machen müssten, damit sie über den Winter eingesperrt würden. Das waren Menschen mit manchmal 80 Vorstrafen, meist lächerliche Angelegenheiten. Am Anfang meiner Doktorarbeit war ich nur neugierig. Wissen wollte ich, was diese Menschen zu solch einem auffälligen Verhalten treibt. Warum sind sie aus dem, was wir bürgerliche Gesellschaft nennen, herausgefallen? War wirtschaftliches Unglück der Grund, Arbeitslosigkeit? War eine kaputte Beziehung der Grund, eine unglückliche Kindheitserfahrung oder Sozialisation? Je mehr ich über diese Menschen erfahren habe, desto wichtiger wurde mir, etwas für sie zu tun. Mit dem Deutschen Verein für öffentliche und private Fürsorge, der meine Doktorarbeit unterstützte, wollte ich mit dazu beitragen, dass diese Gefährdeten entkriminalisiert wurden. Die Biografien, die ich damals untersuchte, waren nicht von Strafkriminalität gekennzeichnet, das war unangepasstes Verhalten. Ein Fall für die Sozialarbeit und nicht für die Justiz. Mit Hilfe des Paragraphen 73 habe ich versucht, eine institutionelle Förderung für diesen Bereich zu begründen. Zunächst wurden über diesen Weg die Männerwohnheime finanziert, später kamen die Frauenhäuser dazu, die so eine Regelfinanzierung erhielten. Ähnlich habe ich versucht, über die Suchthilfe eine Finanzierung für desolate Drogenkranke zu finden. Wenn ein Mensch in der Gefährdetenhilfe auftaucht, sind schon eine ganze Reihe Netze gerissen, die ihn hätten auffangen können. Da ist es wichtig, so jemandem Halt zu geben, ihn nicht auf den nackten Beton fallen zu lassen. Es gibt tatsächlich Häuser, die so gebaut worden sind, wie ich es in meiner Doktorarbeit vorgeschlagen habe.

***

Als ich später Sozialsenator wurde, war es mir wichtig, unser Klientel auch persönlich zu kennen und nicht nur über Beamte zu erfahren, was für Fälle wir betreuen. Also habe ich mich neben die Leute gesetzt, die unter den Arkaden des Rathauses ihren Schnaps trinken, und mit ihnen geredet. Ich bin in das Obdachlosenhaus der Inneren Mission gegangen, das in Bremen Papageienhaus heißt, um dort zu essen. Oder ich ging in die Bewährungshilfe, wo aus dem Gefängnis Entlassene ihr Mittagessen bekommen und darüber für die Helfer erreichbar sind. Das tue ich bis heute. Ich gehe zur Bremer Hoppenbank, einem freigemeinnützigen Träger der Straffälligenhilfe, um dort mit den Ex-Gefangenen zu essen und zu reden. Genauso lasse ich mich im Jakobushaus der Inneren Mission beim Mittagstisch für Obdachlose blicken. Ich versuche, mir möglichst aus der Nähe und nicht aus der Distanz über diese große Szene ein Bild zu verschaffen, und mich auch ihnen gegenüber zu verhalten, zu helfen.

Wenn ich heute über das Thema Obdachlosigkeit spreche, habe ich das Gefühl, als wollten viele so genannte Normalbürger aus ihrer Illusion einer heilen Welt nicht herausgeholt werden. Sie hegen die Phantasie einer sauberen Gesellschaft, ein Stadtbild, wie es in Singapur vorherrscht – obwohl das nur Oberfläche ist. Darum rufen wahrscheinlich auch so viele nach der Polizei, wenn Obdachlose oder Bettler vor ihrer Tür stehen. Obdachlose stören unser ästhetisches Empfinden, geradezu unser Wohlbefinden: Ungewaschen, ungepflegt, psychisch desolat, neben der Spur, vielleicht sogar aufdringlich – wie unangenehm! Obdachlosigkeit wird deshalb als besonders bedrohlich empfunden, weil sie uns das Absturzszenario unserer Gesellschaft vor Augen führt. Menschen, die sich auf Roste legen, in Baustellen übernachten, sich im Sommer unter die Parkbäume legen, machen uns deutlich, dass wir in einer gefährdeten, unbehausten Welt leben. Ich habe das Recht der Obdachlosen, sich in Bremen vor dem Rathaus breit zu machen, immer verteidigt. Das ist für viele eine Provokation: Was sollen die Touristen von dieser Stadt denken? Ich meine, die Obdachlosen gehören dazu, sie stehen auch unter dem Schutz dieses Stadtstaates. Ich argumentiere sogar mit dem Bremer Roland. Zu Füßen dieser großen Bremer Skulptur liegt eine verkrüppelte Gestalt und daraus lese ich, dass er der Schutzpatron der verkrüppelten und obdachlosen Menschen ist.

***

Wenn ich obdachlose Menschen erlebe, die ein Schild vor sich aufstellen – „Ich weiß nicht, wo ich schlafen soll" – dann sage ich ihnen, ich könne ihnen sofort kostenlos ein Bett in einem Obdachlosenheim organisieren – gepflegt, mit Dusche und neuer Kleidung und Mahlzeiten. Man muss bei uns und auch in anderen Städten Deutschlands nicht auf der Straße übernachten. Und dennoch habe ich nur selten einen Obdachlosen in eine Unterkunft vermittelt. Oft haben solche Menschen ganze Serien von sozialen Wirkungsketten hinter sich. In der Regel steht am Anfang die Arbeitslosigkeit, dann folgt die Abhängigkeit von Alkohol oder Drogen, dann zerbrechen ihre Beziehungen, und wer noch eine kleine Wohnung hatte, kann sie irgendwann nicht mehr bezahlen. Die meisten Obdachlosen gehen nicht zum Amt, obwohl sie Anspruch auf Wohngeld und Sozialhilfe hätten. Die meisten gehen nur im tiefsten Winter in eine Sammelunterkunft. Zu stark ist die Angst, sie könnten kontrolliert, ausgefragt, registriert werden und dass sich dann ihre Gläubiger melden. Dann doch lieber im Freien. Es ist ein Leck in unserer bürgerlichen Gesellschaft, dass es nicht gelingt, alle so zu versorgen, wie es in der Verfassung steht, wie es eigentlich jeder Mensch sich wünschen würde. Ein solidarischer Umgang mit diesen gescheiterten Menschen ist dringend notwendig. Wir müssen nicht nur versuchen, sie zu verstehen. Sondern wir müssen versuchen, dieses unangepasste Leben aufzufangen. Immer in der Hoffnung, dass sie irgendwann den Weg in ein Wohnheim finden. Doch in der Realität nimmt das Verständnis für Obdachlose ab, hat das Bielefelder Forschungsprojekt „Gruppenbezogene Menschenfeindlichkeit“ herausgefunden. Danach sagen 38,8 Prozent der Befragten, dass ihnen Obdachlose in Städten unangenehm seien, 32,9 Prozent, Obdachlose seien arbeitsscheu und 34 Prozent, dass bettelnde Obdachlose aus den Fußgängerzonen entfernt werden sollten. Den Grund für die zunehmende Abwertung von Obdachlosen sieht der Soziologe Wilhelm Heitmeyer in einem engen Zusammenhang mit der Ökonomisierung des Sozialen. Menschen werden zunehmend nach dem Kriterium der Nützlichkeit betrachtet. Medien berichten mehrfach über Gewalt gegenüber Obdachlosen – eine offizielle Statistik hierzu wird in Deutschland nicht geführt. Eine Auswertung der gemeldeten Straftaten zeigt, dass es sich bei den Tätern oftmals um Jugendliche mit rechtsextremem Hintergrund handelt. Seit 2001 werden nun die Übergriffe gegen Obdachlose als Politische Straftat und Hasskriminalität gewertet.

Die Defizite im Umgang mit Obdachlosen beginnen schon bei ihrer Erfassung: In Deutschland gibt es insgesamt etwa 860.000 Wohnungslose – doch diese Zahlen sind nur Schätzungen der Wohlfahrtsverbände, eine Bundesstatistik existiert nicht. Gerade in Großstädten hat niemand einen Überblick, wie viele Obdachlose sich im jeweiligen Stadtgebiet bewegen. Die meisten meiden das Sozialamt, und selbst die kirchlichen Einrichtungen, die Verpflegung, Kleiderkammern und Wärmestuben bereit halten, haben keinen systematischen Überblick. Und so gibt es eine hohe Dunkelziffer. Auf dem Land ist das anders, da herrscht eine andere soziale Kontrolle, da weiß jeder genau, wer wohin gehört. In einem Wald kann sich kaum jemand monatelang als Obdachloser behaupten, ohne dass das auffallen würde. Um dieser sozialen Kontrolle zu entkommen, gehen viele Obdachlose in die Stadt.

***

Es ist zynisch, sich resignativ mit der Obdachlosigkeit einzurichten, zu sagen, das sind eben Pechvögel. Nein, das sind Menschen in Not, die ein dickes Paket von Problemen mit sich herumschleppen und damit nicht mehr klar kommen. Diese Menschen brauchen Orte, an denen sie ankommen können, sie brauchen Menschen, denen sie ihre Geschichte erzählen können. Es könnte ja sein, dass der eine oder andere aussteigt. Ein solcher Fall ist Günter. Zumindest nenne ich ihn so, denn er möchte unerkannt bleiben. In meiner Zeit als Sozialsenator bin ich mit einem Sozialarbeiter auf die große Bremer Mülldeponie gestiegen. Dort lebte Günter seit sechs Jahren im Müll. Ich habe dann eine Weile mit ihm geredet. Darüber, wie er diesen Gestank aushält, das Leben zwischen dem Abfall anderer, den Dreck, die Einsamkeit. Zwei Jahre später habe ich ihn wieder getroffen, da hatte er sein Leben auf dem Müllhaufen Bremens beendet. Und heruntergeholfen von der Deponie hatte ihm unter anderem der mich begleitende Sozialarbeiter, mit seiner herzlichen und solidarischen Art, ohne Sprüche zu klopfen, aber immer da, wenn es etwas zu besprechen gab. Sicher, so ein Ausstieg ist nicht möglich, wenn der Betroffene selbst nicht will. Aber Günter muss irgendwann an einen Punkt gekommen sein, dass diese Obdachlosigkeit ihm nichts mehr gab, dieses Gerede von Freiheit, das ja nur die Grausamkeit der Situation übertünchen soll. Irgendwann konnte er damit abschließen, genau, wie ein Alkoholkranker erst dann mit dem Trinken aufhören kann, wenn ihn seine Situation ankotzt. Daher ist es so wichtig, dass immer jemand greifbar ist für solche Menschen, denn es könnte ja sein, dass jetzt der Moment gekommen ist, an dem jemand mit der Obdachlosigkeit ernsthaft brechen will. Günter hat mit mir später die heimlichen Obdachlosenquartiere der Stadt besucht. Zum einen, weil er gut fand, dass ich keine Berührungsängste hatte. Zum anderen aber auch, weil er mir klar machen wollte, wie man mit Obdachlosen redet, damit die einen auch verstehen. Er hat dann an seinem eigenen Beispiel den anderen erzählt, wie man einen Weg zurück in die Gesellschaft findet. Günter war gelernter Elektriker und hat mit Unterstützung des Sozialamtes einen kleinen Betrieb eröffnet. Das Sozialamt hat ihm eine leer stehende Werkstatt besorgt und einen Vorschuss genehmigt, der mit der Sozialhilfe beziehungsweise seinen Einnahmen verrechnet wurde. Nach einem knappen Jahr hatte er so viele Aufträge, dass er schon seine ersten Angestellten hatte. Nach einem weiteren Jahr arbeiteten bei ihm zwölf Leute. Was für ein Sprung – von der Müllhalde zum angesehenen Elektrounternehmer! Und dieser Sprung war nur möglich, weil es Menschen und eine Behörde gab, die ihn dabei gestützt haben.

***

Solche Biografien zeigen, dass es geschützte Plätze für Obdachlose geben muss, niederschwellige Angebote, Häuser, in denen man ohne Registrierung aufgenommen wird und nicht nur ein Bett und etwas zu essen bekommt, sondern auch Arbeit, wenn man möchte. Freistatt, ein Ableger von Bethel, ist der Vorläufer für diese Art von Arbeit mit Obdachlosen. Diese Einrichtungen, die es in der gesamten Bundesrepublik gibt, stützen sich auf eine über hundert Jahre lange Erfahrung mit Wanderern und Obdachlosen. Es sind Einrichtungen, die Kaiserzeit und Nationalsozialismus überlebt haben. Neben diesem Netz gibt es in den Großstädten eine ganze Reihe von Angeboten, von medizinischer Versorgung bis zu Unterkünften. Natürlich müssen solche Einrichtungen streng geführt werden, damit sie nicht versiffen. Natürlich muss jemand, der ankommt, seine Klamotten wechseln und unter die Dusche, damit das alles vertretbar bleibt und niemand Krankheiten oder Infektionen ins Haus trägt. Gegen seinen Willen wird übrigens niemand in eine solche Einrichtung eingeliefert, das hat das Bundesverfassungsgericht untersagt. Und gute Obdachlosenprojekte sind immer mit aufsuchender Arbeit verbunden, sie leben von Mitarbeitern, die genau wissen, wo auf Abstellplätzen, Lagerplätzen, in Bauruinen, halbfertigen Bauten oder in leeren Wohnungen Betroffene zu finden sind.

Bei Drogenabhängigen gilt die Faustregel: Ein Drittel steigt über soziale Angebote aus. Ein Drittel stirbt. Ein Drittel kommt über eine neue Beziehung aus der Szene raus. Das ist doch was. Dieses eine Drittel, das man über öffentliche Angebote erreichen kann, darf man nicht aufgeben. Ich kenne hart gewordene Eltern, die sagen, wir können es nicht mehr ertragen, jetzt ist es vorbei. Nein, es ist nicht vorbei. Wir sind keine Scharfrichter, wir verhängen keine Todesurteile. Menschen in Not müssen in einem Sozialstaat, in einem Land, in dem die Menschenwürde als unantastbar gilt, einen geschützten Platz haben. Selbstverständlich müssen wir die Obdachlosen vor Neonazis und anderen schützen, die meinen, Jagd auf sie machen und sie umbringen zu können – aus Mordlust oder aus Hass gegenüber abweichendem Verhalten. Der Rechtsstaat ist für alle da, gerade für die Schwachen.

11. Wie Kriminelle wieder als Menschen begriffen werden

Dass man niemanden hängen lassen darf, selbst dann nicht, wenn er kriminell geworden ist, zeigt das Beispiel eines Mannes, den ich als Staatsanwalt verklagt habe und der heute als Maler tätig ist. Ich habe, bevor ich Abgeordneter wurde, ein paar Monate als Staatsanwalt gearbeitet. An einem Abend vor einem Prozess hatte ich mir mit meiner Frau und Freunden im Gefängnis ein Theaterstück, das Strafgefangene aufführten, angesehen. Der Hauptdarsteller sprühte vor Witz, entfaltete einen Charme und eine Bühnenpräsenz, die beeindruckend war. Ich habe ihm nach der Vorstellung zu diesem tollen Auftritt gratuliert und ihm gesagt, was dieses Knasttheater doch für eine schöne Arbeit sei. Als ich am nächsten Morgen in die Hauptverhandlung ging, saß mir genau dieser Mann als Angeklagter gegenüber, ohne dass ich das vorher wusste. Als er mich sah, strahlte er. Am Ende der Verhandlung bekam dieser Mann einige Monate Gefängnis als Gesamtstrafe, weil er so viele Straftaten begangen hatte. Ich hatte nicht auf Freispruch plädiert. Er war fest davon überzeugt, dass er als freier Mann rausgehen und sich sofort bei seiner Herzallerliebsten melden könnte. Ich bin nach dem Prozess zu ihm hingegangen, was man als Staatsanwalt eigentlich nicht macht, und habe ihm lange erklärt, dass kein Weg um die paar Monate drum herum führe, dass ich aber davon überzeugt sei, dass er die Kraft habe, sich aus dieser Deliktschleife zu lösen. Etwa drei, vier Jahre später sah ich ihn in unserer Straße an einem Haus aus dem 19. Jahrhundert den Stuck schön mit farblichen Kontrasten herausarbeiten. Er hat mir ein Zeichen gegeben, ich solle ihn nicht ansprechen. Er hatte offensichtlich Angst, seine kriminelle Vergangenheit könne ruchbar werden. Wenn Auftraggeber hören, dass der Maler, den sie engagiert haben, aus dem Knast kommt, bekommen sie Panik, er könne die Tasche mitgehen lassen oder Schlimmeres. Ich habe mich sehr gefreut über diesen gelungenen Versuch, aus der Kriminalität herauszukommen und ein ganz normales Leben zu führen und ich habe respektiert, dass er dabei keine früheren Kontakte gebrauchen konnte.

***

Es wird zu viel weggesperrt. Am meisten in den USA. Dort sind die Gefängnisse chronisch überfüllt, weil die Menschen reihenweise reingestopft werden – und oft unter unzumutbaren Bedingungen, in Massenzellen, leben müssen. Hauptsache, weg, weg, weg. Egal, ob Kleinkriminalität oder Kapitalverbrechen. Law and order. Wer harte Gesetze formuliert, bekommt Wählerstimmen. Das ist aus gesellschaftspolitischer Sicht ein absoluter Irrsinn. Man muss sich ganz genau überlegen, ob man gerade jugendliche Täter wegsperrt – und dadurch noch größere Verbrecher aus ihnen macht, weil sie erst im Gefängnis Kontakt zu den richtig harten Burschen bekommen und in diesem speziellen Milieu nur gut fahren, wenn sie selbst kriminelle Energie entwickeln, wenn sie selbst erpressen, vergewaltigen, nötigen oder schlagen. Dieses Problem gilt auch für den deutschen Strafvollzug. Die Gefängnis-Subkultur mit ihrer brutalen Hackordnung erzeugt selbst Gewalt. 80 Prozent der bekannt gewordenen Taten im Gefängnis sind laut Studien Körperverletzungen. Dabei: Der Großteil der Straftaten in Gefängnissen wird nie bekannt, weil die Betroffenen aus Angst vor den Mitinsassen nichts sagen. Laut Statistik werden neun von zehn Jugendlichen nach der Entlassung aus dem geschlossenen Vollzug rückfällig. Ein deutliches Zeichen dafür, dass es mit der Resozialisierung hapert. Wir brauchen gerade für die jugendlichen Kriminellen Alternativen zum Strafvollzug.

Zum einen, weil unsere überfüllten Gefängnisse inhuman sind und zum anderen, weil es nicht im Interesse der Gesellschaft sein kann, wenn der Strafvollzug das Problem verschärft, anstatt es zu lösen. Eines meiner Lieblingsprojekte des freien Strafvollzuges ist jenes, das der Lüssumer Sportverein angeboten hat. Dort haben Vereinsmitglieder in Zusammenarbeit mit dem zuständigen Jugendgericht über Jahre straffällig gewordene Jugendliche in Arbeitsprojekten beschäftigt. Die haben dem Verein die Sportanlagen, das Vereinsheim gebaut, die Plätze in Ordnung gehalten. Manche von den Delinquenten sind später Vereinsmitglieder geworden und sogar Übungsleiter. Sicher, solche Projekte funktionieren nur mit Druck und Kontrolle, nach dem Motto: Wenn ihr das nicht macht, werdet ihr eingesperrt. Aber sie funktionieren. Und sie bedeuten sinnstiftende Arbeit statt Tütenkleben. Ich habe dieses Projekt immer unterstützt, etwa durch Spendensammeln, weil ich davon überzeugt bin, dass es ein solidarischer Umgang mit Straffälligen und ein nutzbringender Ansatz für die Gesellschaft zugleich ist. Ähnlich konstruiert ist das Projekt „Die Brücke", das der ehemalige Justizminister von Niedersachsen, Christian Pfeiffer, mitgegründet hat. Dort arbeiten die Straffälligen, um das Geld, das sie verdienen, den Geschädigten zu geben und sich selbst einen kleinen Grundstock für die Zeit nach dem Vollzug zusammenzusparen. Solche Projekte müssten viel öfter zur Anwendung kommen, etwa bei den Ersatzstrafen, bei denen Geldstrafen nicht gezahlt und daher abgesessen werden müssen. Die sind eine Quälerei für alle. Hierbei geht es nicht um Kriminelle, sondern um Menschen, die etwa Verkehrsstrafen begangen haben. Ersatzstrafen gibt es in Bremen nicht mehr, wir sorgen inzwischen dafür, dass diese in Arbeitsangeboten abgedient werden. Das ist das Gegenkonzept zu dem, was früher Resozialisierung im Jugendstrafvollzug hieß. Da haben Richter aus Resozialisierungsgründen die Delinquenten so lange wie möglich eingesperrt, damit die im Gefängnis eine Ausbildung absolvieren konnten. So ein Unsinn galt damals als linke Strafvollzugsreform. Mehrere meiner politischen Freunde haben eine solche Politik verfolgt, sei es als Staatssekretär oder als Gefängnisdirektor. Und ich habe das alles unterstützt und auch gut gefunden. Was haben wir da bloß gemacht – aus pädagogischen Gründen die Jugendlichen so lange wie möglich einzusperren und sie diesem Milieu auszusetzen! Nein, wir brauchen Knastvermeidungskonzepte im Jugend-Strafvollzug und bei geringfügigen Delikten, wir müssen den Straffälligen zumuten, sich im gesellschaftlichen Alltag, dort, wo sie ihre Beziehungskrisen, ihre Rollenkonflikte aushalten müssen, zu bewähren und ihre Strafe abzuarbeiten. Der freie Strafvollzug entlastet im Übrigen ja auch die überfüllten Gefängnisse, in denen sich oft vier Insassen eine Ein-Mann-Zelle teilen müssen. Wir haben in Bremen deutlich weniger Überbelegungsprobleme als anderswo. Auch weil die Bremer Richter immer große Bereitschaft zeigen, sich auf Haftvermeidungsstrategien einzulassen, so lange es vertretbar ist. Und diese Strategien sind auch im Sinne eines Täter-Opfer-Ausgleiches. Unrecht kann man nicht über Rache wieder heilen, aber man kann dafür sorgen, dass Täter finanziell die Konsequenzen der Tat spüren. Schwerstverbrecher – egal ob Mörder oder Wirtschaftskriminelle – dagegen müssen eingesperrt werden, das ist richtig. Es muss klar sein, dass man in diesem Lande nicht machen kann, was man will.

***

Resozialisierung ist ein schwieriger, oft schmerzhafter Prozess – für den Täter wie für die Opfer. Und je schuldhafter die Tat, desto größer das Leid, das auch mit der Resozialisierung eines solchen Straffälligen verbunden ist. Dies zeigt sehr deutlich der Fall der ehemaligen RAF-Terroristin Susanne

Albrecht. Susanne Albrecht, Hamburger Anwaltstochter, ist über die Evangelische Studentengemeinde und deren entwicklungspolitischen Arbeitskreis in die RAF-Szene hineingeraten. Ihre Haupttat war, Brigitte Mohnhaupt und Christian Klar Zugang zum Haus von Jürgen Ponto zu verschaffen. Das fiel ihr nicht schwer, Ponto war der Patenonkel ihrer Schwester. Mohnhaupt und Klar haben den Vorstandsvorsitzenden der Dresdner Bank dann erschossen. Danach ist Susanne Albrecht untergetaucht. Jahrzehnte stand sie auf den Fahndungsplakaten ganz oben. Sie ist in die DDR gegangen, hat dort einen neuen Namen bekommen, wurde verheiratet mit einem Physiker, der nichts von ihrer Vergangenheit wusste, hat einen Sohn bekommen. Die Familie ist dann nach Moskau gegangen. Nach der Wiedervereinigung hat die Stasi ihre Identität preisgegeben. Erst dann hat Susanne Albrecht ihrem Mann von ihrer RAF-Vergangenheit erzählt. Sie hat sich gestellt und wurde eine prominente Kronzeugin, hat also in ihrem Prozess mit der Staatsanwaltschaft zusammengearbeitet und alles erzählt, was sie wusste und andere auch belastet. Durch diese Kronzeugenregelung hat sie eine relativ geringe Strafe für ihr Verbrechen erhalten, zwölf Jahre, die sie auch nicht in Gänze abgesessen hat. Direkt nach dem Urteil, da saß Susanne Albrecht noch in Untersuchungshaft, rief mich mein Freund, der Gefängnisgeistliche Jupp Stallkamp, an und sagte, Susanne Albrecht wolle unter allen Umständen nicht nach Lübeck, weil sie sich dort durch die RAF-Frau Irmgard Möller bedroht fühle. Ob ich als Justizsenator Susanne Albrecht nicht in Bremen aufnehmen könne? Ich habe dies von der Zustimmung aller abhängig gemacht, die im Frauengefängnis mit ihr zu tun haben würden. Ich besprach mit den Dutzend Frauen, die dort arbeiten, den Fall und nachdem die Personalrätin die gesamten Akten durchgelesen hatte, hat das Team zugestimmt. So kam

Susanne Albrecht nach Bremen. Bei einem Fest im Frauengefängnis habe ich später sie und ihre beiden Schwestern persönlich kennen gelernt. Die beiden Schwestern hatten Susanne Albrecht auf diesem Fest zum ersten Mal, seitdem sie untergetaucht war, wieder gesehen. Die eine Schwester, Goldschmiedin in Paris, erzählte mir, Susanne hätte die gesamte Familie mit ihrer Tat zerstört. Keiner von ihnen würde verstehen, was sie getrieben habe. Einige Zeit später hat sich Susanne Albrecht bei einem Freigang in meinem Büro gemeldet. Ich habe dann die Chuzpe gehabt, sie spontan mit zu einem Workshop mit linken Politikerinnen aus Mailand und Modena über „El tiempo de cita", die Zeit in der Stadt, zu nehmen. Da saß sie zwischen all diesen blitzgescheiten Frauen der italienischen PCI. Damals habe ich gedacht, jetzt muss Susanne Albrecht lernen, was sie alles verpasst hat und was alles anders hätte gehen können in ihrem Leben. 1993 wurde sie Freigängerin – aufgrund einer Entscheidung des Oberlandesgerichtes in Stuttgart. Eine freie Initiative, die Stadtteil-Schule, die arbeitslose Lehrer mit Förderunterricht in den Schulen beschäftigt, hat ihr dann eine Stelle angeboten. Susanne Albrecht sprach Russisch und hatte zudem das erste Lehrerexamen. Seither gibt sie sehr engagiert Deutschförderunterricht für Kinder aus Russland. 14 Jahre lang ist das gut gegangen, erst im letzten Landtagswahlkampf 2007 hat die BILD-Zeitung ihren Fall hochgezogen. Ich hatte niemandem etwas erzählt, auch nicht dem Senat. Ich habe die Geschichte für mich behalten, weil ich überzeugt war, dass eine solche Wiedereingliederung nur gelingt, wenn man sie diskret vollzieht. Der Träger wusste natürlich, wer Susanne Albrecht war. Die CDU stieg auf das Thema ein. Doch die Sache hat sich zum Guten gewendet: Die Journalisten berichteten fair über den Fall und die Elternschaft der Schule beschloss, dass Susanne Albrecht bleiben durfte. Dabei ist das keine Schule im bildungsbürgerlichen Milieu, im Gegenteil. Willi Lemke, damals Bildungssenator, hatte den Mumm zu sagen: Endlich mal eine gelungene Resozialisierung und jetzt macht ihr das zum politischen Skandal, schämt euch. Dieser vermeintliche Skandal hat die CDU jede Menge Stimmen gekostet. Das ist die spektakulärste Resozialisierung, die ich erlebt habe. Und sie zeigt, dass selbst nach einer solch mörderischen Tat und mit einer solch abgestürzten Biografie, mit der man nur schwer leben kann, es einen Weg zurück in die Gesellschaft gibt. Das Leid, das sie verursacht hat, wird dadurch natürlich nie aus der Welt geschafft werden.

***

Susanne Albrecht wollte das Grab von Ponto besuchen und hatte mich gebeten, Frau Ponto anzurufen. Ignes Ponto sagte mir dann, diese Frau habe ihr Leben zerstört, sie könne es nicht ertragen, dass diese Frau ans Grab ihres Mannes geht. Wie wichtig es mir auch ist, dass man Täter als Menschen begreift, die unsere Hilfe brauchen: Die Opfer darf man dabei nicht vergessen. Man muss hier schon sehr genau im Einzelfall abwägen, was noch ein solidarischer, humaner Umgang mit dem Straffälligen ist, und was zur Kumpanei wird, die die Opfer verletzt. Dennoch möchte ich auch gerade nach der Schilderung eines solch schwerwiegenden Falles betonen, dass alle Menschen – egal welchen Lebenswandels – unsere Solidarität verdienen. Der Schutz der Menschenrechte ist nicht relativierbar. Und das muss ich nicht nur gegenüber Freunden und netten Menschen, mit denen ich gut einer Meinung sein kann, durchhalten, sondern gerade auch gegenüber anstrengenden, völlig aus der Norm gefallenen Menschen. Dies ist das Fundament unserer Zivilgesellschaft. Mit jedem Menschen, den ich aufgebe, mache ich mich selbst zum Täter.

12. Warum es uns etwas angeht, wie es am anderen Ende der Welt aussieht

Der Geschmack an allem, was nationalistisch war, wurde mir schon früh genommen – in der Familie von meinen Eltern, meinen älteren Geschwistern und im Kindergottesdienst von Pastor Gustav Greiffenhagen. Nationalismus galt uns als Kriegstreiberei, Ausgrenzung, Verachtung, Feindseligkeit. Mir ist eingepflanzt worden: Es gibt zwischen Menschen – welcher Herkunft, Hautfarbe, Religion oder Kultur auch immer – keine Unterschiede. 1945, als die Amerikaner nach Bremen kamen, habe ich die ersten Farbigen kennen gelernt – die waren die Nettesten. Von denen haben wir Kinder Schokolade und Kaugummi bekommen und die haben uns gestreichelt. So habe ich gar nicht erst Vorbehalte gegen Andersfarbige entwickeln können. In unserer Nachbargemeinde St. Immanuel habe ich 1947 Kwame Nkrumah, den späteren ersten Präsidenten von Ghana, kennen gelernt. Nkrumah war damals Missionsschüler, noch ein junger Student. Er war freundlich und ausgelassen fröhlich. Damals habe ich das Vorurteil entwickelt, dass die Afrikaner die guten Menschen sind und wir Deutschen diejenen, die mit den Nazis zu Mördern geworden sind. Über die Gemeinde haben wir auch Kato, einen japanischen Professor für Germanistik, kennen gelernt. Wir Kinder haben ihn angestaunt, diesen Menschen vom anderen Ende der Welt, der sich so intensiv mit unserer Kultur und unserer Sprache beschäftigt hat und sie besser beherrschte als wir. All diese kleinen Begegnungen waren emotionale Einstimmungen, die mir das Fremde früh nahe gebracht haben.

Über einen Anschlag am Schwarzen Brett bin ich dann als Schüler auf die „Nothelfergemeinschaft der Freunde" gestoßen, eine Organisation der Quäker in Deutschland. Diese

Gruppe hatte in der Nachkriegszeit internationale Workcamps organisiert. Mein erstes Camp habe ich als 16-Jähriger besucht: Damals haben wir in Niederbreisig in Rheinland-Pfalz ein Waisenhaus renoviert. Wir waren eine internationale Gruppe von Jugendlichen und ich war der Jüngste. Die Älteren erzählten von ihren Einsätzen in anderen Ländern. Einer hatte für Albert Schweitzer in Gabun gearbeitet, dessen berühmtes Krankenhaus in Lambarene mitgebaut. Angesteckt durch diese ersten Begegnungen bin ich dann in meinen folgenden Schulferien von einem Workcamp zum anderen getrampt. So kam ich nach England, Polen, in die Niederlande und nach Skandinavien. Die Reise musste man stets selbst finanzieren, Kost und Logis waren durch die Arbeit abgegolten. Meistens arbeiteten wir vier Stunden am Tag, sanierten und bauten Häuser. Die übrige Zeit war dazu da, dass wir Jugendlichen uns untereinander und das Land und dessen Bewohner kennen lernten. Ich hatte mich damals, mit einer ganzen Reihe weiterer Schüler, entschieden, den Kriegsdienst zu verweigern. Auch deswegen waren mir diese Workcamps so wichtig: Hier konnte ich zeigen, dass ich mich nicht einfach drücken wollte, sondern dass ich am Wiederaufbau mitarbeitete – und zwar international, sogar über den Eisernen Vorhang hinweg. Also habe ich mich beim Service Civil International gemeldet, einer Organisation, die nach dem Ersten Weltkrieg Workcamps weltweit zu organisieren begonnen hatte und die es heute noch gibt. Über diesen Kontakt bin ich dann auch zur Shanti Shena gekommen, der indischen Freiwilligen-Armee, von Gandhi-Anhängern gegründet. Mit dieser Friedensarmee versuchen Menschen gewaltlos in Konfliktlagen, etwa in Kaschmir, zu vermitteln. Diese Arbeit hat mich stark beeinflusst. Diese internationalen Workcamps haben große Anziehungskraft für junge Menschen: ohne große Hierarchie, ohne viele Vorgaben, eine sinnvolle, gemeinnützige Arbeit, ferne Länder, ein internationales Team und eine schnelle Integration in den Orten, in denen gearbeitet wird.

1958 war ich auf einem Workcamp im Südosten Polens. Mitten in Zeiten des Kalten Krieges arbeiteten dort Jugendliche aus Bulgarien, Schweden, Frankreich, Spanien, Italien, aus den USA und Russland zusammen. Ich war damals der einzige Deutsche im Camp. Einer meiner besten Freunde wurde ein Inder, Amrit Tilwawala. Dieses Camp war unglaublich: Um uns herum war die Welt am Aufrüsten und wir lebten und arbeiteten dort wie Brüder und Schwestern. In Polen waren noch die positiven Nachwirkungen der Freilassung Gomulkas und des Arbeiteraufstandes von 1956 zu spüren, eine Liberalisierung, die es möglich machte, zum Beispiel Westzeitungen zu lesen. Ich bin damals quer durch das Land getrampt, war in Auschwitz, in Krakau. Eine bewegende Reise. Seither bin ich unzählige Male wieder in Polen gewesen und habe versucht, mich mit diesem von den Deutschen, den Nazis und den Preußen, gequälten Volk zu verständigen. Bremen ist unter Hans Koschnick die erste Städtepartnerschaft mit einer polnischen Stadt, mit Danzig, eingegangen. Wir haben mit der Solidarnosc-Bewegung zusammen gearbeitet, sogar in der Regierungszeit von Jaruzelski, als sich Polen gewissermaßen im Kriegszustand befand. Das erste Solidarnosc-Büro im Ausland wurde in Bremen eröffnet. Ich bin davon überzeugt, dass gerade auf der Ebene der persönlichen Vertrautheit dieses gefährliche Gemisch von Vorurteilen und Feindbildern, von Abwertung und militanter Aufrüstung, beseitigt werden kann. Darum wünsche ich mir möglichst viele internationale Begegnungen, damit es Menschen gibt, die zu fremden Ländern Brücken bauen können. Das gilt übrigens selbst für Armeen. Mir ist immer wohler, wenn die Bundeswehr in integrierten Einsätzen operiert, als wenn sie als nationaler Verband auftritt. Ich habe erlebt, dass Bundeswehrsoldaten Offiziere aus Usbekistan und Kasachstan ausbildeten. Ich habe einen Lehrgang von Kapitänen erlebt – alle künftige Admiräle, jeder kam aus einem anderen Land der Welt – die in Bremerhaven gemeinsam ihre nautischen Kenntnisse vertieften. Damals dachte ich, wie gut, dass die sich hier als Freunde, als Crewmitglieder kennen lernen, die wird vielleicht nicht bei erster Gelegenheit jemand gegeneinander aufhetzen können. Ein Beispiel dafür, wie wichtig solch persönliche Kontakte werden können, sind die Rüstungsverhandlungen von Reykjavik 1986. Der Bremer Wolfgang Altenburg, zunächst Generalinspekteur der Bundeswehr, später Vorsitzender des Nato-Militärausschusses, war Berater, als Reagan und Gorbatschow zusammentrafen. Damals dachten alle, die nächste Aufrüstungswelle geht los. Doch die Amerikaner fragten Altenburg, was er von den Vorschlägen halte, die der sowjetische Generalstab vorgelegt hatte. Altenburg kannte den sowjetischen Generalstabschef und sprach mit ihm lange unter vier Augen. Daraufhin versicherte er der amerikanischen Delegation, dass man den Sowjets vertrauen könne. Was für eine Dramatik: Die Welt rechnet mit Aufrüstung und aus der Nähe solcher Berater kommt es dann zum Gegenteil. Ich bin nie ein Freund von Reagan gewesen, aber die Abrüstungs-Vereinbarungen, die er mit Gorbatschow getroffen hat, waren ein großer Segen. Nach Reykjavik sind die Atomwaffen aus Europa verschwunden; und das waren damals die meisten auf der Welt. Auch als Uniformierter kann man mit dazu beizutragen, dass die Feindbilder nicht weiter verzerrt werden, sondern dass der andere als jemand wahrgenommen wird, der die gleichen Probleme hat wie man selbst, der nicht kämpfen und töten, sondern etwas Konstruktives erreichen will.

***

Wie wichtig eine solche internationale Verständigung werden kann, habe ich selbst in Lettland erlebt. Internationale Hilfe bedeutet nicht einfach nur ein Verschenken an Verfolgte. Sie bedeutet auch, an einem Netz zu knüpfen, auf das man sich verlassen kann, das einen vor nationalistischen Tendenzen schützt. 1987 bin ich unter spektakulären Bedingungen nach Riga gesegelt. Als wir auf der Ostsee unterwegs waren, war Mathias Rust mit einem einmotorigen Flugzeug in unmittelbarer Nähe des Roten Platzes in Moskau gelandet. Er hatte sämtliche Sicherheitslinien unterflogen. Die gesamte Welt war platt, dass so etwas möglich war. Als wir mit unserem Segelboot in die Rigaer Bucht steuerten, haben uns zwei sowjetische U-Boote aufgebracht. Damals wunderten wir uns, warum die Russen uns nicht an Land gehen ließen. Wir mussten ziemlich lange erklären und verhandeln, bis wir vor Anker gehen durften, obwohl wir ja offizielle Gäste der Bremer Partnerstadt Riga waren. Unser Gastgeber war Alfred Rubiks, damals Vorsitzender des Stadtsowjets, also der Stadtverwaltung. Ich hatte während dieser Segeltour von Kiel das Buch „Die Letten“ von Gottfried Ephraim Merkel über die Lage der lettischen Bauern unter dem deutschen Großgrundbesitzertum gelesen, 1796 geschrieben. Merkel ist der Aufklärer von Riga, ein Lehrer von Herder. Mit diesem Spezialwissen bin ich in Riga herumgelaufen und habe die Leute ausgefragt. Irgendwann war das Rubiks zu viel und er holte den Historiker Peter Krupnikow, damit der mir meine Fragen beantworten konnte. Das war der Beginn einer lebenslangen Freundschaft. Peter Krupnikow war russischer Jude, in Italien geboren, in Berlin aufgewachsen. Er ist mit seinen Eltern 1939 nach Riga gegangen und hat dort die deutsche Besatzung und den Zweiten Weltkrieg erlebt. Während des Krieges wurde er Kommandant der Roten Armee. Er war Professor für zeitgenössische Geschichte und sprach ein wunderbares Deutsch. Er hat dann uns zehn Bremern das historische Riga erklärt. Zum Schluss war ich allein mit ihm unterwegs, weil es den anderen zuviel wurde. Krupnikow konnte jedes Haus, jede Ecke, jedes Symbol erklären. 1991 kam ein Rigaer Bürgermeister nach Bremen, Tränen in den Augen. Er sagte, gegen die frei gewählte Stadtregierung würde geputscht, sämtliche demokratische Errungenschaften seien zerstört, es müsse unbedingt jemand nach Riga kommen, die Stadt sei belagert, sie bräuchten internationale Solidarität. Ich bin dann im Januar 1991 allein hingeflogen und habe erst einmal versucht, mir zwischen diesen Barrikaden ein Bild zu machen. Also habe ich mit der belagerten Stadtverwaltung geredet, die mich eingeladen hatte. Und ich habe mit Rubiks, dem alten KP-Chef, gesprochen, der, von Moskau gesteuert, die demokratische Stadtverwaltung zu verhindern versuchte. Rubiks sagte zu mir, hier laufe ein faschistischer Putsch gegen ihn. Er selbst jedoch war schwer bewaffnet, das ganze Haus war von vermummten Männern mit Maschinenpistolen besetzt. Zum Schluss meines Besuchs habe ich eine Pressekonferenz gegeben, da saßen mir 35 Kriegsberichterstatter gegenüber, die von ihren Medien in Erwartung eines heißen Konflikts in die Stadt geschickt worden waren. Als wir fertig waren, habe ich Peter Krupnikow angerufen und ihm gesagt, dass ich ihn gern sehen würde. Es wurde langsam dunkel, als wir uns trafen und er mir die Barrikaden von allen Seiten zeigte – er war einer der Akteure der lettischen Reformbewegung. Plötzlich griffen sowjetische Truppen an und erschossen in unserer unmittelbaren Nähe sieben Menschen, darunter einen Kameramann. Die haben dann das Innenministerium erobert. Als die lettischen Demokraten merkten, dass der Bremer Bürgermeister zwischen ihren Barrikaden herum läuft, bekamen sie Panik und versteckten mich. Mitten in der Nacht habe ich dann mit der belagerten Stadtverwaltung ein Bulletin aufgesetzt, das ich am nächsten Tag mit in den Westen nehmen und dort der Presse vorstellen sollte. Und das ist mir auch gelungen. Seit diesem Erlebnis waren Peter Krupnikow und ich uns sehr nahe. Mitte der 90er Jahre kam er nach Bremen und sagte: Ich bin Jude, die Letten mögen keine Juden. Ich bin Russe, die Letten mögen keine Russen. Er wollte nach Deutschland zurück. Ich weiß es noch wie heute, dass ich in meinem Dienstzimmer den Kommentar zum Grundgesetz von Maunz, Dürig und Herzog genommen habe, um zu sehen, was die zu Artikel 116, der Einbürgerung der Auslandsdeutschen, schreiben. Da fanden wir einen Abschnitt über Kulturdeutsche. Menschen, die nicht qua Abstammung Deutsche sind, aber ihr ganzes Leben deutsche Kultur gelebt haben. Krupnikow sagte mir, er habe hundert Titel in Deutsch, alle im Westen veröffentlicht. Er sei derjenige gewesen, zu dem immer alle kamen, wenn es um deutsch-russische oder deutsche Exilgeschichte ging. So wurde Peter Krupnikow Deutscher – mit über siebzig Jahren. Er wurde bald Gast-Professor an der Bundeswehrhochschule in München – und das als ehemaliger Kommandant der Roten Armee. Wir waren später auch mit ihm in Jurmala, wo er in den Sommermonaten versuchte, seine Heimat nicht zu verlieren. Für das letzte halbe Jahr seines Lebens, als er merkte, dass es mit ihm zu Ende geht, hat er sich in München verabschiedet, um dies seinen Freunden nicht zuzumuten, und ist zum Sterben nach Riga zurückgefahren. Kurz vor seinem Tode hat er mich noch einmal angerufen: Er wollte noch sagen, dass es trotz dieser Fluchtgeschichten und dieses Unrechts ein dichtes Leben war. Über Peter Krupnikow haben wir, meine Frau und ich, andere lettische Juden kennen gelernt. Alles säkularisierte Juden, die nun, im freien Lettland, erneut stigmatisiert wurden. Peter Krupnikow, dessen Familie aus St. Petersburg stammt, Bürgerliche, die nach der sowjetischen

Revolution nach Italien geflohen sind, steht für diese vielen verworrenen Schicksale in dem polarisierten Europa. Aber er steht auch für Vielsprachigkeit, kulturelle Erfahrungen, Toleranz gegenüber Andersdenkenden und große Kompetenz. Gastgeber oder gar Helfer solcher Menschen zu sein, ist etwas ganz Besonderes. Da erfährt man nicht nur etwas über interessante Lebensgeschichten, sondern gewinnt einen ganz neuen Zugang zu seiner eigenen Geschichte. Peter Krupnikow war jemand, der sich mit aller Kraft gegen die deutsche Wehrmacht gewehrt hat, obwohl er in Deutschland aufgewachsen war, perfekt Deutsch sprach und eigentlich auf die andere Seite gehörte, und der sich bis zu seinem Tode als Deutscher verstanden hat. Und er, mit seiner deutschen Kultur im Kopf, war mittendrin in diesem unendlichen Massaker mit seinen Millionen Toten. Doch er hat sich nicht zu Hasstiraden oder Abgrenzungspolemiken hinreißen lassen, sondern in dieser schwierigen Zeit, als noch das Sowjetsystem Riga und Lettland bestimmte, als Historiker versucht, diese Geschichte aufzuarbeiten. Dies ist ihm so gelungen, dass er nicht nur in der Sowjetunion, sondern auch im Westen veröffentlicht worden ist. Er hat mit seinem Wissen nie die Revanchisten munitioniert, sondern hat sorgfältig und millimetergenau Wege gefunden, den Menschen klar zu machen, was internationale Solidarität bedeutet: dass aus dieser Geschichte ein Zusammengehen gelernt werden muss, dass wir einander helfen müssen und den Jüngeren beibringen müssen, dass es auch anders geht. Diese Haltung hat er für mich auf eine wunderbare Weise verkörpert.

***

Was internationale Solidarität ist, habe ich immer durch Menschen gelernt. Dennoch darf man die Verdienste der internationalen Solidaritätsbewegung nicht zu gering schätzen. Sie hat dafür gesorgt, dass die Belange der Menschen in anderen Ländern auch hier in den Mittelpunkt gerückt wurden. Wer nach dem Spektakulären, nach den großen Auftritten und Veranstaltungen sucht, wird feststellen, dass die internationale Solidaritätsbewegung ihre große Zeit in den siebziger, achtziger Jahren gehabt hat. Doch das ist nur der oberflächliche Blick. In den vergangenen zwanzig Jahren hat die internationale Zusammenarbeit eine ganz andere Qualität bekommen. Heute geht es nicht um die große politische Pose, um das Skandieren von Sprüchen wie „Hoch die internationale Solidarität" – heute findet internationale Hilfe unauffälliger statt. Die internationale Solidaritätsbewegung ist nicht tot, sie hat sich gewandelt, geöffnet, normalisiert. Sie ist nicht nur ein politisches Etikett, sie wird gelebt. Da gibt es die Kampagne „Saubere Kleidung", die den Blick auf die Produktionsbedingungen in den asiatischen Sweat Shops lenkt und ganz pragmatisch nach Produkten Ausschau hält, die unter menschenwürdigen Bedingungen zustande gekommen sind. Oder Help Age. Diese internationale Organisation, deren Repräsentant in Deutschland ich neben der Schauspielerin Hannelore Hoger bin, hat sich vorgenommen, weltweit auf die Lage der alten Menschen aufmerksam zu machen. Etwa auf die der Großmütter im südlichen Afrika, die die Kinder ihrer Kinder aufziehen müssen, weil Aids die Eltern weggerafft hat. Inzwischen gibt es mehr als 15 Millionen Aids-Waisen. Manche Großmütter sind plötzlich für fünf Kinder verantwortlich und nehmen diese große Aufgabe mit einer Selbstverständlichkeit und einer Verlässlichkeit an, die beispielhaft ist. Diese Frauen sind stille Heldinnen. Solche Projekte kommen nicht durch spektakuläre Demonstrationen zustande. Solche Projekte werden von Menschen getragen, die sich vor Ort – in den westlichen Industrienationen ebenso wie in den Entwicklungsländern – auskennen und die mit dem Verständnis für die jeweiligen Situationen lösungsorientiert arbeiten. Um Politik geht es bei dieser internationalen Solidaritätsarbeit nur zweitrangig. Hier geht es um die Menschen. Darum, ihre Lebenssituation zu verbessern. Und deshalb sind internationale Begegnungen wichtig – um überhaupt die Grundlage für eine solch intensive Zusammenarbeit über Kontinente hinweg möglich zu machen. Daher bin ich froh über die wachsende Zahl von Schülern und Studenten, die für einige Zeit ins Ausland gehen, um dort zu leben. Man muss den Kindern so früh wie möglich Zugang zu internationalen Milieus verschaffen. Man muss sie so früh wie möglich in die Welt schicken – und zwar allein. Damit sie eine wachsende Zahl von Plätzen gewinnen, an denen sie sich auskennen, an denen sie sich wohl fühlen. Damit sie lernen, dass es anderswo Menschen gibt, die genauso wie wir den Wunsch haben, friedlich zu leben, die nicht als Feinde oder als Gefahr wahrgenommen werden wollen. Wie sonst soll es auch neue Anstöße für solidarisches Handeln hierzulande geben? Von den Argentiniern können wir lernen, dass eine Belegschaft ihren insolventen Betrieb auch als Kooperative erfolgreich weiterführen kann. Bereits 200 solcher Kooperativen gibt es in Argentinien, die nach der schweren Wirtschaftskrise 2001/2002 dort entstanden sind und in denen jeder Arbeiter gleich bezahlt wird. Und von den Franzosen können wir lernen, dass ein aktiver, solidarischer Umgang mit den Papierlosen politischen Erfolg für diese Menschen haben kann. Tausende ehemalige illegale Einwanderer verdanken diesem Engagement ein Aufenthaltsrecht. Und so gibt es weltweit Beispiele solidarischen Handelns, die auch hier Schule machen könnten. Aber dazu muss man sie erst einmal entdecken. Auslandsaufenthalte helfen dabei.

Sicher, die Auslandssemester sind oft genug der Karriere wegen eingeplant. Aber es profitiert nicht nur die Wirtschaft davon, wenn junge Menschen für einige Zeit in einer anderen Gesellschaft leben und die Probleme und Nöte dort kennen lernen. Helfen kann nur derjenige, der weiß, wie er helfen kann. Solche Kontakte lassen unsere Welt zusammenwachsen. Ich beobachte in Bremen, wie sich die besten Studenten auf internationale Wirtschaftsstudiengänge bewerben, die mit einem Aufenthalt in den arabischen Staaten, in Lateinamerika oder in Asien verbunden sind. Ich kenne über das Evangelische Studienwerk Studenten, die nach Chile oder sogar Myanmar gehen – das machen die doch nicht einer geradlinigen Karriere wegen. Auch die wachsende internationale Zusammenarbeit der Gewerkschaften passt hier ins Bild. Dafür zu sorgen, dass die Arbeitsbedingungen internationaler Konzerne an ihren Standorten rund um die Welt vergleichbar sind, ist der richtige Ansatz. Das bedeutet natürlich Arbeit in kleinen Schritten. Eine solche Arbeit ist längst nicht so beeindruckend wie eine Solidaritäts-Demo mit einer Million Teilnehmern, das gebe ich zu, aber sie hinterlässt spürbare Erfolge für die Menschen am anderen Ende der Welt.

***

Es gibt inzwischen eine wachsende internationale Öffentlichkeit. Die Medien bringen häufiger Berichte nicht nur über explodierende Vulkane oder gesunkene Fähren, sondern über internationale Zusammenhänge. Dass es immer häufiger pointierte Analysen über die innenpolitischen Lagen in weit entfernten Ländern gibt, ist ein Zeichen, dass wir uns schrittweise für eine globale Sicht öffnen. Die Einsicht wächst, dass wir leistungsfähige, internationale Organisationen brauchen, die Durchsetzungskraft gegenüber rücksichtslosem Kapital entwickeln. Egal, ob es um Arbeitsbedingungen, Umweltfragen oder die Verwertung von Produkten geht: Das Gespür dafür, dass wir nur gemeinsam klar kommen, setzt sich durch. Und darum bin ich voller Hoffnung. Selbst in dieser weltweiten Wirtschaftskrise sehe ich nicht, dass die Nationalisten Oberwasser erhalten. Im Gegenteil: Island will den Euro, die osteuropäischen Länder wollen in die EU, die G20-Staaten überlegen sich Konzepte, wie ein wirtschaftlicher Absturz, wie wir ihn gerade erleben, künftig durch weltweite Finanzregeln verhindert werden kann. Ich spüre hier eine neue Plausibilität internationaler Zusammenarbeit und zwar auf Augenhöhe. Die bislang marktradikale Entwicklung der Globalisierung hat weltweit eine große Verteilungsungerechtigkeit verursacht. Das zeigen Zahlen des Entwicklungsprogramms der Vereinten Nationen. Im Jahr 1960 erzielte das untere Fünftel der Weltbevölkerung 2,3 Prozent der Einkommen, das obere Fünftel der Bevölkerung dagegen 70,2 Prozent der Einkommen. Und dieser Gegensatz ist noch schärfer geworden. Im Jahr 1997 erreichte das untere Fünftel nur noch 1,2 Prozent der Einkommen, das obere Fünftel dagegen einen Anteil von 89 Prozent. Doch man muss bei aller Kritik einer marktradikalen Globalisierung gerecht bleiben: Zeitgleich haben sich immer mehr Staaten von Schwellenländern zu wirtschaftlich erfolgreichen Staaten entwickelt – gerade in Asien. Nach einer Studie der Weltbank hat die Armut weltweit in den vergangenen Jahrzehnten stark abgenommen. Während im Jahr 1981 noch 52 Prozent der Menschen in den Entwicklungsländern in Armut lebten, waren es ein Vierteljahrhundert später nur noch 26 Prozent. Die großen Verlierer sind die Menschen in Afrika und in manchem lateinamerikanischen Land. Aber den Schluss zu ziehen, die Globalisierung sei generell böse, wie es manche Globalisierungskritiker tun, ist zu kurz gedacht. Doch damit die internationale Entwicklung eine gute Richtung nimmt, ist eine kritische Begleitung immens wichtig. Nicht immer nur an das denken, was vor der eigenen Haustür geschieht. Das, was in Afrika geschieht, könnte eines Tages vielleicht umso wichtiger für uns werden – ich erinnere nur an die Tausenden von Wirtschaftsflüchtlingen, die versuchen, jedes Jahr dem kriegs- und hungergeplagten Kontinent zu entkommen. Und darum befürworte ich auch globalisierungskritische Organisationen wie Attac. Wir müssen die Katastrophe weltweit zum Thema machen. Es reicht nicht, nur die Diplomaten über die Nöte und Katastrophen dieser Welt reden zu lassen. Wir brauchen Engagierte, die die Bevölkerung sensibilisieren und Kampagnen anstoßen, damit nicht auf Kosten der Menschen in den Entwicklungsländern in den Industrienationen Geld gemacht wird und den Armen dann wiederum der Müll der Reichen vor die Tür gekippt wird. Solche Skandale können wir nicht der UNO überlassen, die ist selbst ein dringend reformbedürftiger Laden. Und deshalb brauchen wir Initiativen wie Attac, den Weltkirchenrat, Greenpeace oder Amnesty International. Es mag sein, dass diese Organisationen nicht jeden Tag die Schlagzeilen bestimmen. Aber sie erweitern den Horizont vieler Menschen im reichen Norden der Welt. Wir haben früher gesagt, man muss global denken und lokal handeln. Das war richtig. Doch wozu hat es geführt? Die ohnehin reichen Staaten wurden auch noch vorbildlich unter Umweltgesichtspunkten. Was wir heute brauchen, ist globales Denken und globales Handeln. Unsere Taten müssen sich überall rechtfertigen lassen. Wir müssen fragen, was unser Handeln für globale Auswirkungen hat. Für alles, was wir weltweit unternehmen, müssen Bilanzen, Rechtfertigungen her. Nur wenn wir die Verlierer unseres Handelns kennen, gibt es eine Chance, unser Handeln zu korrigieren.

***

Großorganisationen und professionelle Diplomatenarbeit sind wichtig. Aber internationale Netze, die man über persönliche Kontakte knüpft, über Menschen, denen man vertrauen kann, deren Schicksale man selbst kennt, sind fester und haltbarer, da sie nicht so leicht durch politische Großwetterlagen aufgeweicht werden. Internationales Engagement beginnt im Kleinen, dafür braucht man keine professionellen Institutionen. Vieles ist schon auf persönlicher Ebene möglich. Das habe ich während meines jahrzehntelangen Engagements für Nicaragua erlebt. Wir haben für unsere soziale Arbeit dort nie öffentliche Gelder bekommen. Alles, was wir dort auf die Beine gestellt haben, haben wir mit Hilfe von Freunden zustande gebracht.

Unser soziales Engagement in Nicaragua hat sich entwickelt, nachdem unsere jüngste Tochter Julia im Alter von 16 Jahren dort für ein Jahr gelebt hat – um Spanisch zu lernen und das Land kennen zu lernen. Das Interesse für Nicaragua entdeckte sie durch ihre Mitarbeit im Evangelischen Arbeitskreis für Entwicklungspolitik. Dort traf sie unter anderem Beate Neuhaus, eine Filmemacherin, die Filme über die Unterdrückung unter Anastasio Somoza und später über den Befreiungskampf der Sandinisten gedreht hat. Wir waren erst nicht so begeistert von der Vorstellung, ein so junges Mädchen in ein solch unsicheres Land zu schicken, aber Julia blieb hartnäckig und schließlich habe ich einen Freund, Wolfgang Lutterbach, Vertreter der Friedrich-Ebert-Stiftung in Managua, angerufen. Lutterbach hat uns dann eine nicaraguanische Mitarbeiterin vermittelt, die Julia aufgenommen hat. Julia hat sich in diesen zwölf Monaten bestens integriert in diesem Land – sie hat die Sprache gelernt, eine Nica-Schule besucht und sich der sandinistischen Jugendorganisation angeschlossen. Mit den Sandinisten ist sie in die Berge gegangen und hat dort mit ihrer besten Freundin in sozialen Projekten gearbeitet. Am Ende dieses Jahres hat sie meiner Frau und mir dann ihr Nicaragua gezeigt. Über Julia haben wir Ernesto Cardenal, den Befreiungstheologen und Dichter, kennen gelernt, mit dem wir heute noch zusammen arbeiten.

Meine Frau hat damals gesagt: Wenn Julia sich für dieses Land so engagiert, dann kann ich das auch. Sie ist 1986, als die Kinder aus dem Haus waren, für eineinhalb Jahre nach Nicaragua gegangen, als Musikschullehrerin. Damals hat sie mit Julias ersten Kontakten und Erfahrungen ein richtiges Netz in Nicaragua aufgebaut – zuerst als Lehrerin an der Musikschule und dann als Mitarbeiterin der Menschenrechtskommission von Vilma Nuñez. Ihr Musikprojekt mit Kindern aus den Slums, Musica en los Barrios, hatten sie, ein spanischer Priester, Angel Torellas, und eine US-amerikanische Nonne, Margerita Navarro, mit Freunden aufgebaut. Beide sind inzwischen gestorben. Aus diesen kleinen Anfängen ist inzwischen ein großes Projekt geworden. Damals hat meine Frau auch Dietmar Schönherr kennen gelernt und mit ihm zusammen unsere Stiftung Pan y Arte, zu deutsch Brot und Kunst, aufgebaut. Hinzu kam der frühere Vizepräsident Sergio Ramirez, der heute unser Projekt „Casa de los tres Mundos", das Haus der drei Welten, ein Kulturzentrum in Granada, mitträgt. Auch der Bruder von Ernesto, Fernando Cardenal, der frühere Erziehungsminister, gehört zu unserem Freundes- und Helferkreis, genauso der Österreicher Dieter Stadler, heute der Geschäftsführer von Pan y Arte in Granada, und viele andere. Über den nicaraguanischen Botschafter in Deutschland hat meine Frau später unter anderem Marivi Schmidt, die Witwe von Enrique Schmidt, kennen gelernt. Enrique war einer der großen sandinistischen Widerstandskämpfer und hatte lange im Gefängnis gesessen. Enrique war deutschstämmig, sprach Deutsch und erhielt über die Friedrich-Ebert-Stiftung ein Stipendium in Deutschland. Er studierte in Köln, wo er auch seine Frau kennen lernte. Nach dem Sieg der sandinistischen Revolution ist Enrique wieder zurück nach Nicaragua gegangen und Marivi hat ihn begleitet. Er ist Commandante geworden, war Polizeichef in

Managua, war Postminister und Geheimdienstchef. Er wurde später von den Contras erschossen und zählt heute zu den Märtyrern Nicaraguas. Nach seinem Tod hat Marivi Jura studiert – trotz der beiden kleinen Kinder. Heute ist sie eine internationale Umweltexpertin. Marivi hat durch ihre europäische Sozialisation und durch ihre berufliche Qualifikation eine Selbständigkeit entwickelt, die sie in die Lage versetzt, als Sandinistin kritisch mit Daniel Ortega umzugehen. Sie duldet keine Korruption, sie duldet keine Vetternwirtschaft, sie duldet nicht die Unterdrückung von Minderheiten, sie duldet nicht sein Vorgehen gegen die Presse, sie duldet keine korrupte und parteiliche Justiz. Sie ist eine mutige, exponierte, in Nicaragua bekannte und angesehene Frau. Mit Marivi Schmidt entfalten wir unsere gesamte Nicaragua-Arbeit, die Arbeit in den musischen Projekten, aber auch in unserer fahrbaren Bibliothek und unserem Kulturzentrum. Diese Zusammenarbeit basiert auf Freundschaft. Wir verlassen uns aufeinander, wir tauschen uns aus, wir tragen schwierige Situationen miteinander. Man kennt sich und man hält zusammen. Unsere Freunde in Nicaragua, obwohl Sandinisten, gehören heute alle zur Opposition gegen Daniel Ortega. Dass wir uns in dieser Szene von politisch und sozial engagierten Menschen bewegen können, macht es mir möglich, immer noch in dieses Land zu fahren und dort zu helfen, obwohl ich den jetzigen Präsidenten wegen seines Amtsmissbrauchs und seiner Korruption scharf kritisiere. Daniel Ortega benimmt sich wie ein Räuber in diesem armen Land. Einer, der sich bereichert – man erkennt die regierenden Sandinisten an den größten BMWs im ganzen Land. Die große Zeit des internationalen Engagements in Nicaragua, die Zeit der Revolutionseuphoriker, die hofften, mit den Sandinisten würde alles besser, ist vorbei. Doch zum Glück sind wir nicht die Einzigen, die noch soziale Projekte in Nicaragua aufrechterhalten. Aber wir sind alle unter Druck. Daniel Ortega behauptet, wir würden die Opposition unterstützen. Er will, dass unsere Spendengelder bei ihm abgegeben und dann von ihm verteilt werden. Aber wir bestehen darauf, dass unsere Gelder direkt an die Bedürftigen kommen und nicht von diesen Leuten abgegriffen werden. Jene, die dort jetzt noch Projekte unterhalten, machen das wegen der Menschen, nicht wegen irgendwelcher politischen Phantasien. Sie alle haben Projektpartner, die in großer politischer, aber auch wirtschaftlicher Bedrängnis leben. Nicaragua ist nach Haiti heute das ärmste Land in Lateinamerika, tief heruntergewirtschaftet. In diesem schwierigen Land wachsen die Kinder auf, die wir in den Armenvierteln aufsuchen und denen wir mit Musik versuchen, eine Chance zu geben. Die ersten, die unser Padre mit fünf, sechs Jahren aufgesammelt hat, sind inzwischen Mitte zwanzig. Zum Beispiel Reyna, die mit Geldern, die wir bei Bremer Freunden gesammelt haben, heute in Costa Rica studiert – die Jahrgangsbeste, die nach ihrem Examen unser Musikprojekt leiten wird. Oder Paola, ihre Freundin, die die Geschäftsführung übernommen hat. So tragen inzwischen die Nica-Kinder ihre Projekte zum Teil selbst. In nun fast zwanzig Jahren ist eine Struktur entstanden, in der sich junge Menschen ihr Auskommen erarbeiten können – über Musik, über Malerei, über Theater, über Schreiben. Dies zeigt, dass man mit kleinen, fast ausschließlich von Privatleuten getragenen Projekten selbst in grausamen Milieus mit verlässlicher Zusammenarbeit und Nähe Menschen helfen kann.

***

Das Leben der Menschen in Nicaragua, am anderen Ende der Welt – was geht mich das an? Mit dieser Haltung wird man künftig nicht mehr weit kommen. Die Globalisierung zwingt uns zu mehr Internationalität, zu einem internationalen Blick auf die Dinge. Die Hoffnung, man könne sich wieder auf seine nationale Scholle zurückziehen und dort für Ordnung sorgen, ist falsch. Wir sind alle inzwischen rund um den Globus verzahnt und vernetzt – da müssen wir auch gemeinsame Antworten auf unsere Probleme finden. Die Zivilgesellschaft muss sich globalisieren, damit nicht die Weltwirtschaft mit uns Schlitten fährt. In den sechziger Jahren hat der amerikanische Soziologe William Ogburn vom „Cultural Lag" gesprochen, vom kulturellen Rückstand. William Ogburn meinte damals, das Tempo der technologischen Entwicklung sei so heftig, dass unsere Fähigkeit, dies menschlich zu bewältigen, hinterher hinke. Solch ein ähnlicher Cultural Lag zeigt sich heute bei der Globalisierung. Das Tempo, in dem die internationalen Märkte über die Transport- und Kommunikationssysteme zusammengefahren sind, ist nur für wenige beherrschbar. Die große Mehrheit lebt, so wie ich auch, weitgehend unglobalisiert – geht auf den Wochenmarkt statt ins Internet, liest die Regionalzeitung statt eines internationalen News-Portals. Das ist kein Grund zu resignieren. Globalisierung heißt nicht, alle Menschen stromlinienförmig zu bürsten. Aber Globalisierung bedeutet sehr wohl, sich für die Belange der anderen zu interessieren. Bei dem jetzigen US-amerikanischen Präsidenten kann man in dieser Hinsicht wunderbar lernen. Barack Obama argumentiert in sein eigenes Land hinein und zeitgleich in die Weltöffentlichkeit. Er hat stets beide Seiten des Handelns im Blick. Es ist eine Chance für die Welt, dass plötzlich ein Präsident in den USA sein eigenes Land nicht über alle anderen stellt, wie es bislang üblich war, sondern einen neuen internationalen Weg sucht. Ich bin sicher: Mit Obama können wir uns auf unsere gemeinsame, globale Rolle neu verständigen.

In diesem Zusammenhang internationaler Solidarität ist auch die Europäische Union von immenser Bedeutung. Zum einen, weil sie ein Modell ist, wie durch den Respekt vor der Differenz internationale Konflikte rechtzeitig integriert werden können. Es mag vielleicht zugespitzt sein: Aber wenn Jugoslawien in seiner Gesamtheit in die EU integriert worden wäre, hätte es diese grausamen Kriege auf dem Balkan nicht gegeben. In dieser Zeit zwischen dem Zusammenbruch des Sowjetsystems und den jetzigen mühseligen, schrittweisen Aufnahmeverhandlungen für die Europäische Gemeinschaft ist diese multikulturelle Gesellschaft auseinander gefallen und hat sich bekämpft wie im Dreißigjährigen Krieg, sind wieder alte rassistische, auch religiöse Feindschaften aufgetaucht, die man längst überwunden glaubte. Und das zu einer Zeit, in der die Globalisierung sich wirtschaftlich längst durchgesetzt hatte. Oder ein aktuelles Beispiel: Spanien wird seine Spannungen mit Katalanen und Basken eher im Rahmen europäischer Regelungen lösen, als nationalstaatlich. Bei aller Kritik an der EU – sie ist ein intelligentes Integrationsangebot und ein Schritt zum Überwinden der alten nationalen Feindseligkeiten und Sonderlösungen. Zum anderen ist sie aber auch ein Modell, über das internationale Solidarität gelebt wird. Und deshalb bleibe ich beharrlich, was ihre Erweiterung anbelangt: Die Türkei, die Ukraine und Weißrussland gehören in die EU. Denn wir müssen jede Gelegenheit nutzen, um den vielen Menschen eine Perspektive zu geben, die an unseren Rändern unter Menschenrechtsverletzungen leiden müssen, sei es in Ost-Anatolien oder in Minsk. Dieser Solidargedanke muss natürlich auch innerhalb der Union greifen: Wir lassen doch die Ungarn mit ihrem Forint im freien Fall nicht hängen. Dieses Land hat uns den Eisernen Vorhang geöffnet, da können wir es in der Krise nicht allein lassen!

Internationale Solidarität ist letztlich Präventionsarbeit. Wenn die USA ihre Truppen aus dem Irak abziehen, muss ein Folgekonzept für dieses Land her. Dort wartet eine zivile

Aufgabe auf die Weltgesellschaft, auf uns alle. Zum einen, um den Menschen nach dieser Katastrophe, nach diesem Morden und Bomben eine Chance zu geben. Und zum anderen, um einer neuen, sinnlosen Gewalt keinen Nährboden zu bereiten. Militärisches Nation Building? Das ist zynisch. Nationen werden von Menschen gegründet, nicht von Waffen.

***

Ein Land, an dessen Geschichte sich sehr gut ablesen lässt, wie wichtig internationale Solidarität gerade in politischen Konflikten ist, ist Chile. Was diese Solidarität für den Wiederaufbau Chiles nach der Militärdiktatur unter Pinochet bedeutet hat und immer noch bedeutet, haben wir, meine Frau und ich, von Anibal Palma gelernt. Anibal hatte unter Salvador Allende diverse Ministerämter. Er ist einer der vier Überlebenden der Moneda, in der Allende 1973 von seinem eigenen Militär angegriffen wurde und wo er sich vermutlich selbst erschossen hat. Anibal wurde nach Dawson verschleppt, auf die berüchtigte Gefängnisinsel im Süden des Landes. Damals haben wir Bremer SPD-Politiker, vor allem Hans Koschnick und ich, uns nachdrücklich für Anibal Palma eingesetzt. Wir haben immer wieder geschrieben und protestiert, bis das Pinochet-Regime ihn 1976 schließlich nach Bremen entlassen hat. Allein in der alten Bundesrepublik wurden zwischen acht- und zwölftausend verfolgte Südamerikaner aufgenommen. Rund fünftausend – vor allem Chilenen – waren es in der ehemaligen DDR. Die Neuankömmlinge waren Vertreter der gestürzten Regierungen, Politiker, Gewerkschafter, Intellektuelle und Künstler. Aber es gab auch Angestellte und Arbeiter. Viele von ihnen waren von Haft- und Foltererfahrungen gezeichnet. Mitte der achtziger Jahre und mit Beginn der Demokratisierungsprozesse in Südamerika kehrten die meisten dieser Flüchtlinge in ihre Heimatländer zurück.

Ich werde nie vergessen, wie wir einen großen Soli-Empfang für Anibal Palma auf dem Flughafen veranstaltet haben. Etwa 200 bis 300 Leute riefen „Hoch die internationale Solidarität" und „Wir tragen den bewaffneten Kampf in die Metropolen". Ich als sozialdemokratischer Landesvorsitzender stand ganz allein mit einem verknitterten Strauß roter Nelken, mit Anzug und Schlips da und sah aus, als wäre ich auf der falschen Veranstaltung. Etwa eine Stunde hat es gedauert, bis sie ihn alle gedrückt hatten. Als zum Schluss mehrere Leute ihn zu sich einluden, sagte er, ich will zu Henning Scherf. Also habe ich ihn in meinen R4 eingeladen und bin nach Hause gefahren. Dort sagte ich ihm, er solle kurz warten. Ich bin dann schnell zu meiner Frau und habe ihr gesagt, wir seien jetzt einer mehr. Ein halbes Jahr hat Anibal Palma bei uns gewohnt. Seine Herzallerliebste kam bald nach Bremen, und hier haben sie auch geheiratet. Wir haben den beiden dann eine Wohnung besorgt und ich habe ihm einen Job vermittelt – bis 1992 war er wissenschaftlicher Mitarbeiter an der Universität und hat Vorträge in Politik und Jura gehalten. Anibal Palma wurde einer meiner engsten Freunde, über ihn habe ich diese chilenische Emigrationsszene kennen gelernt, die ja nur auf den ersten Blick einheitlich war. Die Sozialistische Partei war damals in 15 Tendencias gespalten, jede Tendencia bekämpfte die andere härter als den politischen Gegner. Über Anibal lernte ich auch die großen Figuren der chilenischen Politik unter Salvador Allende kennen: Hortensia, die Witwe Allendes, Ricardo Lagos, der spätere Präsident Chiles, und Carlos Altamirano, der frühere Generalsekretär der Sozialistischen Partei.

Durch Anibal Palma habe ich viel gelernt – über internationale Arbeit, aber auch über die Fehler der Unidad Popular. Anibal hat sich dann mühselig nach Chile zurückgekämpft. Gegen ihn lief ein Prozess wegen angeblicher Veruntreuung staatlicher Gelder während seiner Amtszeit. Palma wollte unbedingt seine Unschuld beweisen, doch man ließ ihn jahrelang nicht ins Land zurück. Erst nach dem Ende der Diktatur 1990 konnte er in Chile vor Gericht seine Unschuld beweisen. Das war sein neuer Einstieg in Chile. Er ist dann Botschafter in Costa Rica und Kolumbien geworden. Inzwischen hat er ein kleines Anwaltsbüro in Santiago, das er zunächst mit dem späteren Präsidenten Lagos zusammen geführt hat. Anibal Palma, der ehemalige Exilchilene, arbeitet nun mit alten Freunden politisch wieder zusammen, zum Wohl seines Landes. Er berät zum Beispiel ehrenamtlich Johnny Carrasco Cerda, den Bürgermeister von Pudahuel, den ich bereits erwähnt habe, bei seiner politischen und sozialen Arbeit.

Ich kenne kein Land, außer der alten Bundesrepublik Deutschland, das so phantastisch aus einer Katastrophe heraus gekommen ist wie Chile. Ein Land, das mit den Verfolgungs-, Unterdrückungs- und Mordtaten der Pinochet-Zeit lebt und sie nicht verdrängt. Permanent laufen Prozesse, um die alten Verbrechen aufzuarbeiten. Die so genannte Rettig-Kommission kam 1991 zu dem Ergebnis, dass 2.950 Menschen während des Pinochet-Regimes ermordet wurden beziehungsweise dauerhaft verschwanden. Keiner weiß, ob diese so genannten Desaparecidos ins Meer oder in die Vulkane geschmissen wurden. Es gab weder Verfahren noch Akten, gar nichts. Die Präsidentin Michelle Bachelet selbst wurde unter Pinochet gefoltert – zuvor war ihr Vater, Luftwaffengeneral und Allende-Anhänger, an den Folgen der Folter in den Pinochet-Gefängnissen gestorben. Michelle Bachelet ist in die DDR ins Exil gegangen, hat dort Medizin studiert und ist als ausgebildete Ärztin wieder nach Chile zurückgekehrt. Als Bachelet Verteidigungsministerin war, hat sie im Treppenhaus ihres Ministeriums ihren Folterer an der

Stimme erkannt. Sie hat ihn gestellt und dafür gesorgt, dass er angeklagt und verurteilt wird.

Angesichts der Vergangenheit dieses Landes ist es sehr beeindruckend, wie dieses Volk, Exilanten wie Dagebliebene, heute zusammenarbeitet. Gerade bei den Exil-Chilenen habe ich erlebt, wie sie ihre Erfahrung aus dem Ausland nutzen, um beim weiteren Aufbau Chiles nicht wieder alte Fehler zu begehen. So wie Anibal Palma seine ganze politische Erfahrung nun einsetzt, um sein Land weiterzubringen. Seine Kontakte in Deutschland hat er in sein politisches Netz integriert. Die Biografie dieses Mannes ist ein Beispiel dafür, wie wichtig Solidarität über Landesgrenzen und Kontinente hinweg ist.

Ob Chile, Nicaragua, Lettland oder Polen – diese Beispiele zeigen, dass internationale Solidarität keine Sache von Organisationen, Demonstrationen und Diplomatie sein muss. Internationale Verständigung beruht darauf, dass Menschen sich verstehen. Ich kann in Bremen mithelfen, dass Menschen in Nicaragua eine Lebensperspektive finden. Ich kann ein fair produziertes T-Shirt kaufen und so dafür sorgen, dass eine Asiatin weniger in einem Sweat Shop arbeiten muss. Eine solidarische Handlung, die vor der eigenen Haustür beginnt, kann einen bis ans Ende der Welt führen.

13. Die soziale Dividende – Wie Helfen uns selber hilft

1963, in der Zeit vor dem Prager Frühling, waren meine Frau und ich mit einer Studentengruppe des Evangelischen Studienwerks Villigst zum ersten Mal in Prag. Wir haben damals mit unserer Gruppe der Comenius-Fakultät, der theologischen Fakultät der Universität Prag, einen Besuch abgestattet. Als wir ankamen, schliefen die Studenten, müde von einem Ernteeinsatz. Noch am gleichen Abend lernten wir Pavel Reichert kennen, mit dem wir bis heute befreundet sind. Pavel Reichert ist eigentlich Maler, doch Kunst durfte er nicht studieren, weil sein Vater bei den Böhmischen Brüdern war, einer pietistischen Glaubensgemeinschaft, die mit den Kommunisten nichts am Hut hatte. Also hatte Pavel sich an der theologischen Fakultät eingeschrieben und besuchte heimlich Vorlesungen in Kunstgeschichte und Kunst. Nachdem wir wieder in Deutschland waren, habe ich ihm ein Buch von Julius Bissier geschickt, einem Maler in der Tradition von Paul Klee. Auf meinen Brief antwortete damals seine Mutter. Sie schrieb, sie sei als kleines Mädchen in Delmenhorst aufgewachsen, weil ihr Vater dort Gastarbeiter war. Wir haben sie dann zu uns eingeladen, diese kleine, blitzgescheite Frau, und später haben wir sie in ihrer Brüdergemeinde in Pisek besucht. Ihr Mann war Pfarrer und Handwerker zugleich – bei den Böhmischen Brüdern gibt es keine Hierarchie. Alle sind gleich, jeder muss einen Teil der Arbeit für die Gemeinde übernehmen. Gerade weil sie wie in einer Kommune lebten und sich gegenseitig stützten und beschützten, haben sie die Nationalsozialisten und die Stalinisten überstanden – obwohl sie unter beiden Regimen verfolgt waren. Die Böhmischen Brüder haben ihre Wurzeln in der Böhmischen Reformation um 1450, ein Teil von ihnen fand später in der Herrnhuter Gemeinde Zuflucht. Menschen, die ihr Leben verändern und das Wenige, was sie hatten, nicht für sich allein wollten. Ihre Kirchen sind schlichte Versammlungsräume, in denen die Gemeinde mit dem, der den Gottesdienst hält, auf einer Ebene sitzt. Talar, Altar – so etwas gibt es dort nicht. Der Gottesdienst gleicht eher einer Zwiesprache zwischen Gemeinde und Pastor, die die Bibel recht wörtlich nehmen und einen geradezu kindlichen Gottesglauben pflegen. Das mag alles gewöhnungsbedürftig erscheinen. Aber es ist beeindruckend, dass diese Brüder bei äußerstem Druck, bei Unterdrückung, Verfolgung und Gefängnis sich nicht allein oder fallen gelassen haben. Dieser Zusammenhalt ist spürbar bis heute. Damals haben meine Frau und ich uns überlegt, wie wir etwas für diese armen, bescheidenen und doch so standfesten Leute tun können. So haben wir als Referendare angefangen, ihnen monatlich etwas Geld zu schicken. Und das tun wir bis heute. Die Reicherts haben das Geld nie für sich genommen, sondern für die Devisen Medikamente gekauft, die anders nicht zu bekommen waren, und haben diese dann in der Gemeinde verteilt.

Inzwischen sind die alten Reicherts tot, es lebt nur noch seine zweite Frau. Und nun ist sie es, die uns regelmäßig schreibt, wie es in der Gemeinde geht und wie sie trotz immer größer werdender Gebrechen zusammenhalten.

Wir haben über die Böhmischen Brüder, über Pavel Reichert und seine Familie – zwei von Pavels Brüdern haben mit Vaclav Havel die Charta 99 formuliert – schon früh einen Zugang zur politischen Reform-Szene der Tschechoslowakei bekommen. Havel verkörpert ja bis heute die Hoffnung, dass es ein Überleben in solch totalitären Systemen gibt. 1968 haben wir die Einschüsse der sowjetischen Truppen in Prag auf dem

Wenzelsplatz und anderswo gesehen. Doch die Menschen um Havel haben ihre Hoffnung gegenseitig weiter getragen. Der Kontakt zu den Böhmischen Brüdern war für mich über die Jahre immer wie eine Einladung mitzudenken – über den Eisernen Vorhang hinweg, über das totalitäre System dort und den strammen Antikommunismus hier. Wir gaben etwas Geld und bekamen dafür sehr viel mehr. Dinge, die man mit Geld nicht bezahlen kann: den Einblick in eine erstaunliche Welt, den Kontakt zu beeindruckenden Menschen und etwas persönliche Teilhabe an einer Epochenwende.

***

Das Für-andere-etwas-tun ist in den vergangenen Jahrzehnten arg diffamiert worden. Statt einer gemeinwohlorientierten wurde die individualisierte Gesellschaft gepredigt. In diesen Jahren des Neoliberalismus, der Yuppies und des „Mach-dein-Ding“ galten Solidarempfänger als Verlierertypen und Egomanen als Sieger. Gemeinwohldenken war „Gutmenschentum“, ein Begriff, den ich für pervers halte, weil er ausgerechnet jene denunziert, die Gutes für andere tun. Wer leugnet, dass Solidarität und das Handeln zum Wohle aller die Grundlagen einer sozialen Gemeinschaft sind, stellt sich im Grunde außerhalb der Gesellschaft. Eine Gesellschaft, die Individualismus zur wünschenswerten Verhaltensnorm erklärt, arbeitet an ihrem eigenen Untergang. Der Philosoph Sloterdijk mahnt, wir hätten „zu klein definierte Egoismusformate“. Dem kann ich mich nur anschließen. Solidarisches Handeln und das Handeln für das Gemeinwesen sind letztlich ein Handeln für uns selbst. Solidarisch zu sein, zu helfen bedeutet: Man bekommt mehr, als man gibt. Das meine ich ganz ohne jedes Pathos. Sloterdijk spricht in diesem Zusammenhang von einem „wohlverstandenen weitsichtigen eigenem Interesse“. Wer anderen hilft, hilft sich selbst. Meine

Erfahrung ist, dass ich vor allem immer viel zurückbekommen habe. Ich will niemanden mit Moral quälen: Wer nicht genug getan hat, kommt in die Hölle oder ist verdammt? Unsinn. Solidarität ist eine Sache auf Gegenseitigkeit. Wer sein Geld für andere ausgibt, erhält eine höhere Dividende als derjenige, der sich sündhaft teure Schmuckstücke kauft, um sie in den Tresor zu legen. Letzterer bekommt nur Angst, dass seine Juwelen gestohlen werden. Es gibt so viele wohlhabende Menschen, die ihr Leben lang stolz waren auf das, was sie zusammengebracht oder geerbt haben. Doch im Alter merken sie plötzlich, wie ihnen die Kräfte schwinden. Was bleibt dann? Eine Ansammlung von Geld? Wer solche Gedanken nicht einfach nur als Salonüberlegung nimmt, wird schnell merken, dass er zum Leben nicht Geld braucht, sondern Menschen, denen er vertrauen kann und die ihm vertrauen, die zu ihm stehen. Das ist es, was hilft, wenn die Ängste kommen – vor dem Alleinsein, vor dem Krankwerden, vor dem Überfordertsein. Mir persönlich ist Geld als Selbstzweck nicht wichtig. Ich will gut leben, sicher. Aber mit dem Rest soll etwas Sinnvolles stattfinden. Geld wegzugeben, tut mir gut. Und ich denke, ich bin mit dieser Haltung nicht allein, das zeigen schon die vielen Stiftungen, die in Deutschland und auf der Welt gegründet werden. Sich für andere einzusetzen, das bedeutet auch, seinen eigenen Lebenssinn zu definieren.

Ich lebe, weil ich etwas bewirken kann. Ich lebe, weil ich an anderem teilhaben kann. Woher hole ich mir meine Lebenszuversicht? Woher hole ich mir meine Hoffnung? Warum bin ich überhaupt auf der Welt? Warum strenge ich mich an? Warum überhaupt stehe ich morgens auf und bleibe nicht liegen? Antworten auf diese Fragen findet man bei anderen Menschen, nicht in einem Tresor.

Der ehemalige Vizepräsident des Bundesverfassungsgerichts Winfried Hassemer schreibt, die Grenzen der Solidarität seien fließend. Damit hat er recht: Solidarität ist nicht das, was wir tun müssen, sondern das, was wir tun können. Sie ist situationsbedingt. Solidarität biete ich aus mir selbst heraus an und vielleicht hilft mir eines Tages auch derjenige, dem ich geholfen habe. Solidarität ist aber keine Verhandlungssache und schon gar keine Vollkaskoversicherung. Die Dividende meines Handelns ist unsicher. Und dennoch ist dieses Handeln die einzige Chance auf eine soziale Dividende.

***

Solidarität wirkt nie in nur eine Richtung. Sie hilft nicht nur anderen, sondern immer auch einem selbst. Ich bin eng befreundet mit Halina und Jan Jaroslawski. Er ist in Lodz geboren und war 15 Jahre alt, noch ein Schüler, als das dortige Ghetto, in dem er viereinhalb Jahre gelebt hatte, aufgelöst wurde. Im September 1944 wurde er nach Auschwitz transportiert. Jan Jaroslawski hat das KZ nur dadurch überlebt, dass er als Elektriker in ein Bergwerk gekommen ist und mit den anderen KZ-Häftlingen unter Tage Kohle abgebaut hat. Als Auschwitz gegen Kriegsende geräumt wurde, wurde er erst nach Sachsenhausen verlegt und dann nach Flossenbürg. Er überlebte den Todesmarsch. Jan Jaroslawski hat in Polen dann Soziologie und Politikwissenschaft studiert und war bis 1968 Redakteur der „Nowe Drogi", zu deutsch „Neue Wege", der theoretischen Zeitschrift der polnischen Kommunisten. Er war eng befreundet mit Leszek Kolakowski und vielen Intellektuellen, die den polnischen Frühling geprägt haben und sich eine demokratische Öffnung ihres Landes wünschten. Halina Jaroslawska, eine geborene Wischnewska, kommt aus Warschau. Ihre Familie war im Warschauer Ghetto, das sie als Einzige überlebt hat. Sie war Mitglied der Kommunistischen Jugend, wurde aus dem Ghetto geschleust und erhielt eine neue Identität als so genannte Arierin. Der berühmte Roman von Andrzej Szczypiorski über „Die schöne Frau Seidenman“ schildert ein ganz ähnliches Schicksal. Halina schloss sich der polnischen Volksarmee an, kämpfte im Warschauer Aufstand und entkam dem Kessel der Deutschen durch die Kanalisation. Nach der Niederschlagung des Aufstandes ist sie als Kriegsgefangene in ein Arbeitslager bei Lingen im Emsland gebracht worden. Dieses Lager habe ich als junger Regierungsassessor in Niedersachsen 1967 aufgelöst. So lange hat es noch als Außenlager des Zuchthauses Lingen gedient. Nach der Befreiung durch die Briten ist auch Halina zurück nach Polen gegangen, hat in Lodz Ökonomie und Recht studiert und hier ihren Jan kennen gelernt.

1968 wurden die Jaroslawskis mit ihren Kindern gezwungen, Polen zu verlassen. Unter KP-Chef Gomulka und Moczar, dem damaligen polnischen Innenminister, wurden die Juden zu Feinden Polens stigmatisiert und einer antisemitischen Hetzkampagne ausgesetzt. Ich lernte die Jaroslawskis dann in Bremen kennen, wo sie bei Freunden von uns erst einmal untergeschlüpft waren. Ich habe ihnen als junger Referent des Innenressorts Papiere organisiert, sie mit zum Sozialamt genommen, damit sie eine erste Finanzierung bekamen und ihnen eine Pension gezeigt, in der sie wohnen konnten. Dass ich mich damals selbst um sie gekümmert habe, hat eine lebenslange Freundschaft begründet. Der Freundeskreis, der sich um diese Familie stellte, wurde mit der Zeit immer größer. Bald konnten wir ihnen das Haus eines Bekannten, der gerade gestorben war, mit voller Einrichtung zur Verfügung stellen, und ein paar Jahre darauf haben andere Freunde von uns Geld zusammengelegt und ihnen ein Häuschen in Fischerhude gebaut. Später arbeiteten beide als Professoren an der Bremer Universität. Mittlerweile sind sie alt. Halina ist immer wieder zurück nach Polen gefahren, hat Freunde, die das KZ überlebt haben, Freunde, die Gestapo-Haft und -Folter überlebt haben, besucht. Wir waren einmal mit ihr in Warschau, damals war ihr Fuß angebrochen und sie konnte kaum laufen. Aber sie wollte uns partout ihre Stadt zeigen: Die Orte, an denen ihre Freunde umgebracht worden sind. Das Gestapo-Gefängnis, in dem ihre Freundin gesessen hat und wo deren Vater in der Zelle daneben zu Tode gequält worden ist. Den Ort, an dem sie aufgeflogen ist. Die Route ihrer Flucht.

Ganz anders dagegen Jan, der erst nach Jahren davon zu erzählen begann, wie er Auschwitz überlebt hat, was die KZ-Aufseher ihm alles zugefügt haben, wer von den Häftlingen aufeinander geachtet hat. Primo Levi hat sein Überleben in der Hölle so ähnlich beschrieben, wie Jan es als halbes Kind bereits erleben musste.

Es hat mich in meiner Seele getroffen, dass Menschen, die die Shoah überlebt haben, von den eigenen Leuten vertrieben werden. Dass die Nationalkommunisten die Internationalisten aus ihrer Partei verdrängten und dabei nicht einmal vor antisemitischer Hetze zurückschreckten, ist schockierend. Und dass sich diese doppelten Opfer ausgerechnet an uns Deutsche wandten, die Kinder der Mörder, hat mir das Herz zusammengezogen. Diesen beiden Opfern des Nationalsozialismus und ihren Söhnen einen Platz anzubieten, an dem sie ungefährdet leben können, habe ich als Chance begriffen, ein Stück dieses deutschen mörderischen Erbes abzutragen. Ich wollte mich mit meiner persönlichen Biographie nie entschuldigen – ich trage mit an der historischen Last des Nazi-Regimes. Und ich will dieses Erbe auf meine Weise bearbeiten. Darum bin ich auch immer wieder in Israel gewesen, darum haben wir uns mit großer Energie darum bemüht, die aus Bremen vertriebenen Juden, die noch leben, wieder in die Stadtgesellschaft zurückzuholen. Es ist uns Verpflichtung. Und was vielleicht einmal politisch begann, endete bei den Jaroslawskis privat in einer engen Freundschaft. Eine

Freundschaft, die auch mir über so manches Problem hinweg geholfen hat. Jan ist einer meiner treuesten politischen Berater geworden in all den Jahren, in denen ich in der Regierung war. Eine Freundschaft, die so weit trägt, dass wir uns in die Hand versprochen haben, uns bis zum Ende gegenseitig beizustehen. Halina und Janek Jaroslawski – ihre Geschichte steht für mich dafür, dass Solidarität beides sein kann: ein Stück Wiedergutmachung an der Welt und ein Geschenk für den Helfenden selbst.

***

Der Mensch hilft nicht, weil er gut ist. Der Mensch hilft, weil er als solidarisches Wesen angelegt ist. Er ist kein Einzelgänger, sondern ein geselliges Wesen. Schon der Säugling ist auf Zuwendung angewiesen, ein schutzloses Wesen, das ohne ein umsorgendes Gegenüber nicht existieren kann. Der Mensch lernt also ganz früh, dass es gut ist, mit anderen zu sein. Pädagogen und Psychologen wissen: Wenn diese frühen Bindungen zerstört werden, dann folgen daraus Schädigungen für das ganze Leben. Der Mensch ist als Typus darauf angelegt, sich mit anderen zu verständigen. Diese Verständigung gelingt umso besser, je mehr Vertrauen und Zuwendung wir dem anderen entgegenbringen. Denn dies ist die beste Voraussetzung dafür, dass – profan gesprochen – unsere soziale Investition sich auch für uns selbst auszahlt. Die Verhaltensbiologie bestätigt diese Überlegungen. Der Psychiater Joachim Bauer spricht vom „Prinzip Menschlichkeit“. Der Mensch kooperiert von Natur aus, weil er in der Gruppe größere Überlebenschancen hat als allein. Auch Darwins Überlegungen zum Überlebensprinzip passen hierzu. Der Angepasstere – übrigens nicht der Stärkere, das ist eine Fehlinterpretation Darwins – überlebt, also das Wesen, das sich seiner Umgebung perfekt anpasst. Und die Stärke des Menschen ist die Gruppe.

Menschwerdung heißt nicht, aufrecht zu stehen, zu essen, Kinder in die Welt zu setzen. Menschwerdung hat etwas mit Bewusstwerden zu tun, damit, sich einen Begriff von sich selbst zu erarbeiten. Menschwerden, seine Persönlichkeit entwickeln, geht nur über den anderen. Ich entdecke mich in dem anderen, indem ich mit ihm kommuniziere, ihm nahe bin, ihm meine Zuneigung zeige, an ihn denke, empathisch bin, mitleide, wenn es ihm schlecht geht, nicht weglaufe, sondern ihm beistehe und das Leid aushalte. Ich werde erst zu mir selbst über den anderen. Autisten, zumeist immens intelligent, die jedoch mit anderen nicht kommunizieren können, leiden entsetzlich. Im Grunde sind sie sozial amputiert. Gerade solche Fälle zeigen, dass Kommunikation mit anderen, dass Zusammensein mit anderen Grundlage unserer Existenz ist. Der Sozialphilosoph André Gorz nahm sich zusammen mit seiner Frau Dorine das Leben, weil sie zusehends unter ihrer Krebserkrankung litt – doch ohne sein „Anderes" wollte auch er nicht mehr leben. Mit anderen sein zu können, konstituiert unser Leben. Und aus dieser Prämisse unseres Lebens folgt die Solidarität.

Ich habe auf dem Bremer Kirchentag mit meinem Freund aus Nicaragua, dem Theologen José Arguello, das Gleichnis vom barmherzigen Samariter diskutiert. Dieses Gleichnis ist vielschichtiger, als es gemeinhin verwendet wird. Da liegt jemand, ausgeraubt und verletzt, schutz- und hilflos, in der Wüste, irgendwo auf dem Haupthandelsweg zwischen Jerusalem und Jericho. Zunächst kommt ein Priester bei dem Verletzten vorbei, sieht ihn und geht weiter. Dann ist es ein Levit, der zu den geistlichen Aristokraten der Juden gehörte, der an ihm vorüber geht. Dann erst kam der Samariter. Dazu muss man wissen, dass die Samariter stigmatisiert waren – nicht viel anders als die Sinti und Roma, die so genannten

Zigeuner, es noch heute in manchen Regionen Europas sind. Menschen, die umher zogen, denen man nicht traute, vor denen man die Tür schloss, weil man meinte, sie brächten Unheil über das Dorf. Dieser ausgestoßene Samariter also sieht den Verletzten, wendet sich ihm zu, versorgt seine Wunden, lädt ihn auf sein Reittier und bringt ihn in eine Herberge, wo er den Wirt dafür bezahlt, dass der ihn weiter gesund pflegt. Dies ist Solidarität: Die spontane Hilfeleistung eines Einzelnen, der nicht die Umstände beklagt, sondern die Situation so annimmt, wie sie ist, das Leid sieht und es zu seiner Sache macht. Und zugleich ist diese Geschichte eine ziemliche Spitze gegen das damalige Establishment, gegen jene, die rhetorisch Solidarität einforderten, aber sie selbst praktisch nicht übten. Die Prachtentfaltung der heutigen Kirche hat mit diesem Bild von tätiger Nächstenliebe, von praktischem, pragmatischem Handeln angesichts der Not eines anderen nichts mehr zu tun. Zu diesem Bild passt viel mehr das Handeln meines nicaraguanischen Freundes José Arguello, der dort in Nicaragua, wo weder Staat noch Kirche funktionieren, mit armen Bauern-Gemeinden arbeitet und dadurch Hoffnung und Zuversicht stiftet.

Albert Schweitzer hat einmal von einem „geheimnisvollen Band" gesprochen, das jene verbindet, die selbst schon einmal Leid erfahren haben und das sie verpflichtet, anderen in Not zu helfen. Der Samariter weiß, was Leid ist. Es ist ein berührendes Bild von Albert Schweitzer, dass jemand über das Leiden und über den Kummer einen Zugang zum solidarischen Handeln findet. Weil ich Leid erlebt habe, weiß ich, wie das Leid des anderen sich anfühlen muss, und deshalb sehe ich nicht weg, sondern versuche, mich mit ihm zusammenzutun. Ein Automatismus besteht hier nicht, wie die vielen Menschen zeigen, die gequält wurden und später ihrerseits andere quälen. Und dennoch birgt dieses Bild eine große Hoffnung, dass selbst aus Schmerz und Not Gutes entstehen kann.

Ich kann die Skeptiker verstehen, die daran zweifeln, dass das solidarische Handeln eines Einzelnen Sinn stiftet. Natürlich ist ein solidarischer Akt nur ein Tropfen auf den heißen Stein. Darum treibt den Menschen ja auch immer wieder diese verzweifelte Suche nach der klassenlosen Gesellschaft um – im Grunde ist dies so etwas wie die säkularisierte Vorstellung vom Paradies. Haltet alle Quälereien und alle Kämpfe und alle Unterdrückungen aus, irgendwann kommt das Paradies – das versprechen Kommunisten wie Religionsstifter. Doch das Paradies kommt nicht. Wer sich einem Fatalismus angesichts dieser Tatsache nicht ausliefern will, der braucht hier und jetzt Beweise dafür, dass das Leben ein kleines bisschen besser werden kann. Das Paradies kenne ich nicht, aber ich kenne jemanden, dem aus einem brennenden Auto geholfen wurde, und jemanden, dem der Nachbar einen neuen Job vermittelt hat, und jemanden, dessen kleine Tochter von Bekannten zum Kindergarten gebracht wurde, als er selbst dazu zu krank war. Ich kenne Menschen, die nicht vorbei gegangen sind, die sich wie der Samariter zugewendet haben. Im Talmud heißt es, wer einen Menschen rettet, rettet die ganze Welt. Jede noch so kleine, tägliche Solidarität macht die Welt besser und ist allemal realer als irgendwelche Heilsvorstellungen, die den Schalter von Böse auf Gut umlegen. Ich bin mir noch nicht einmal sicher, ob man die Welt wirklich retten kann. Aber das würde mich nicht hindern, es trotzdem zu versuchen. Die Menschen, die ich durch mein solidarisches Handeln erreiche, machen eine konkrete Erfahrung – und die steht für sich. Die werde ich nicht dadurch relativieren lassen, dass es Milliarden Menschen gibt, denen ich nicht helfen konnte. Ich setze darauf, dass es andere gibt, die ihnen helfen. Wenn man so will, hoffe ich auf das solidarische Schneeballsystem.

Dass Helfen selbst dann Sinn macht, wenn das Leben schon keinen Sinn mehr macht, zeigt das Beispiel von Anna Stiegler. Anna Stiegler war vor 1933 Abgeordnete der SPD in Bremen. Unter den Nationalsozialisten kamen sie und ihr Mann ins KZ. Sie hat in Ravensbrück überlebt, er wurde auf dem Transport nach Bergen-Belsen umgebracht. Nach dem Krieg gaben ehemalige schwedische Mitgefangene ein Buch heraus, in dem sie Anna Stiegler den „Engel von Ravensbrück" nannten, eine Frau, die den anderen Frauen beim Überleben geholfen hat. Ich habe sie noch kennen gelernt, sie kehrte schlohweiß aus dem KZ nach Bremen zurück, schwer gezeichnet, aber von ihrer Hilfe, die sie für andere war, hat sie nie gesprochen. Eine Frau, die eine Notlage bewältigt hat, indem sie das bisschen, was sie für andere tun konnte, getan hat. Sie hat ihrem Leben selbst in dieser Hölle Sinn gegeben.

***

Dieses Beispiel zeigt auch: Solidarisches Handeln hat Maßstäbe. Ohne einen Begriff von Gerechtigkeit ist Solidarität nicht möglich. Der Philosoph Rainer Forst, ein Schüler von Jürgen Habermas, hat eine Theorie der Gerechtigkeit entwickelt, die meine Vorstellung von Solidarität flankiert. Forst geht davon aus, dass jeder Mensch sein Handeln zu rechtfertigen hat und dies auch von den anderen einfordern kann. Dieses „Recht auf Rechtfertigung" begründet unsere Vorstellung von Gerechtigkeit. Wenn ich einen Begriff entwickele für Gerechtigkeit, erhalte ich damit auch eine Beurteilungsmöglichkeit über das, was ungerecht ist. Ungerechtigkeit ist letztlich ein Anstoß für solidarisches Verhalten. Bei der Solidarität geht es nicht ums große Ganze, sondern es geht darum, Handlungsorientierungen zu bekommen, wenn das Ganze nicht funktioniert. Solidarität ist der Versuch, Ungerechtigkeit ein Stück weit abzuschaffen. Wer solidarisch ist, lehnt sich nicht zurück und sagt, da müssen wir mal einen neuen Antrag im Parlament stellen. Damit ich nicht missverstanden werde: Die Gesetzesnovelle ist auch wichtig. Aber mindestens genauso wichtig ist es, eine Linderung oder gar Lösung für ein Problem hier und jetzt zu finden. Ich werde aktiv. Ich entlaste mich nicht, indem ich sage, ich sei machtlos. Nein, ich gebe Geld oder Zuwendung oder Zeit, ich mache Platz oder packe mit an. Die Publizistin Gabriele Goettle hat in ihrem Buch „Die Ärmsten!" sehr berührende Fälle von Solidarität unter Obdachlosen in Berlin beschrieben. Da holt der eine bei der Kleiderkammer eine warme Jacke für seinen Kollegen auf der Platte. Und die andere packt bei der Essensausgabe extra etwas für die Freundin ein und nimmt noch eine Salbe für den Bekannten mit dem offenen Bein mit. Wenn Menschen, die durch persönliches Leid, durch Drogen und das jahrelange Leben auf der Straße so kaputt sind und sich dennoch gegenseitig stützen, dann muss Solidarität erst recht Menschen möglich sein, die nicht aus dieser Gesellschaft gefallen sind.

***

Solidarität kommt nicht aus dem Nichts. Sie muss sich entwickeln. Sie braucht Vorläufer und sie braucht Vorbilder. Das zeigt die Geschichte meiner Großmutter mütterlicherseits, die meine Familie und vor allem uns Kinder über die Kriegsjahre gebracht hat. Meine Großmutter ist bald nach der Hochzeit unserer Eltern in unser Haus gekommen und ist bis zu ihrem Tod 1955 mit knapp achtzig Jahren geblieben. Meine Mutter war krank und mein Vater mit der Situation, den vielen kleinen Kindern und den Belastungen durch die Nazis, überfordert. Also übernahm meine Großmutter die Familienarbeit und hat dann den Rest ihres Lebens in dieser

Familie, für diese Familie gelebt. Diese kleine, zarte Frau hat mit geradezu übermenschlicher Kraft, als mein Vater im Krieg war, uns sechs Geschwister und unsere Mutter über die Runden gebracht. Mit der Kompetenz, die sie sich in ihren eigenen Notjahren als Waise zuvor erarbeitet hat, hat sie uns gezeigt, wie man überleben kann, wenn man nichts hat. Sie hat uns über diese Zeit getragen. Dabei hat sie nie irgendetwas für sich gefordert, auch später nicht. Sie war glücklich, bei uns sein zu können. Ging es uns gut, ging es ihr auch gut. Solidarität wäre mir nie als Lebensthema zugewachsen, wenn ich nicht diese Großmutter gehabt hätte.

Solidarität kann man lernen. Wer als Kind gute Erfahrungen gemacht hat, dass solidarisches Verhalten einen persönlich und menschlich weiterbringt, wird als Erwachsener ein solches Handeln als selbstverständlich nehmen. Solidarisches Verhalten zu erlernen ist ein Prozess, keine intellektuelle Anstrengung. Und ich bin überzeugt: Man kann solidarisches Verhalten fördern, indem man entsprechende Erfahrungen vermittelt. Das kann durch ein Freiwilliges Soziales Jahr geschehen oder auch durch gezielte Projekte, die Solidarität positiv besetzen. Das Projekt Helping Hands verfolgt einen solchen Ansatz. Die Gesamtschule Mitte in Bremen, deren Schüler eine ganze Reihe hervorragender Hilfsprojekte gestartet haben, ist jetzt gerade ausgezeichnet worden. Da gehen Schüler in Altersheime und verabreden mit den Bewohnern dort, etwas zu unternehmen. Manche Schüler erledigen Botengänge für die Alten, spielen mit ihnen Schach, andere besuchen gemeinsam mit den mobilen Alten einen vielleicht schon bettlägerigen Freund von früher. Andere Schüler, vor allem solche mit Migrationshintergrund, gehen in schwierige Migrantenmilieus, treiben mit den Kindern dort Sport, kommen mit ihnen ins Gespräch und versuchen so, diese Kinder aus ihren Gegengesellschaften herauszuholen und ihnen eine neue Sicht auf die deutsche Gesellschaft zu vermitteln. Diese Gesamtschule Mitte zeigt: Solidarität ist nicht tot, trotz allen Individualismus' der vergangenen Jahre, trotz des Strauchelns der Kirchen, der Gewerkschaften, der Parteien. Sicher, es gibt ihn, den Niedergang der Traditionsvereine der Solidarität. In der Not entstanden, schienen gerade die prunkvolle Kirche und die in Bürokratie erstarrten Gewerkschaften zwischenzeitlich ihre Legitimation verloren zu haben. Doch der Zulauf der Kirche in Afrika oder in Russland, wo Erwachsene zu hunderten getauft werden, und die halbe Million Deutsche, die am 1. Mai 2009 auf die Straße gingen, um gegen den Arbeitsplatzabbau im Windschatten der Krise zu demonstrieren, zeigen: Hier bewegt sich wieder etwas. Und auch die vielen kleinen Projekte, die in diesem Buch versammelt sind, belegen es: Solidarität lebt. Wer Solidarität will, darf sich nicht einfach hinsetzen und auf sie warten. Sie kommt nicht von allein und man kann sie auch nicht herbeireden. Für Solidarität muss man schon etwas tun.

Reden ist Silber, Tun ist Gold.

Dank

Seit ich mit meinem Buch „Grau ist bunt“ auf Lesereise gegangen bin, sind mir in über 400 Veranstaltungen Menschen begegnet, die wie ich selber nach sozialen Alternativen zu den üblichen Formen des Altwerdens suchen. Das Grundthema dieser vielen Begegnungen war: Wir müssen beieinander bleiben, wir müssen zusammenrücken, wenn wir nicht einsam und isoliert persönlichen Ängsten und gesellschaftlichen Krisen ausgeliefert sein wollen. Das aber gelingt nur, wenn wir offen darüber reden. Darum habe ich dies zweite Buch geschrieben. Danke, allen voran Uta von Schrenk für unsere vielen Gespräche und das Mitformulieren dieses Buches. Ich danke auch Gudrun Baltissen für die Niederschrift der Gespräche. Und ich danke meiner Frau Luise für die Geduld, mit der sie mich nun schon bald 50 Jahre begleitet und mit der sie, neben vielen anderen Aufgaben, meine Manuskripte durchsieht.